隐蔽战线春秋书系 | 回忆录卷

敌营十五年

李时雨回忆录

李时雨◎口述
张德旺◎整理

中共党史出版社

图书在版编目（CIP）数据

敌营十五年：李时雨回忆录 / 李时雨口述；张德旺整理．-- 北京：中共党史出版社，2020.1
（隐蔽战线春秋书系．回忆录卷）
ISBN 978-7-5098-5442-6

Ⅰ．①敌… Ⅱ．①李… ②张… Ⅲ．①李时雨（1908-1999）—回忆录 Ⅳ．① K827=7

中国版本图书馆 CIP 数据核字 (2019) 第 270888 号

出版发行：中共党史出版社
责任编辑：王媛
复　　审：姚建萍
终　　审：吴江
责任校对：申宁
责任印制：段文超
责任监制：贺冬英
社　　址：北京市海淀区芙蓉里南街 6 号院 1 号楼
邮　　编：100080
网　　址：www.dscbs.com
经　　销：新华书店
印　　刷：北京盛通印刷股份有限公司
开　　本：170mm × 240mm　1/16
字　　数：233 千字
印　　张：15.25
印　　数：1—10060 册
版　　次：2020 年 1 月第 1 版
印　　次：2020 年 1 月第 1 次印刷

ISBN 978-7-5098-5442-6
定　　价：39.00 元

李时雨（1908—1999）

目录

少年时代

第一章　家乡和少年时代

20世纪30年代的青年有志之士，多半是由于痛恨帝国主义蹂躏我们的祖国，贪官污吏欺诈压迫民众，形成了强烈的爱国主义，然后在斗争实践中找到中国共产党，找到马克思主义真理的。我也是这样。

为此，我首先要说的，就是家乡和少年时代。我的家乡巴彦县位于松嫩平原，松花江中游北岸，是黑龙江乃至东北开发较早、山川秀丽、物产丰富的一个地方。这里盛产小麦、大豆、玉米、谷子、高粱、大麦，一般年景基本是旱涝保收，是个鱼米之乡。

我家祖居山西省太原府交城县，世代务农。清朝乾隆年间闯关东迁关外吉林省榆树县。光绪年间大旱，田干地裂，寸苗不长，只好又北上逃荒。那年，全家祖父兄弟三人及子女11口人，赶着一辆破旧的牛车，拉着几件残旧的农具以及破烂衣被和锅碗瓢盆等，落户在巴彦县雌凤岗（后改为慈凤岗）西村四合泉。先是给远亲蒋家扛活——当长工；后来又给蒋家榜青，四六分成种地——就是秋天收获的粮食，六成交地主，四成归自己。

经过全家辛勤耕耘十几年，生活富裕起来，并且有了一些积蓄，适值雌凤岗吕姓一家要北上开荒，把房屋及几垧耕地卖给我家。我家就由四合泉搬到雌凤岗。

这个家在雌凤岗村子中间，院落宽敞。房屋虽然都是土坯墙、草顶，但高大结实。有正房九间，东西还有很宽敞的夹道；东厢房七间，前门房七间（即中间门洞两边各三间）；西边有很大的马圈；马圈南头有两间碾磨房和几栏猪棚子；正房后院有几亩地的园子，种着青菜、果树。

1908年6月18日，我出生在这样一个家庭里。

祖父兄弟三人，只有三祖父念过两年私塾，能记庄稼账。祖父李景有和父亲李发都没有上过学，一字不识，连自己的名字都不会写。他们舍不得吃、舍不得穿。春夏秋总是穿着那件旧蓝布衫，补丁上加补丁，常常赤着脚，有时穿一双布鞋；冬天穿的短棉袄棉裤，扎着腰带，头戴狗皮帽子，脚穿靰鞡（鞋是皮革制的，脚裹一种靰鞡草。“东北有三宝，人参、貂皮、靰鞡草”）。早晨吃小米干饭，中午是黄米黏豆包，晚饭是苞米粒子粥。

三祖父李景山当家。他精明强干，很有经营能力，家中往来收支账目都由他一手管理；只是办事专横，家里大小事都他一个人说了算。他没有儿子，过继了我哥哥，对我哥哥十分宠爱，对他的孩子也是特别偏爱，而对别人的子女，则冷眼相待，非常苛刻。

我父亲对农活样样精通又肯苦干，一年到头从来没有闲着的时候。因我从小不愿做农活就不喜欢我，尤其当他支使我去场院、地里干活，我常是强调温习功课不肯去而又得到二祖父的庇护时，他就对我更加不喜欢，感情也就逐渐淡薄。

母亲出生于贫苦人家，勤朴贤淑，对长辈十分孝顺，对小辈儿十分慈爱，对家人和外人总是和和气气。她一个人做全家的饭菜，一天从早到晚忙个不停。她还非常乐意帮助别人，乡邻故旧有事相求，没有不竭尽全力的。结果积劳成疾，再加医疗条件太差，39 岁时就去世了。临终的那天夜晚，父亲将我们兄弟姐妹叫到母亲身边，母亲强睁着双眼，用最后的气力嘱咐我们几个孩子，最后对我说的是：“你从小身板不硬实，要好好念书，要听话……”说着，眼泪一滴一滴从她瘦削的脸颊上流下来。渐渐的，母亲的气息越来越弱，很快就断气了。我们几个孩子拥上去，我抱着母亲的头，放声大哭。

母亲的死给我幼小心灵以极大的创伤，我开始尝到了悲哀与苦恼的滋味，我万分悲痛，特别怀念母亲。于是我时常登上墙头或站在村边的高岗，眺望母亲的坟墓，想着母亲在世时的很多场景。一直望到庄稼棵子起身，挡住了我的视线，才恋恋不舍地含泪翘首呆望。

一年之后，父亲续弦娶来继母，对我更加疏远。三弟比我小两岁，妹妹比我小四岁，四弟比我小六岁，他们三人都由奶奶照顾，不与继母相干。而我则过继给了只生了一个女儿的二祖父二祖母。过继祖父母和姑母真心实意、无微不至地疼爱我、照顾我，不仅照顾我日常吃饭穿衣，而且督促我好好上学读书。二祖父说我的身板弱，不是干庄稼活的料，要我用功读书，将来出外谋个别的职业，或者学医给人治病，或者教书当教员，即使当庄稼人，有知识有学问，也不会受人欺压。我就是基于祖父的这些教导，在脑海深深地扎下了一棵根苗，就是一心读书上进。

我8周岁时开始上私塾读书。这个私塾在我家的西邻秦先生家院里，先生的实际教学程度很低，只能教学生读书、背书和练习写字，不能讲解书本的内容。我那时既勤学又好问，不仅记忆力强，而且理解力也比较强。秦先生对我很喜爱，同学们对我很佩服，所以第二年，就当上了“大学长”（就是现在的班长）。辛亥革命和五四运动之后，新思潮也搅动了闭塞的“北大荒”。城镇里掀起了剪辫子和反缠足的浪潮。记得我上学的第三年也就是我11岁时，阴历四月十八庙会，学校放假，我们一帮学生去兴隆镇逛庙会，参加了剪辫子的活动。秦先生的五大爷（外号“铁鼻子”）赶庙会时被几个学生硬拉住剪去了辫子。他回来在院子里怒气冲冲地大吵大闹：“他妈的，这群兔崽子，把我的辫子给剪去了!”虽然是其他学校学生给他剪的，但他知道我们也参加了这一活动，便跑到我们教室里，对秦先生和我们一帮学生咒骂出气。大家嘻嘻哈哈，笑得前仰后合，他越发恼羞成怒，骂个不停。

我看他没完没了，就站起来说：“五大爷，又不是我们给你剪的，你对我们发什么脾气？况且给你剪掉它，省得你天天费工夫梳它洗它，是给你去掉了一个累赘，不是很好吗？”

而后他便针对我来了，于是我们展开了一番辩论。同学们也一齐上阵，同他争吵了半天。后来秦先生喝令不许吵，五大爷才算有了一个台阶，在学生们的哄笑声中，灰溜溜地走出教室。

那年秋天，秦先生去新立屯姐姐家探望，托五大爷代管几天学生。俗话说：老猫不在家，耗子上房巴。学生们对“铁鼻子”在村子里飞扬跋扈的作风一直看不惯，决定捉弄他。一个淘气的学生把厨房的盐豆偷偷放进了他的茶壶里。“铁鼻子”发现了，全体学生挨个问了一遍，没人承认。秦先生回来后，他便向秦先生告状，说：“这些学生太可恶啦，一定要追查清楚是谁干的！”

秦先生听后，勃然大怒，立刻追问：“简直无法无天了，谁干的？”

学生们一看秦先生真发脾气了，大眼瞪小眼，面面相觑，但没有一人承认。秦先生第二天早晨继续追问，仍无人承认。他便令学生全都跪在孔子像前，声称：“你们没有人承认，又不揭发出来是谁干的，就别想站起来。”

当时我想，没有查清楚，怎么能一律处罚呢？

因此我就是不跪，并与先生讲理。我说：“我没有犯错误，那盐豆不是我放的，我也不知道是谁放的，我不能跪。”

一直僵持到中午，哥哥见我没有回家吃中午饭，便来找我。这时不少家长也都来找孩子。大家问明此事，都觉得让学生一齐下跪逼供是不合理的。哥哥当场就同先生争吵起来。

秦先生的脸一阵红一阵白，竟然宣布解散学校，声称：我不能再教这些闹事的学生，你们是搅闹学堂，这学堂办不下去了，学校从今天起宣布解散！

学校果然一连几天停课。我心里非常不痛快，反复考虑，越想越觉得秦先生的做法毫无道理。于是，我把几个在班里威信较高的同学找到一起，说：“剪辫子是全国的潮流，没错；一个人有事，罚全班学生的跪不应该，我不跪，也没错。秦先生实际就是压我们屈服，向他承认剪辫子、不下跪都错了。这没门儿！”

于是我们研究出了两个办法。第二天中午，我就和几个同学到了秦先生家，他正在吃午饭。我理直气壮地说：“秦老师，我们上学都是交了学费的，现在学校解散了，请老师把学费退还给我们。如果不退，我们就到县里告你！”

秦老师毫无思想准备，愤然指责我们：“胡闹，反了，岂有此理！”

我们不让步，并与他激烈争论。我看出他不愿意把这事闹到县里，只要闹到县里，对我们学生没什么影响，他的面子就没了，人们会问，你这个先生是怎么当的？

于是我们就按原来计划好的，提出：不去县里，那就在村子里找人评评理。一个同学马上就跑了出去，把本村很有威望的开明绅士张二爷请了来。张二爷在全村以主持正义、办事公道著称，本村甚至邻村邻里之间或家庭内部纠纷，都请他评判。

张二爷来了，与秦老师寒暄之后，就直截了当地说："现在时代不同了，学生剪辫子是全国的潮流，动辄全班下跪也不合民国的规矩，要是闹到县里，对咱们村，特别是咱们村学校也不好。还是听我一句劝，也给我点面子，马上开学吧。"

秦老师也就顺坡下驴，让学生明天来上学。现在回头看这事，可以看出这是辛亥革命、新文化运动的民主科学思想等民主主义历史潮流在农村的反映。

从此，我在全班同学中的威望更高了，都说我有主见，敢讲话。但我再也没有上秦先生的私塾。我听说四合泉蒋家办的私塾很好，就先后到四合泉苏铭鑫先生、兴隆镇夏文光先生的私塾各读了一年多。这两位老师都是山东人，他们功底很厚，不但能讲书，而且还能辅导学生作文章、作诗。

我在这三个私塾，总共学习了六年，读的书不少，除了国文、修身、算术之类的一般小学课程外，还读了《三字经》《百家姓》《千字文》以及"四书"——《大学》《中庸》《论语》《孟子》，还有《诗经》和《古文观止》等。课外还看过《三国演义》《水浒传》等小说。

"忠与恕""信与义"以及"齐家治国平天下"等中国传统思想与道德观念对我影响很大，在我幼小的心灵上打下了深深的烙印。特别是怎样做人、怎样研究学问，可以说得到了"初学入德之门"的指导，如"大学之道，在明明德，在亲民，在止于至善。知止而后有定，定而后能静，静而后能安，安而后能虑，虑而后能得。物有本末，事有始终，知所先后，则近道矣。"还有那"正心修身""格物致知"等道理。我后来以辩证唯物主义的方法解释应用，都颇能说明问题。

我那时也看过一些"维新"和"革命"的书刊，如《新民丛报》《民报》等，联系当时所看到的旧社会现象，我很受启发，产生了朦胧的必须改变现状的思想，但是还不懂得革命的道理。那时我们家乡的官宦大多数是外省人，连警察都是奉天（辽宁）人或湖北人，他们的人生哲学是“千里做官，为的吃穿”。所以他们下乡总是对老百姓作威作福，敲诈勒索，鱼肉乡民，有的还对年轻妇女动手动脚。常常有过往军队，每到一个村子住下来一分钱不给，还要杀鸡宰鸭，大吃大喝，翻箱倒柜拿东西，他们的说法是“打粳米，骂白面，不打不骂小米饭”。大兵一到鸡犬不宁，村里的学校也被他们搅乱，经常一来便迫令学生给他们“遛马”，就是命令我们牵着他们骑的马满街来回走几十分钟，才让它停下来饮水吃东西。老百姓对他们非常厌恶，但又无可奈何，只能忍气吞声。

我看《水浒传》时，对梁山好汉十分钦佩。他们杀贪官污吏，劫富济贫，讲义气，重友情，让我特别赞赏和仰慕。尤其读到宋江每每遇难时，一提起名字，那些英雄好汉就忙松绑下拜时的情景，我便极为感动。我平时在同学中间谈古论今时，最喜欢谈论的就是“及时雨”宋江，表示自己长大后一定要像宋江那样仗义疏财，帮助百姓，惩治恶霸歹徒贪官污吏。因此，我的同学好友孔繁文便给我起号“时雨”。这就是我现名的来源。

我 14 岁那年夏天，放暑假在家休息。一天夜里狂风暴雨，有一个过路的 20 多岁的人来我家大门洞避雨。由于雨越下越大，他就要求借宿。我看他浑身湿透，直打寒战，就让他进了我的屋子，拿出干衣服给他换上，让他坐在火炕上。我还为他打来洗脸水，给他端来饭菜。他吃得很香，好像几天没吃饭似的。然后我便恳求二祖父答应留他在我的屋子里住一宿。二祖父迟疑了一下答应了：“就住一宿吧，雨太大。可现在兵荒马乱，啥人都有，你要留点心。”

借宿人告诉我，他姓王。那夜我们谈了很久，他给我讲了一些“为官不良、为富不仁、官逼民反、绿林好汉杀富济贫”的故事。我也讲了从书本上知道梁山好汉杀贪官污吏的事，我们谈得很投机。第二天早饭后，我送他出村，彼此道别后会有期。

就在那年冬天，胡匪“老来好”的队伍由东山里来何家窝堡、雌凤沟、雌凤岗几个村子抢掠并绑票。当时大户人家能逃的都赶着车马走了。我正在离家四里地的四合泉上学，听到消息后很想去看那些“胡子”（东北把土匪叫“胡子”）到底是什么样儿，便急急忙忙地跑回家。进门就看见哥哥扎着围裙，看样子是刚刚杀完猪，正在给“胡子”们做饭。他一把拉住我着急地耳语道：“你怎么回来了？人家都往外跑，你不知道他们绑票吗？我对他们说我是伙计（长工），你可别弄漏了，赶快回学校吧！”

正说话时，一个穿皮袄、头戴狐皮帽子的彪形大汉一把拉住我：“认识我吗，小兄弟？”

这下把哥哥吓坏了，我也怔住了。抬头一看，便认出那人是夏天雨夜结识的王大哥。我连忙说：“认识！认识！不是王大哥吗？”

他把我抱起来了，说：“我真想你呀！”

哥哥莫名其妙直发呆，那人对他说：“叫我王青山吧，你不要怕，他是我的好朋友，我们是患难之交了。我也知道你是他哥哥，甭唬我，什么‘伙计’‘打头的’（长工），我早就看出来了。但我们不会绑你家的票，受人滴水之恩当涌泉相报。我早就跟大当家的‘老来好’说过了。我是二当家的，大当家的能听进我的话。所以明明白白知道你家‘盒子炮’就在柜底下都没翻，也没动你家一草一木。”哥哥这才松了一口气，向他们表示感谢。

王大哥当即领我去见他们的大头目“老来好”，说：“这就是我说过的那个小兄弟，你看他多么英俊，心肠更是好啊！”

“老来好”在炕上躺着抽鸦片烟，腾地起来，拉住我的手，让我上炕坐在他身旁，问长问短。他说：“你看‘胡子’可怕吗？”我说：“不。”我只顾端详“胡子”们的相貌和举动，倾听他们的谈吐。虽然我还没发现他们身上有《水浒传》里梁山好汉的英雄形象，可也没有发现一般传说中的那种穷凶极恶的胡匪模样。

这次，他们在附近的几个村子——何家窝堡龙家、寇家，雌凤沟滕家、李家，我们村前街的刘家，绑了票，但没有绑我家的票，也没有抢我家的任何东西。

1923年春，我考入绥化省立第二中学学习半年。不幸二祖父去世后，三祖父决定不再给上学费用，我不得不辍学。本来每次上学要学费、笔墨钱，三祖父都阴沉着脸别别扭扭，都要经过二祖父说情甚至争辩才勉强拿得到。这一挫折不小，但我并没有打消升学的念头，一边复习功课，一边想办法。这时我的中学同班同学张学孟已去齐齐哈尔省立一中上学。我便恳请张学孟的父亲，也就是前面说到的张二爷到我家说情，实际上是请他评理公断。

在张二爷没到我家说情以前，我已经和三祖父多次争执。我说："三祖父，咱家的情况不是没能力供我念书，家里也没有什么开销，我还是想到省城齐齐哈尔中学读书。"

三祖父闷声闷气地说："你已经念了好几年了，会写字、能算账，就算可以了吧。念那么多书有什么用？你甭给我讲什么大道理，没用。你就死了这条心吧！"

这都是我预料中的，于是我就把早就想好的办法提出来："我祖父去世之日，就是我开始继承财产之时。如果家里不供给我升学费用，我现在就要求分家，分给我应得的财产。否则，我就要到县里衙门去告状，请求依法裁决。""分家"是三祖父万分没料到的，也是他最不愿意接受的。

我有理，加之张二爷从中软硬兼施地调解："时雨真闹起来，到了县政府，根据民国法律，保证能赢，你这个家产就散了。而且别人也会说三道四，你老的颜面也不好看。"三祖父最后只好妥协答应让我读书。当时与三祖父讲好，按张二爷每年给他儿子的学费标准供给我。

1924年春，我到齐齐哈尔入省立一中补习班。学习半年后，于暑期招生时考入本校初中一年级。开始，我学习数学和英文有点困难，英语我在私塾没有学过，数学虽然学点，基础也差。但是我不服输，埋头刻苦学习，废寝忘食、起早贪晚，进步很快，暑期入学考试时，我竟然名列全班第二，以后也一直稳定在前几名。这不仅出乎我的意料，也引起校长和同学们的注意。

我在省立一中学习了历史、地理和自然科学，也阅读书报，对于国家大事，更为关心。我知道了我们的祖国是世界上四大文明古国之一，有五千年的光辉历史，地大物博，人民勤劳勇敢，很早就有不少独特的发明，如造纸、印刷、火药、指南针。然而就这样一个文明大国近百年来遭受着帝国主义列强的侵略和封建统治阶级的压榨，受尽欺凌、贫穷落后。我对于世界上国家与国家之间以强凌弱的状况十分不满，看到那些军阀和贪官污吏作威作福、鱼肉乡民，更是特别愤怒。

我读书，如鲁迅的小说杂文，创造社郭沫若、郁达夫的诗歌剧本等新文学作品，还在社会上接触新鲜事物，这都让我大开眼界，受到了不少进步思想的影响。通过对过去所学的传统文化知识加以批判消化，我固有的思想发生了很大变化，但还是只认识到“国家兴亡，匹夫有责”，自己应当发愤读书，将来报效国家。可是对我究竟要干什么、走什么道路，还不大清楚。

当时流行的革命歌曲，也给我很大的感染和激励。如“打倒列强，除军阀，国民革命成功，齐欢唱，齐欢唱”，有力地促进了我的爱国主义思想，激发了我的爱国爱民的热情。特别是那些具体控诉国耻的歌曲：“痛哉，甲午一场海陆战，英夺香港，法国占安南，德据胶州，俄日占大连。”这些歌曲都是当时我爱唱并经常唱的，有时几个同学一起唱着唱着，就情不自禁地流下泪来。

1925年，上海五卅惨案发生后，黑龙江省齐齐哈尔等各市镇各学校学生纷纷聚集起来上街游行示威，支援上海工人罢工运动。我积极参加了游行示威和爱国宣传活动。这是我第一次参加学生反帝爱国运动，受到极其深刻的爱国主义教育。于此我才开始对中国共产党有了初步认识。知道共产党是领导中国人民反帝反封建的，中国共产党好；军阀坏，他们是帝国主义的帮凶，是出卖国家利益，镇压人民、工人、爱国青年的刽子手。

我们这次示威游行，使黑龙江省统治阶级惊慌失措。属于奉系的诨号“吴大舌头”的督军兼省长吴俊升，蛮横下令，解散省城的学校，迫使学生“放假”回家。

我们游行示威的第二天晚上，晚自习刚完，正准备熄灯睡觉的时候，突然军警包围了学校，声称奉吴督军命令，各学校提前放假，马上就得收拾行李上火车回家。我们要求找校长邓觉民、教务主任孙树勋问怎么回事，军警不许。他们持枪荷弹硬逼我们捆好行李，押送到火车站坐车回家。直至第二年，即 1926 年初，我才接到省一中的通知，叫我们回校复课。在省城中学这一年多的时间里，我的思想觉悟向前提高了一步，初步知道自己个人的命运前途与国家民族的命运前途是紧密联系在一起的，从此在心里种下了投身民主革命和民族革命的种子。

家乡和少年时代是根，对我一生的为人处世、工作事业，产生了极为深远的影响。美丽富饶的家乡，勤劳淳朴的乡亲，怎能让日本侵略者、反动军阀肆意践踏！我一定要为家乡的彻底解放、祖国的彻底解放贡献我的一切。这成为我投身革命，献身共产主义事业的无穷动力。

第二章　走上革命道路

1926年暑假后，我与同学张敬载一起考入了天津南开中学，在那里结识了林枫，在他的帮助下迅速提高了觉悟。从此，我和林枫结下了深厚的革命情谊，对我一生的革命道路产生了深刻影响。

那时在天津南开中学读书的林枫名郑伯桥，号凌风。我当时名李亭芳，号时雨。他是黑龙江省望奎县人，我是黑龙江省巴彦县人。那时他年20岁；我18岁。他上高中；我上初中。林枫同当时中共南开中学支部书记范文澜先生联系密切，通过范文澜接受了党的多方教育指导，思想水平提高很快。他待人谦虚诚恳，热心为大家服务，在同学中威信很高，被选为南开中学学生会会长。五卅运动中，林枫通过学生会组织许多同学参加讲演、募捐、游行示威等活动。他的这些言行，引起校方某些领导的反感，在1926年上半年借口林枫在课堂上与数学老师争论、数学考试不及格而勒令他退学。但由于地下党组织的要求，他没有离开天津，仍留在天津开展革命工作。

我同张敬载刚到天津，两眼一抹黑人地生疏，幸而受到林枫的热情接待、细心指引，多方照顾。他很快就帮我们把学习和生活安排好。东北老乡或者同学们都说，他对人一向都是这样热诚的。后来对我和张敬载的照顾更是无微不至，所以我们很快便成为志同道合的知心朋友，进而成为革命同志。

林枫不仅生活上、学习上关心青年，在政治思想上，更是全力帮助青年进步。他介绍了不少进步和革命的书籍杂志如《小说月报》《语丝》《创造月刊》等给我和张敬载阅读。尤其是他亲自送给我和张敬载看的高尔基的长篇小说《母亲》、列宁的《国家与革命》给我们极大启示。

这两本书在当时是犯禁的，市面上不可能买得到。反复阅读后，我们看到了俄国共产党领导广大工人阶级和其他劳动人民，是经历了怎样的千辛万苦流血牺牲才取得了十月社会主义革命的胜利；布尔什维克党是经历了怎样艰苦卓绝的奋斗才建立并逐步巩固了新生的无产阶级政权。这对于我这样的要求进步求知若渴的青年是莫大帮助，我真是感到茅塞顿开，眼界大开，初步认识到奋斗的目标与前进的方向，真正受到无产阶级革命的启蒙教育。

林枫与夫人合影

林枫经常与我们谈论国际、国内形势，加之我在天津这个大都市亲眼看到富人高楼大厦灯红酒绿作威作福，而贫民肮脏草棚低矮破屋沿街乞讨，真如杜甫诗写的“朱门酒肉臭，路有冻死骨”。这一切，使我的思想认识和政治觉悟很快提高，逐渐明确当时中国革命的前途和青年人应走的革命道路。

1926年冬，我家不但不给学费还来信责备我擅自到天津上学，逼我退学回家。我一股火上来就病倒了，搬出学校和几位同学住在南开利仁里。正在我贫病交加之时，林枫来到我们这里探望我，亲切地嘘寒问暖，他不仅帮助我们温习功课，还给我们介绍课外读物并一起谈论时事。

林枫开导我努力战胜困难不要灰心，并教我同封建家长进行斗争的方式方法。他对我说：“家里老人思想守旧，吝惜钱财，有这些事不奇怪。你是不是回去一趟，要注意别着急，尤其不能发火，耐心把道理说透。一是自己已经读了初中，半途而废不好，还是继续学习，将来学业有成好找事做。那时不但不会再增加家里的负担，还可能多少有余力帮助家里；二是自己已经长大了，按法律、按家规，家产都有应得的一份，如果家里坚决不给为数不多的学费、生活费，那就只好诉诸公堂打官司。总之，自己一定要继续学习，这个心是铁了。”

林枫告诫我：求学的决心要坚定，但关系一定不要搞僵。林枫办事沉着，年轻老成，很有智谋。我按照他教我的方法回家果真说服了老人，允许我于次年春到北京去求学。

1927年春节过后，我随同学来到北京，考入北京弘达学院中学部四年级。当时北京是奉系军阀张作霖割据，“四一二”蒋介石叛变，武汉政府继而迅速走向反动，全国白色恐怖密布。许多人彷徨十字街头，前途迷茫，无所适从。我则坚持革命乐观主义，对中国之前途命运充满信心。我认为自古有志为国者，莫不先修其身，想要为国家干点事，必须把自己充实起来。那就应该苦其心志，劳其筋骨，努力学习，求知识、长才干，然后才能够为国家为人民，作出应该有的贡献。后经临阵磨枪，我考入了北平法政大学。

北平法政大学，当时的校长是江朝宗。这个学校的前身是北京法政专门学校，是清末民初创办的。1927年，我考入时校名是“国立北京法政大学”。我入学之后不久，张作霖僭称大元帅，组织大元帅府，教育部长刘哲把包括北京大学在内的北京国立各大学合并为京师大学，刘哲兼任校长。国民党政府统治北平以后，把原国立北京大学和师范大学之外的八大院校合并为国立北平大学校，有法学院、商学院、工学院、农学院、医学院、艺术学院、女子师范学院、女子文理学院八个学院。法学院院长原是谢瀛洲，后是白鹏飞。当时是大学预科两年，本科四年。我上预科时是在李阁老胡同[①]法大三院上课和住宿，预科毕业后升本科到一院国会街原众议院上课和住宿。

国立北平大学法学院，是当时中国学法律、政治、经济的最高学府。有很多全国著名的教授学者集中在那里。如教政治经济学的李达，是五四运动、马克思主义的宣传者；教刑法的张孝移，曾任大理院即最高法院的检察长；教民法的余启昌，曾任大理院院长；教民事诉讼法的石志泉，曾

① 1965年更名力学胡同，位于西长安街以北，东起府右街，西至横二条。

任大理院庭长，后来任国民党政府司法部次长兼法官训练所所长；还有王抚州、丁协万、方宗鳌、李普、刘世传等教授。他们都是留学日本或留学欧美的学者。当然除了李达、陈豹隐有时传播一些马克思主义新思想外，其他人多数坚持西方资产阶级法学观点。从研究学术角度来说，他们这一套学说观点，加上他们运用这些学说对中国实际进行认真研究形成的自己的看法，还都能给学生提供在当时看来是渊博的知识和较深的理论。这些老师的课，我都听过，很多课都给我留下了极其深刻的印象。

我在学习期间，逐渐对宪法和刑法产生兴趣，并坚持深入研究。毕业前，我的毕业论文是《犯罪是社会的病态，刑法仅是治病一方》，阐明中国的犯罪原因虽有多种，但主要为社会病菌构成；监狱应改为“社会病院”；刑法要分科因人设教，并附设工厂、农场进行劳改。论证虽不高明，但确实是我独立思考，下了一番功夫的，尚有一些独特见解。参加我们毕业答辩的思想保守的法律系主任余启昌先生也不得不给出“颇有新颖独特见解”的评语。后来在西安遇到王抚州先生，他也说我的毕业论文给他留下了很深的印象。

当时国立北平大学都有学生宿舍，少数学生住在外边公寓里。各私立大学也有学生宿舍，但为数较少，多数学生住在外边公寓里。无论公立私立大学，家在市里的学生多数为走读生，不住校。学生宿舍收费很低，每月宿费 3 角至 5 角；公寓房费分等级，每间房每月收 1 元至 5 元不等。学校或公寓的伙食，每月每人 8 元至 12 元；学校附近小饭馆相当便宜，每餐在两三角左右，1 角左右也能吃饱一餐。大学生的衣着，多数是冬天一件棉袄，夏天一件长衫、西服裤子、皮鞋或布鞋。西装革履、皮袄俱备的还是少数人。

我读本科时，经同学怂恿做了一套西服，买了一件呢大衣。结婚后岳母又送给了我一件皮大衣。我还有一件值钱的东西，就是上北京的第二年在哈尔滨买的一条俄国毯子，在家中钱寄不来时，经常进当铺，成为我解决暂时吃饭困难的好帮手。

那时候，大学生的生活，可以说是形形色色。埋头读书不问政治的，是极少数人。读书上进，关心政治，而且积极参加一些进步活动的占多数。当然也有极少数人过着腐败浪荡的生活。这些人挂名上大学，打着大学生的幌子，整天花天酒地、吃喝玩乐。他们捧大鼓、捧戏子、逛八大胡同（北京妓院集中地）、打麻将，甚至吸食鸦片。他们穿着西装革履或长袍马褂，坐着包月人力车。他们多属军阀、官僚、买办、地主阶级的纨绔子弟。这种人在国立大学中极少，在私立大学中较多些，最多的是高等警察学校。

这时国立北平大学内部的政治空气较为宽松。因为政治局势不明朗，北洋军阀大势已去，国民党新军阀统治的手还没有真正伸到学校内部来，与后来的蒋孝先及其宪兵三团残酷镇压学生，制造白色恐怖的情况大有不同。因此，学校内部学生的思想比较活跃，在学校中，对中国革命的道路、中国社会改造的出路，大家可以自由辩论，并不隐讳自己的观点。虽然有些人并没有参加什么政治组织，可是各有自己的政治倾向。有倾向于共产党的，有倾向于国民党的，还有国家主义派、改组派等，有时甚至双方还有非正式的公开辩论。如工学院的林枫（这时改名郑凌风），就在国家主义派聚众鼓噪时，奋勇挺身而出，登台演讲，摆事实、讲道理，把他们驳得理屈词穷、哑口无言，赢得阵阵掌声，在全校产生了很大影响。

我在国立北平大学期间，前两三年立志读书求知，不想参加任何政治组织。黑龙江省留平学生会开会时，我认识了不少青年，有些谈得来的，逐渐交往后，很多人成为好朋友。还有夏尚志、文希彦、于炳然、许烈等，不仅成为好朋友，后来还成为同生共死的革命同志。当时以无党派面目出现的法学院同学吴焕章（实为国民党员）办了激进社，出版了一种刊物；望奎县同乡同学于炳然办了协进社，也出版了一种刊物。他们都拉我写文章，有意要我参加他们的组织，我均婉言拒绝，只与他们保持一般同乡好友的关系。

我那时不是一个读书救国论者，但是想集中精力刻苦钻研好好学习几年。所以只是常与进步同学讨论些问题，这些问题也仅仅属于政治理论，联系到中国革命和个人将来应该走的道路而已。如果说参加进步的活动，那就是参加学生会主办的平民学校教育，有时给被捕的同学好友往监狱里送衣物，并设法搭救他们出狱。

日本帝国主义一直坚持“欲征服中国，必先征服满蒙”的战略思想，多年来不断在东北扩大侵略势力。1928 年冬，日本帝国主义者要在东北强修五条铁路，引起全国人民的反对。旅平东北学生更为愤怒，掀起护路运动，组织了一个东北旅平学生路权保持后援会，并举行了一次大规模的游行示威运动，于炳然担任示威游行的总指挥。我参加了那次示威游行，在游行队伍中与同学们一起高呼反日爱国口号，在街道的墙壁上张贴大标语，经受了一次反帝爱国群众运动的洗礼。

锋芒初露

第三章　巴 彦 驱 翟

1930年春，巴彦县所有留平学生，都不断接到家中来信，说县长翟星凡贪赃枉法，横征暴敛，敲诈勒索，欺压百姓，民不聊生，举出许多骇人听闻的残害无辜百姓的事实。我印象最深的是，师范大学同学高希文家住在黑瞎子店村，是个本本分分的土财主，硬被诬陷有通匪嫌疑。翟星凡派武装警察把高希文的父亲抓到县衙门关押起来拷打，勒索了很多钱后才放出来（高希文是我们的朋友，他在北平师范大学毕业后在中山中学当教员，抗战时去重庆，抗战胜利后被选为“国大”代表，现在台湾某大学任教）。

这成为那时巴彦县留平学生同乡会聚会的一个中心话题。大家开会讨论决定：由我当代表，暑假期间去联络留天津、留哈（尔滨）等各地的巴彦县学生同乡会，与他们共同声讨并向省政府控告，把贪官翟星凡扳倒，驱逐出巴彦县。

我和邵桂辛到天津、哈尔滨、齐齐哈尔与巴彦县的学生联络，他们都表示愿意参加这一斗争，并推举我全权负责组织，进行工作。

到巴彦县后，我们得到县中学校长孔庆尧的支持，在县中学秘密成立了一个“驱翟工作办公室”。我同邵桂辛、邵桂玉、刘极天、张国颖、祝希文等十多个同学深入到各村镇的群众中去调查、收集材料。此前，在天津的张敬载和其他同学都已经给家人亲友写信，要求协助我们的调查工作。所以我们所到之处，得到全县各界的热烈响应和全力支持。而且保密也做得好，在我们正式提出诉讼前，翟星凡一点风声也没得到，我们收集到了翟星凡大量的犯罪事实和罪证材料。由我按照法律规范起草控诉状和声讨书，大家反复补充修改讨论定稿，做到事实确凿、无懈可击。然后由我和邵桂辛带到省城齐齐哈尔，住在广兴缘旅馆，把告翟星凡的控诉状纸正式送呈省政府。

当时黑龙江省省长是万福麟，诨号“万半拉子”。这是因为他小时候曾在地主家当长工，是个半劳动力，东北乡间叫作“半拉子”。万福麟与“吴大舌头”都是张作霖当土匪时的老部下，随着张作霖势力扩充越爬越高，到了这个位子。他比“吴大舌头”聪明些，面对当时全国革命形势，特别是学生运动发展迅速，五四、五卅运动的声势一浪高过一浪的情况，加之翟星凡与他本人关系并不十分密切，他不愿更不敢过分压制我们这次行动。更重要的是，我们是把全县学生联合起来，声势大，办法多。我们到省城不仅联络那里的巴彦学生，而且遍访在省城各机关、各界、各行业的巴彦同乡前辈，向他们介绍情况、散发传单，请求他们的支援。我们在向政府递状纸的同时还散发印成传单的声讨书。结果一传十，十传百，很快得到了全省上层人士和广大群众的同情与支持。这使省政府不得不重视这一案件，状子递上不久，就派省政府参事陈万凯和一个刘姓官员进行调查。

省府参事陈万凯，字骧甲，辽宁人，北京大学法科毕业。他是张焕相的侄女婿，经张焕相介绍到黑龙江省政府任参事，是在等候派任县长的（也就是候补县长）。此人很正直，很有学识，精通法律，也很有魄力，很有经验。他一接受调查任务，就亲自到广兴缘旅馆找我了解情况，并与我们一起研究如何进行调查。他要求我们原告密切配合，这正中我们下怀，我们当然表示愿意与他配合，我立即向他提供很多线索。我们约定到巴彦后如何联系，并研究了如何开展调查翟的罪行、罪证等一系列工作。

这两位省府“巡案”来到巴彦县后，住在我们给他们联系好的旅馆里。陈万凯很有些办法，他们首先向县政府调查取证，把查阅的案卷有关部分，在夜间灯光下用感光纸影印下来，搜集到不少材料。然后到我们安排好的地点，他们在那里接待有关民众，一一查对核实翟星凡的罪行证据，并接受各界人士对翟星凡新罪行的揭发检举。

这时候，我们在省城和县城以及乡下到处散发传单、张贴标语，把翟星凡的种种罪行公布于众，发动各村镇受害群众，向调查员鸣冤诉苦并提供证据。早已郁积怒火冤情的各乡农民扶老携幼，步行或坐大车络绎不绝地到调查处申诉控告。记得调查员在张敬载家就住了三天，他们还在黑瞎子店一带及西集厂住了几天进行调查。

但贪官翟星凡并不甘心失败，他猖狂反扑。当调查员在县政府查卷时，翟星凡竟指使兴隆镇县佐和警察所长，向我家及我家附近的几个村额外加码，摊派大车劳役，各户据理力争不肯出车。翟星凡及其爪牙就诬称乡民抗拒官差，打人抓人。翟星凡得知我是这次活动的主要人物，就把我哥哥李寰芳抓去关押起来，给我施加压力，逼我退出这场斗争。

但怒火已被点燃的乡民不再屈服，大家聚众包围县佐衙门和镇警察局，要求立刻放人。同时有人向中学打电话告知我发生的事情。我立即向调查员陈万凯详细说明此事，他当即找翟县长严厉质问。

陈万凯说："你这种做法，显然是挟嫌报复，是上抗下压，罪上加罪，你必须立刻放人，否则，更严重的后果你自己承担。"

翟星凡一看事情不妙，忙推说不知道，并马上打电话通知兴隆镇县佐释放我哥哥。

陈万凯坚持深入调查追究，翟星凡又拿出了新把戏。他在回答问询时，把贪赃枉法、横征暴敛、敲诈勒索等所有罪行都推到他的亲信走卒——县政府警察队姚队长身上，称种种坏事恶行都是姚干的，还主动把姚队长关押起来，宣称要"严加惩处，不徇私情"。翟星凡的如意算盘是先把姚队长抛出做他的替罪羊顶过这阵风，保住自己的官位权势，以后再想办法解决姚队长的问题。但翟星凡无法无天、贪污索贿、作威作福、草菅人命，早已经臭名昭著，尽人皆知。他这一套表面装人背后做鬼的伎俩，巴彦民众早就多多领教过了。因为他平时就是一面大肆张扬信佛行善，一面又无恶不作罪行多端。连衙门里的人都传说"翟县长后堂口念般若波罗蜜，前堂抓住良民鞭子鞭"，意思是他一边在家里念着阿弥陀佛，一边又对无辜百姓严刑拷打。巴彦各界民众每天去找省调查员，省城巴彦籍人士向省政府有关部门控告揭发翟星凡的人也不但没减少，反而越来越多。

翟星凡是奉天省长翟文选的二弟，人称"翟二爷"，后台很硬，在奉系军阀统治时期确实不容易告倒。但是，我们广泛发动群众，大力揭发检举，使翟星凡的罪恶无法掩盖，加上调查人员陈万凯认真彻查，证据确凿，据实上报，使省长"万半拉子"也无法袒护。黑龙江省政府不得不给翟星凡以撤职处分，调兰西县长靖国儒接任巴彦县县长，派陈万凯接任兰西县县长。消息传出，巴彦全县一片欢呼，县城和乡村中的许多百姓燃放鞭炮，以示庆祝。

翟星凡离开巴彦县城时，非常狼狈。全县民众扬言要搞些花样轰“翟二爷”出城。一些人在庙头涂家扎彩铺扎制了一个纸大钞，有一人多高，二尺多厚，打算放到城门口，叫他从钱眼儿钻过去。不料，有人走漏了消息，翟星凡慌慌张张偷偷摸摸地携眷趁更深夜静溜走了。

这次驱翟斗争，开创了黑龙江省群众运动的先例，轰动全省。各界民众，尤其巴彦人民无不拍手称快，欢欣鼓舞。后来，巴彦县人民有口皆碑，无不说它在巴彦县人民民主和民权斗争史上，谱写了极其光辉的一页。

我们这次斗争收获很大。虽然赶跑了一个贪官，来的一个也未必是什么廉吏，反动统治阶级的政权更没有被推翻。但是，这毕竟敲了一下反动统治者的脑壳。铁的事实说明：他们所有的倒行逆施都如欠账一样，被人民群众笔笔记在心底，积成怒火，一旦爆发，就是惊雷震天，大火燎原！这场斗争表明人民群众已经随着时代的脚步有了积极争取民主权利的思想新觉醒。青年学生发挥了唤起民众的积极作用，各界民众，团结斗争，向反动残暴邪恶势力，显示了坚决抗争的英勇气概。

这场斗争对那些思想守旧的土财主、守财奴影响也很大。他们看到，我们几个他们眼看着长大的农村出身的毛头小伙子，在成为法学本科一年级的大学生后，居然能运用所学的法律知识，与有实权有后台的堂堂县长老爷对簿公堂，并最后取得胜利。他们由此开始培养自己的子弟上学读书。就在那次驱翟之后，我家附近四合泉大财主蒋家、兴隆镇开药铺掌柜王寿山和兴隆镇最大商店大掌柜郑雅轩等，都托我带他们的儿子去天津、北京上学。

对我个人，这次固然是“牛刀初试”，而且旗开得胜，也受到很大鼓舞，使我深刻地认识到：农民群众蕴含的巨大力量，看到了同反动势力斗争，必须尽最大力量争取一切可能团结可能争取的力量。

第四章 南下示威

1931年9月18日，日本驻中国境内的关东军突然袭击沈阳北大营，19日占领沈阳及辽宁省全境，接着分兵向吉林省、黑龙江省发动进攻。张学良奉蒋介石“绝对不抵抗”的命令，将其东北军主力30万大军大部分撤至关内，不到4个月时间，东北百万平方公里土地全部沦陷，3000多万同胞被日本侵略军践踏在铁蹄之下。这就是九一八事变。当时蒋介石的国民党政府集中兵力“围剿”红军，积极进行反人民的内战，对日本侵略采取“绝对不抵抗”政策。为此全国青年学生相继奋起，组织各种抗日

1931年9月19日，日本军队在沈阳小西门城墙上向城内射击。

救亡团体，进行抗日救亡活动，奔走呼号，敦促国民党政府出兵抗日。

这时，我对国民党政府执行所谓“攘外必先安内”的亡国政策，气愤已极，深感国破家亡、山河破碎之时，救亡图存责无旁贷；加之我早就认识到只有中国共产党才能救中国、才能领导中国人民挽救中国，所以毅然决然下定决心跟着共产党走。1931年9月，经夏尚志介绍加入中国共产主义青年团，我从此走上了革命道路。

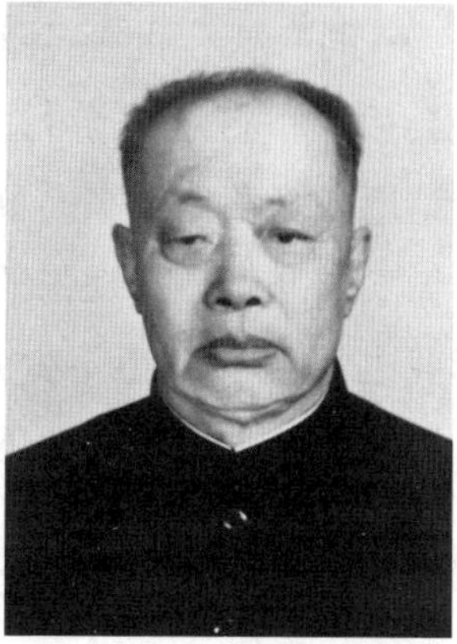

夏尚志（1908—1990）

当时在进步青年群众内部暗称青年团为“中学部”，称共产党为“大学部”。

在党的领导下，我积极投身于北平学生卧轨斗争及南下示威的运动，并且作为北平大学法学院的学生代表参与了一些组织领导工作。

九一八事变的第二天，北平各大中学校的学生相继罢课，先是同学之间奔走相告，然后组织起来走向街头，集聚群众，进行抗日宣传，大声疾呼救亡图存。有些学生声泪俱下，喉咙都喊哑了，依然坚守宣传阵地。在中共河北省委和北平市委的领导下，北平各大专院校几天之内就组织起如“抗日救国会”“抗日十人团”“日货调查团”“抗日讲演团”“抗日训练班”“抗日义勇军军事训练团”等抗日救亡团体。在中国共产党发出“九二二”抗日宣言后，首先在北平发起了一场学生罢课、工人罢工、商人罢市，要求对日绝交、抵制日货的抗日救亡爱国运动，这场运动迅速得到各界人民的响应。

9月28日，上海等各地青年学生5000多人涌入南京，联合南京的中央大学、金陵大学等校学生举行了一次规模盛大的示威游行。先冒雨赴国民党中央党部请愿，后转赴国民政府外交部，要求严厉惩处丧失领土的东北负责长官张学良，并立即出兵驱逐日本侵略军出境。学生要求外交部长王正廷出来答复学生，但王正廷拒不出见。学生们愤怒已极，冲进外交部办公大楼，把外交部办公室用具捣毁，痛打了外交部部长王正廷。消息传出，人心大快。

同一天，北平各界举行抗日救国市民大会，各校学生均有参加。会后，举行示威游行，沿途万人空巷围观助威。大队行至张学良行辕请愿，张学良出来向群众表示：“个人无论地位生命，皆可牺牲，但绝不做卖国之事。我姓张的如有卖国之事，请你们将我打死，将我头颅割下，我也甘愿。”这事不少人都知道，但大家当时还看不出他同蒋介石的区别，以为他无非是敷衍民众。

11月中旬，东北军马占山部在嫩江桥奋起抗战，沉重打击日本侵略者。但由于国民党政府坚持不抵抗政策，很快失败。日本侵略者迅速占领东北全境，并向锦州进攻。

11 月底，中共河北省委和北平市委开始组织学生南下请愿示威，掀起更大的抗日救亡高潮。12 月 1 日，北京大学、北平大学各学院、朝阳大学等 20 余所大学的 2000 多名学生组成北平南下请愿团，3 日到达南京。

北平请愿团南下的消息，极大地鼓舞了北平学生的爱国热情，更多的学生慷慨激昂热血沸腾，纷纷要求继续南下，自动组织了有更多学生参加的“北平学生南下请愿团”。中国共产党地下组织积极领导了这些斗争，以北平大学工学院学生代表身份出现的林枫就是其中杰出的代表人物之一。

从 12 月 4 日起，北平各大中学校开始了卧轨斗争和新的南下示威运动高潮。那天，怀着满腔怒火的北平各校学生集结在北平火车站，准备乘火车南下，但当日未能成行。我当时住在国会街法大第一院（原为众议院旧址，现为新华社所在地）。12 月 3 日上午，中共北平市西城区委组织干事、共青团团委书记李续纲匆匆地来找我布置南下示威的工作。当天下午，我们便在同学中进行活动。4 日下午法学院的同学陆续聚集在校旗之下，推选出我和韩桂琴（韩幽桐）、吴子良为法学院代表，田应春为领队，即总指挥。16 时，我们这支整齐的学生队伍浩浩荡荡地离开了法学院的大门，大家不断齐声高呼“去南京要求政府抗日”等口号，奔向前门火车站。一路上，群众见到学生队伍，都停下脚步，有的向学生招手示意，有的热泪盈眶和学生一起喊口号，路上虽有军警游动，但未对学生队伍加以阻拦。

法学院的队伍到达前门火车站的时候，女子文理学院、师范学院、辅仁大学等大专院校，还有一些中学的队伍陆续到达。各校都派人四下张贴标语，而队伍则不断地高呼口号。各校代表迅速集合召开会议，选出代表进站找站长交涉，要求开火车送学生去南京。当时车站的负责人说：“不能马上答复，需请示上级。”但是，学生们等得着急，就纷纷挤进站台，登上火车。很快，不管是往哪儿开的车，都被学生坐满，但车站决定学生所乘火车一概不开。经交涉，站长答复说，北平铁路局及北平车站是奉张学良和铁道部的命令不给学生开车的。并劝阻学生不要南下。

这时天已渐黑，各校代表又召开紧急会议，决定采取以下措施：

第一，进行卧轨斗争，以示南下决心不可动摇；第二，各校学生轮流休息和吃饭，派出纠察队，把住车站大门，占领车站办公室、会客室、候车室以及其他重要地点，保护学生队伍不遭破坏。

会后学生即刻开始行动。几分钟后，车站各条铁轨，黑压压躺满人群，车站办公室、候车室、会客室及其他要害地点已被学生占领，秩序井然。晚上，寒风瑟瑟，坐在车上和车站室内的同学都觉得很冷，在车站外和卧轨的两千多学生可想而知，但没有任何人叫苦，大家不断高唱爱国救亡歌曲，情绪慷慨悲壮，非常激昂。

12月5日凌晨，一批军警开进车站。他们的任务是来维持秩序，未与学生发生冲突，出现了军警和学生纠察队同时站岗、警戒和巡逻的局面。这时不断有学生家长和老师来车站探望，被军警阻拦，经交涉也都放行。下午又有大同中学、十七中、俄文法学院、农学院、交通大学等十几个学校的学生开入车站加入南下行列，为斗争增加了新的力量。

学生的卧轨斗争给了当局很大压力。但是，我们认为，要真正敲醒当局的头脑，这还是不够的。当我们听说，外地来京的火车已停在丰台、东便门、永定门，从北平发出的火车也由上述各站发出。各校代表马上召开紧急会议，决定派出部分队伍前往上述各站卧轨、把守，把斗争升级，并用轧道车往来传递命令和消息。会后，被派往各站的学生陆续整队出发，天黑时东便门、永定门和丰台车站的各条线路均被占领，大批学生卧倒在铁轨上。顿时，北平铁路交通陷于全部停顿的状态。这时当局才慌了手脚，但是他们还不下达发车南京的命令。各校代表再次开会研究对策，经研究决定，派一支队伍到顺城王府张学良的住宅请愿。

6日下午，千余学生列成整齐的队伍，到达顺城王府找张学良请愿。张学良接见了学生代表。学生代表问他："我们要到南京向国民党政府请愿，要求出兵抗日收复失地，你作为东北军的军事长官，为何不予支持？！是否对得起东北父老和全国同胞？！"

张学良只说是奉政府的命令暂不出兵东北，也不开车送学生南下。

但他答应立即发电南京请示，一定满足大家的要求，劝大家回去等候好消息。学生心里明白，事情的关键在国民党政府。因此，这支队伍又转往国民党北平市党部示威。到达国民党市党部时，只见大门紧闭，市党部官员拒绝接见学生，只派了一名干事出面应付，激起学生们的愤怒。于是，学生们一边喊着要求出兵抗日的口号，一边向大门冲击，并砸坏了市党部的牌子，门警出来阻拦，也被学生打伤。

在各车站集结的学生，这时得悉先头去南京的北平学生在南京游行时受镇压，酿成了“一二・五”事件，更义愤冲天，增强了南下的决心。12 月 5 日，在南京的北平南下请愿团队伍由中央大学出发赴国民政府请愿，边走边高呼“把日本侵略军赶出去”“立即出兵”“收复东北”等抗日救亡口号，实际成为一场示威游行。国民党反动政府出动 1000 多名军警镇压，当队伍行至成贤街浮桥一带时，大批全副武装的军警冲上来拦截袭击学生，一人被打死，33 人受重伤，180 多人被捕。一部分学生冲出重围，跑回中央大学，中大学生奋起声援支持救护北平学生，与紧追而来的军警发生冲突，并立即组成千余人的队伍赴京沪卫戍司令部要求严惩伤害学生的凶手，释放被捕学生

面对日益高涨并将形成全国性的抗日爱国学生运动，南京政府惊慌失措，竟于 12 月 6 日下令禁止各地学生结队赴南京请愿。于是北平市长周大文、公安局长鲍毓麟、教育局长周学昌、宪兵副司令邵文凯等人都赶到车站劝诱学生回校读书，但均遭到学生理直气壮的驳斥和严词拒绝。当局还派遣特务学生到车站进行瓦解破坏活动，企图破坏学生南下示威行动，也未得逞。有的特务学生被学生发现，当众揭穿；个别特务学生还想与大多数学生辩论，被驳得理屈词穷，竟威胁说什么“要逮捕你们”等等，结果遭到大群学生围殴，只好狼狈不堪地抱头鼠窜。

北平学生卧轨斗争坚持了 3 天 3 夜，严重影响了北平与外界的交通。当局受到舆论的谴责，处境十分难堪，被迫于 12 月 7 日凌晨下令开车送北平学生南下。当时，在车站执行卧轨等勤务的法学院、农学院、工学院、北大、北师大、女子文理学院、女子师范大学、华北大学、辅

仁大学、中法大学、中国大学、清华大学、艺术学院、交通大学、朝阳大学、民大、俄文法学院、大同中学、十七中、女一中、平大附中、郁文中学，以及留日学生归国抗日救国团等学校和团体，约2100多学生，听到这个消息后真是喜出望外，他们兴高采烈地纷纷登上了15节车厢，高呼着：

“保护民众抗日运动！”

“不开车就是阻止抗日运动！”

“去南京要求政府出兵抗日！”

“中华民族不会亡！”

“打倒日本帝国主义！”等抗日爱国口号，高唱抗日歌曲，于上午11时许，我们终于向南京进发了。

在火车上，各校代表召开了一次会议。讨论中形成两种意见：一种认为这次前往南京应以请愿方式敦促国民党政府出兵抗日，这是以辅仁大学和女子文理学院为代表的少数几个学校学生的意见，这反映了部分学生对蒋介石“一定出兵抗日”的口头保证存在幻想；另一种要以示威形式迫使国民党政府服从民意，出兵抗日，这是以北平大学法学院、工学院、北师大等院校为主的多数学校的意见。虽经激烈辩论，但两种主张未能统一，全体南下同学遂分为示威团和请愿团两部分，并各自拟定了自己的口号。请愿团的口号是“公开外交”“对日宣战”“反对划锦州为中立区”“保护民众抗日运动”等；示威团的口号是“反对出卖东三省”“立即出兵抗日”“打倒日本帝国主义”“打倒帝国主义的走狗”“中华民族万岁”等。

8日中午，火车经过济南车站时，山东省主席韩复榘竟蛮横地下令不许开车，并派他的大刀队蜂拥到车站，企图用武力强行阻止学生南下。韩复榘的可耻行径，当即遭到学生的强烈反对，提出严正抗议。各校学生代表随即召开会议商讨对策，决定展开宣传工作。车上的同学们高唱救亡歌曲、高呼抗日口号；同时组织一部分学生在车站里及附近人群密集的地方讲演并张贴标语，引起群众的广泛同情。车上车下的同学向大刀队的官兵大讲抗日救国的道理，斥责国民党政府不抵抗政策和压制学生爱国运动的反动无耻行径，阐明南下请愿示威的重大意义，呼吁他们起来支持学生的正义斗争。

这时济南学生有两千余人前来车站声援和慰问北平学生。他们端水送茶，亲如家人，并且同北平学生一起向大刀队进行宣传和呼喊口号。很快，大刀队的官兵和警察们，也不再向学生挥舞大刀警棍了，他们静下来，倾听学生的讲述和诉说日军侵占东北三省后的暴行。他们被学生的爱国热情所感动，对日军犯下的滔天罪行、对国民党政府的不抵抗政策，都非常气愤，纷纷对学生的爱国行动表示同情，进而站在学生一边，与学生们一起高喊口号：

“保护民众抗日运动！”

“反对出卖东三省！”

“打倒日本帝国主义！”

原来一片杀气腾腾的济南火车站，变成军民联合宣誓坚决抗日的阵地。韩复榘见势不妙，生怕引火烧身，把山东形势搞乱，只好下令开车；同时答应另给济南学生准备车辆，随后开往南京。

12 月 10 日凌晨，列车到达南京的下关车站。南京学生派出的欢迎代表早已在车站列队守候。火车刚刚停稳，他们就跑上来，高呼着：

“欢迎你们！”

“欢迎南下同学！”

他们带来茶水和点心之类的食物，跟北平同学一起在路上边吃早点边向我们介绍南京的情况。这时，国民党中央党部和南京市党部派人到车站，送来饮食，对北平来的学生假惺惺地表示“慰问”。当天，示威团被安排在中央大学体育馆，请愿团被安排在金陵大学体育馆。傍晚时分，济南的两千多名学生也到达南京，被安排在中央大学体育馆住宿。南京国民党当局把北平来的学生按示威、请愿分两地安排住宿，其险恶用心是可想而知的。

北平学生到达南京之后，便得知上海、武汉、广州等地学生团也即将到达南京。示威团于 12 月 11 日上午召开代表团会议，分析了当前形势，制定了斗争策略，决定等上海、武汉、广州等地学生到齐后，再联合举行全国各地学生大示威。在此之前，北平示威团各校学生将以十人为一队，组成若干队派往各大街小巷，进行张贴标语、散发传单和讲演等宣传抗日救国的活动。在学生活动的地方，无不聚满群众，他们抢看传单，静听讲话，对日军侵占东三省、蹂躏我国土、侮辱我同胞等罪行，无不捶胸顿足，义愤填膺；同时对国民党政府按兵不动，实行不抵抗的误国政策，也极为不满。他们与学生一起高呼抗日爱国口号，同学生一起在街上游行，寂静的古城沸腾起来了。

为了更进一步发动群众，让南京以及全国各地的群众都能了解北平学生南下示威的目的，示威团于12月12日在中央大学举行了新闻记者招待会。由法学院代表吴子良、韩桂琴发言，阐明北平学生示威团南下目的是：（一）唤起民众，抗日救国；（二）反对政府出卖东三省；（三）反对划分中立区；（四）退出国联，对日绝交，出兵收复失地，惩办失地长官。并且呼吁新闻界爱国人士对学生的抗日爱国运动给予支持。

第二天，南京及上海非国民党直接控制的报纸都在醒目的位置报道了北平学生及南京示威的目的和要求，引起了南京各界人士和广大群众对学生开展爱国斗争运动的同情、重视和支持，促进了各界日益高涨的抗日反蒋运动高潮的发展，使蒋介石国民党反动政府陷于更加孤立的地步，也为即将爆发的全国学生联合大示威，做了充分的舆论准备。

示威团在南京开展活动期间，北平学生请愿团于12月11日下午两点结队到国民党政府请愿，大队集中在国民政府前。至下午5时许，考试院长蔡元培出见。迫于学生压力，蒋介石在国民政府院内一座小楼的会议室内，接见了20多名各校学生代表。在学生代表的严词质问下，蒋介石假惺惺地表示：内政外交已有妥善安排，一定早日出兵北上抗日云云，并要求学生返校认真读书，报效国家。有些学生代表要蒋介石提出书面保证，他推说有些事急需办理，遂抽身溜走。学生代表虽然不满意，但也无奈，只好退出。请愿团的活动没有获得任何实际结果，大家不欢而散，大多数学生陆续返校；另一部分学生基于爱国热忱，深感夙愿未遂，就加入示威团活动。

在上海、武汉、杭州、广州、安庆、苏州等地学生陆续到达之后，南京共有两三万各地学生表示坚决参加全国学生联合示威活动，大示威的条件已经成熟。13日下午6时夜幕将要降临之际，各地学生的代表会议在中央大学召开，讨论这次示威游行的组织计划和安排。学生代表会议决定各校不论大小，每校派两名代表组成主席团，领导示威运动。各地各校代表又决定在北平学生代表中产生总指挥。经北平各校学生代表推选北平大学法学院的代表为总指挥，之所以如此，是这一阶段原来是北平学生运动中心的北京大学受蒋梦麟、胡适等“读书救国论”影响，已经成为一个学术中心，学生们埋头读书的空气较浓，而在平津地区政治上最活跃的是北平大学，特别是我们法学院。由于原来被选出担任示威团总指挥的我们学院的田应春抵达南京后生病住进医院，后又去向不明，实际是被国民党当局收买。全国学生代表随即推举我为这次大示威的总指挥，杜宏藩为副总指挥。并决定于12月14日上午举行全国各校第一次大联合示威，目标是国民政府，并在南京主要街道游行，进一步唤起民众，把学生示威运动推向一个新高潮。会后，又进行了紧张的准备活动，我们至夜里11点多才休息。

一场准备充分、空前规模的全国学生抗日爱国联合示威运动，终于在南京猛烈地爆发了！

12月14日凌晨，太阳从东方徐徐升起，北平、武汉、上海、济南、天津、苏州、杭州、安庆和南京等地学生便从各自住地会聚在中央大学操场上。我登上领操台宣布示威游行总的行动纲领和计划要点、注意事项后，一支4000多人的学生示威游行队伍浩浩荡荡地向国民党政府所在地出发了。学生排成八路纵队，臂上戴着示威团的袖标，手持标语旗，每校队前都有横幅校旗。一路上学生随时张贴标语，散发传单。宣传讲演队分成若干小组，到群众中进行讲演；手持棍棒的纠察队员在队伍的两侧警卫。秩序井然，纪律严明，队形十分壮观、严肃。沿途群众、商贩见到学生队伍无不停下脚步和叫卖，纷纷向学生队伍招手致意，情不自禁地和队伍一同高呼口号。

10时左右，前卫队伍抵达国民政府门前。只见大门紧闭，卫兵林立，戒备森严，早有充分准备。但是，前卫队伍还是冲破警卫闯进院内，可是里院大门仍然紧闭。这时院内、院外已经被学生队伍堵塞。学生要求蒋介石接见，但他一直不肯出来，只派一个姓徐的秘书出来接见。学生质问：

“政府为何不出兵抗日收复失地？”

“为何镇压抗日爱国运动？”

“为何不停止内战枪口对外？”

徐某被问得哑口无言，瞠目结舌，狼狈不堪。相持约两个小时后，我们认为已达到预期的效果，便整队愤然离去。并按原计划在南京主要街道上游行讲演，继续唤起民众，围观群众越来越多，有些群众自动跟随我们队伍前进。傍晚，队伍返回中央大学。

15 日上午 8 时，在中央大学召开了各地学校代表共约 400 多人的会议，商讨如何继续斗争。大家争先恐后热烈发言，后一致决定：明天到外交部、国民党中央党部进行示威，以扩大影响和战果。

次日 10 时左右，约 2000 多名学生高举示威团旗帜，高呼口号，像前一天一样整队前往外交部。当示威游行队伍到达外交部门前时，高呼：

“砸烂外交部！”

“撕毁卖国条约！”

但是，只见几位工友看守门户，一个负责官员的影子也没有。一些学生进入各办公室，仍然找不到人，更看到有些办公室的门上了锁。看样子，这是已知学生们的行动计划，早就溜之大吉。学生们扑了个空，很为气愤，便顺手把一些卷宗抛在地上，捣毁一些桌椅，高呼着“反对卖国外交”转去中央党部。

示威队伍来到中央党部，只见大铁门紧闭，并有大批持枪警卫把守，戒备森严，如临大敌。愤怒的学生当即把中央党部团团包围起来。原来，这里正在召开国民党中央委员会临时会议。可想而知，其中主要议题之一当然是如何对付这场学生运动。楼上窗口时不时有国民党的中央委员探出头来，恬不知耻地对示威学生发出讥讽的无耻谰言，更激起了学生的怒气。一些学生奋勇上前将大门卫兵的枪械缴掉，由学生纠察队守门与警卫人员对峙。有些学生被前后的同学举高用石头砸毁镶在大门上面的国民党党徽。有些学生挤进大门，在二门口外高呼“反对卖国投降”“反对内战”“反对镇压爱国运动”，不少围观的群众也跟着一起喊。

在示威学生的压力下，国民党中央党部的会议停开。老谋深算的蒋介石推出坚决反对“先安内而后攘外”政策、主张出兵抗日的考试院长蔡元培和京沪卫戍司令陈铭枢出来接见学生。学生们并不知情，以为他们同蒋介石都是一伙。蔡元培、陈铭枢一出来便被学生团团围住质问。

这时，当局调来镇压学生的特务和武装警察也来到现场。他们企图向学生逼近，却被学生纠察队拦阻。起初互相推撞，后来警察特务们向学生大打出手，手无寸铁的学生奋起抗击。有一个警察向空中开了一枪。这一枪提醒了学生。聪明勇敢的学生们一边以旗杆等为武器与全副武装的警察特务搏斗，一边紧紧抓住蔡元培、陈名枢两人不放作为“人质”，并叫他们发出命令：不许镇压爱国运动，让军警立即撤出退回。

正当蔡元培、陈名枢二人高喊不要动武的时候，混乱中陈铭枢的头上挨了一棒，当即昏倒在地；蔡元培的脸上也挨了一记耳光。我在旁边看得十分清楚，蔡元培是被一位女同学打的。后来得知她是北平艺术学院的学生，叫薛迅。

蔡元培见陈躺倒在地，顾不上自己，高声连连喊道：

“不要打了！”

“不要打了！”

这时蔡元培被当作人质架到一块空地上，学生也撤出现场。警特们看到蔡元培做了“人质”，只好住手。纠察队这才放了蔡元培。

随着学生的游行和宣传，各界群众抗日爱国的呼声也渐渐高涨，国民党政府感到十分棘手和懊丧，甚至恼羞成怒，但是苦于找不到镇压学生运动的理由。而学生对蔡、陈这一打，让国民党抓住了理由。

于是由其喉舌《中央日报》发表一篇歪曲事实欺骗群众的报道，大肆张扬学生殴打中央政府大员蔡元培、陈铭枢。把学生的正义斗争，说成什么“受共产党操纵”“混进坏人”的暴乱行动；还捏造说，有人看到在示威队伍中有很多旗帜上写有“工农兵联合起来”“打倒国民党”“共产党万岁”等口号。十分明显，这是为镇压爱国学生运动制造舆论。

面对国民党政府和《中央日报》的威胁与恫吓，爱国学生并没有屈服。示威团从12月16日晨起，派出宣传组前往中央日报编辑部质问，对其谣言一一加以驳斥，并提出限期登报更正的通牒。中央日报社不肯正面回答学生的质问，并拒绝登报更正。宣传组同学返回中央大学向代表团汇报了上述交涉的经过。各地学生代表立即开会讨论，决定同反动派针锋相对，以更大规模的示威来还击国民党政府及《中央日报》。

17日上午9时许，北平、天津、上海、武汉、广州、安庆、杭州、苏州、济南和南京的各大中学生共3万多人，以上海学生为前导，天津和南京学生为后盾，从中央大学出发，沿途散发传单，张贴标语，高呼口号，示威队伍和街上人群的口号声震撼了整个南京城，古城又一次沸腾了！

示威队伍像一股洪流，经中山路、鼓楼，过外交部，到中央党部门前时，见其铁门紧闭，还有大批军警内外防守。前面的学生冲过去猛撞大门，未能闯进，便愤怒地将铁门两旁的警卫室和传达室的门窗玻璃全部砸碎。前卫队到达国民党政府门前时，后面队伍刚好已达中央日报社。该报社事前已获消息，将大门紧闭。停留在报社门前的队伍，正是平津和南京的学生队伍。这真是冤家路窄，旧恨新仇一起涌上心头。学生们翻过旁边的一座小墙，从报社的窗户跳进去，先将各门打开闯入室内，割断电话线，把经理室、编辑部、总务处等大大小小办公室的文件、账目等等一律撕毁，撒得满地皆是。有些学生进入地下室，正是排版印刷的地方。有人喊着："砸了国民党的印刷机，免得他们再造谣。"

喊声刚落，人们七手八脚就把印刷机、铅字、印模拆毁砸乱。有些小的能拆下来的字盘等物件则被抛入报社后面的秦淮河里。

与此同时，示威学生的前卫见国民政府大门紧闭无法冲入，就按事前计划展开了宣传战。大家把传单投向士兵和警卫室，又把标语张贴在国民政府的大墙上。群众队伍振臂高呼：

"打倒卖国政府！"

“反对卖国外交！”

“反对内战！”

“要求出兵抗日！”

“惩办卖国贼！”

同时要求蒋介石出来回答学生的质问。面对这次声势浩大、行动极为激烈的学生示威运动，蒋介石和政府要员们哪还敢出来。他们把前几天那种假惺惺的面孔收了起来，下达了坚决镇压学生运动的血腥命令。

于是，在珍珠桥畔，大批埋伏好的武装军警出现在中央日报社门前。原来国民党反动政府已将南京警备师第二旅和武装警察等数以万计的官兵调来。他们手持上了刺刀的长枪，腰系绳索，口里高喊“杀！杀！杀！”大步向学生队伍冲过来。顿时，有一些学生被刺刀杀伤，鲜血直流，躺倒在地。但是学生们一边高喊“打倒卖国政府”“惩办卖国贼”“惩办镇压爱国学生运动的刽子手”，一边赤手空拳地冲上前去与军警搏斗。特别使人感动的是那些女学生，她们毫不胆怯，几个在一起，竟然也把个别窜入重围的军警手中的警棍夺下，用警棍还击军警。

珍珠桥畔的血腥镇压开始后，国民政府门前的军警也手挺着刺刀高举警棍杀向示威学生。这时，从国民政府门前一直到珍珠桥畔，都变成国民党反动派镇压学生爱国运动的施暴场所。这场全副武装镇压与赤手空拳反抗的浴血大战一直持续了一个多小时，直到学生纠察队和夺得枪支棍棒的学生东挡西杀地冲出一条血路，把大队学生引至安全地带，方算终止。但是，爱国学生的鲜血已染红了国民政府和中央日报社门前的马路，染红了珍珠桥畔的土地，连珍珠桥下的秦淮河也泛起殷红的血水。

事后得知，有30多位学生英勇壮烈地牺牲在国民党反动派的屠刀下，受轻、重伤的不下几百人，还有60多名学生下落不明。后来得知，在学生队伍遭到镇压的时候，他们还在中央日报社的地下室里，待上来时，学生大队已离开。他们当即被军警逮捕，押到孝陵卫，后来又转送南京卫戍司令部，最后押解到江苏地方法院受审，受尽折磨，被严刑逼问谁是领导者、后台，谁是共产党。直到一个月后，他们才在全国各界民众舆论的呼吁和营救下获释出狱。

我认识的辅大学生、共青团负责人刘靖就是在这次被捕的。他后来告诉我，被捕学生非常勇敢坚强，没有一个人承认自己是共产党，反而都愤怒指斥审判官：那些丧权辱国、失地逃命的你们不抓不审，我们为挽救国家危亡来请愿示威，却遭到血腥镇压，又伤又死。你们还有没有中国人的良心，要杀要剐随你们。那些审判官常常被问得哑口无言，反反复复就是一个问题：谁是幕后指使人。结果他们一无所获。

傍晚，各地学生回到住地，无不万分激动和愤怒。夜间，示威团召开了各地院校代表的紧急会议。为了抗议反动派政府镇压学生的爱国运动，进一步唤起民众，决定第二天继续举行全国学生联合总示威，把运动继续下去。同时，为了防备反动军警的突然袭击，要求各地学生尽可能立即搬到国民大会堂和中央大学两处去住。但是这个决定没有来得及实施，反动派就使用暴力手段强迫各地学生返校。

当晚半夜，疲惫不堪的学生很快就睡着了。这时候，在另一些黑暗的角落里，奉命遣返学生的军队也在紧张准备。他们整团整团地开到国民大会堂和中央大学附近，重重包围了这两个地方，架起机枪，枪口对准学生宿舍的门口、窗口，杀气腾腾。

18 日，天刚蒙蒙亮，军队便奉命开始行动。他们突然闯入学生宿舍，学生们甚至来不及穿衣服，便被捕。我当时在中央大学体育馆，开会到半夜，真是疲惫万分，但刚刚躺下睡着就被惊醒。一睁眼，四面窗户都伸进了黑洞洞的枪口。当一个个学生被凶神恶煞的武装士兵拖出来的时候，飞机撒下传单，传单里命令学生返校读书。操场上竖着各色旗帜，上写“北平的回北平”“上海的回上海”等字样。武装官兵强迫各地学生分别集合，准备强行遣送。中午 12 点左右各地学生已先后被押送完毕，中央大学的操场上仅剩下我们几百名北平学生。

不多时，来了一个佩戴上校军衔的中年军官。他阴阳怪气地说：“看，你们把陈铭枢司令、蔡元培院长都打伤了。他们住在医院，还关心你们，让我送来一千元大洋，给你们路上使用。”

学生们没理他，并齐声高喊：“我们不要钱，我们要求政府立即出兵收复失地！”

那家伙立刻翻了脸，气势汹汹地说：“不走，就给我绑！”

他这命令一下，立即跑过来几百名士兵。两个士兵捆绑一个学生，很快把我们都绑了起来，硬架着上了卡车，送到下关车站，登上火车。车上还是武装军警看管，吃饭是给面包鸭蛋，开水管够。到站后由各校把自己的学生领回。

在南京爆发的全国学生联合总示威，虽被暂时镇压下去，但是，广大青年学生的抗日爱国运动并未因此而停止。“珍珠桥惨案”发生后，尽管国民党反动当局严密封锁消息，禁止各报登载学生运动的情况，但返回各地的学生已把消息带到各地，并且迅速传遍全国。各界舆论一致谴责国民党反动政府，《申报》《国闻周报》等报刊相继发表评论，纷纷指责国民党政府，要它改弦更张，停止内战，一致对外。

12 月 20 日太原学生举行罢课，工人举行罢工，商人举行罢市，并发动街道、工厂、学校、商店及各家各户降半旗为“珍珠桥惨案”及其他死于国难者致哀。同一天上海学生、工人、市民 10 万余人抬着“珍珠桥惨案”死难者的棺木举行了抗议国民党政府镇压爱国学生的示威游行。继而北平、南京、济南、武汉等地的学生、工人、市民爆发了罢课、罢工、罢市及捣毁国民党党部等抗议斗争，给国民党反动政府以沉重的打击。

现在看来，学生动手打陈铭枢和蔡元培是不对的，基本是当时党的“左”倾思想错误倾向和青年激进幼稚病的反映。因为蔡元培、陈铭枢都是国民党内部坚决主张抗日，坚决反对蒋介石“安内攘外”一套反动政策的，他们不是国民党内的当权派。蒋介石把他们推出来应付学生，就是别有用心。他怎么不让何应钦等辈出来呢！

特别是蔡元培，他在因这次挨打住院时还对记者表示：“对于学生救国之轨内行动，纯洁热情，仍愿政府与社会加以维护，绝不因今日之扰乱而变更平素之主张也。”

但当时我们都不懂，只是一股热情，一股冲劲。“文化大革命”后刘靖来京与我谈起这事时说：“咱们当时受党内‘左’倾错误思想的影响太深了，就是冲冲冲，打打打，很少考虑统一战线策略，这个问题直到1935年刘少奇到北方局后才逐渐解决。所以，‘一二·九’那批干部进步快，现在不少都是部以上干部，蒋南翔、李昌、荣高棠等等是一大批，我们这一拨上去的极少，这是合乎逻辑的，我们‘九一八’起来的，太‘左’了。这不是计较名利地位，是说明路线正确与否，直接影响干部的成长发展。”我很赞同刘靖的这种观点。

当然，这次全国学生爱国运动总体上是非常好的，影响是深远的，对动员广大人民群众投身抗日救亡、反对国民党政府“先安内而后攘外”政策，迎接全面抗战发挥了巨大推动作用，也直接为以后的学生运动培养了一大批骨干人才。四年后，国内外闻名的“一二·九”北平学生大示威运动，其中的一些组织者，如我非常熟悉的林枫、张敬载、刘靖等，都是1931年12月北平学生卧轨斗争、南下示威运动中的骨干。

我自己也得到了很大的锻炼。这主要是党组织培养，特别是林枫等直接指导帮助的结果。我被选为全国各地学生示威团总指挥，是做梦也没想到的，心里实在没底。我曾对林枫说：“你看这样重的担子我能担负吗？”

林枫毫不犹豫地说：“干吧，这个时候这种风险十足甚至有生命危险的重担咱们不担谁来担？这是共青团员经受考验的时候啦！”

砸国民政府外交部和大闹中央党部当晚，林枫问我：“今天我们这场斗争你看怎么样，有什么感觉？”

“太激烈了，我还是第一次经这样大的风雨，见这样大的世面，特别是没想到由我来当总指挥！”

林枫说：“指挥这样激烈的战斗，正是锻炼人的好机会。革命的大智大勇就是在这种场合下锻炼增长起来的。你要做好思想准备，以后还会有更激烈更残酷的战斗。不用担心，我们的正义斗争代表了中华民族的根本利益，有党组织，有广大民众同学支持，我们一定最终取得胜利！”

他还幽默地说：“当然我会全力帮助你，我这个‘风’，你这个‘雨’，可算得上‘风雨同舟’了。‘同舟共济’嘛，干革命就是要有‘团结一致’的精神，我们共产党人就是要经得起大风大浪的考验，任何困难也吓不倒我们！”

我们一些党团员天天碰头，重要的事都是在党组织内部先取得一致意见，然后大家分头去做工作。所以，我是在前面出头露面冲锋陷阵的，真正的运动领导者、组织者是林枫等。我经过这场斗争考验，于 1931 年 12 月下旬经党组织批准正式转为中国共产党党员。

第五章　清算万福麟

万福麟，就是我前面讲的“万半拉子”，原是黑龙江省主席兼督军，他掌握黑龙江省军政大权，统治压榨黑龙江省人民多年，聚敛了大量财富。九一八事变时，放弃职守，毫不抵抗，还乘机大发国难财，与他的儿子万国宾（当时任洮昂铁路局局长）席卷省金库巨款逃到北平。他在北平购置房产，建豪华宾馆，并在北平的西单北大街营建西单商场，过着安逸奢侈的生活，挥霍享受，非常张扬。

东北沦陷后，黑龙江省留平学生，绝大多数人断绝了经济来源，生活无着，困苦至极。万福麟寓居北平，对东北留平学生坐视不管。黑龙江省留平学生会接受广大同乡同学的要求，为了惩罚万福麟失守国土之罪责，收缴其剥夺黑龙江省的民脂民膏和窃取省金库的大量钱财，以解决留平学生的经济困难，决定对万福麟进行清算斗争。大家都说，找万福麟算账。其实，这并不是一般的要个人欠账，而是一次政治性的群众运动。

1932 年 2 月 5 日，记得是那年的旧历除夕，在林枫领导下，我们几个党团员积极活动，黑龙江省留平学生 300 多人，在北平大学工学院集会。会上，大家热烈发言，一致愤怒表示要声讨军阀万福麟失地丧权、窃夺国库民财之罪行，提出主要条款是：一要他偿还欠下黑龙江省人民的账，把他剥夺、窃取黑龙江省人民的钱拿出来，给黑龙江留平学生维持生活，以便能够继续学习下去；二要把他从黑龙江省带到关里的人民子弟兵还给人民组织抗日军队，开赴东北收复失地。

会上，大家推举我为总领队，林柳、刘靖及文希彦等负责组织群众、发动群众，做动员和策划工作。会后，黑龙江省留平学生 300 多人在工业学院内集合。我能记住姓名的有：林柳（望奎）、刘靖（林甸）、文希彦（绥化）、王俊洲（绥化）、刘全思（肇州）、郑炳文（拜泉）、王纯（肇州）、李迁魁（巴彦）、武斌（巴彦）、陈韶（巴彦），还有李克诚、杨淑安、李兴北、王文育、何为人等。我宣布在行进中及到达目的地应注意事项后，300余人列队浩浩荡荡从端王府工学院前往东城区煤渣胡同万福麟宾馆。

那是除夕傍晚，万福麟宾馆一片灯烛辉煌，披红挂彩，正是欢度春节、祝福行乐的祥和情景。学生们愈加愤怒，在万宅门外高呼口号：

“找万福麟算账！还我们的民脂民膏！”

“要求子弟兵打回老家去，收复失地！”

“不还账誓不罢休！万福麟出来见我们！”

学生们把毫无准备、吓得目瞪口呆的门卫推到一边，打开大门，闯进去占据了门房和会客室。万宅的人十分惊慌，集中全副武装的卫兵把住二门，不许我们进内院。我们就在外院各处排好队伍，高呼口号，要求万福麟出来见我们。万福麟见学生来势迅猛，使用缓兵之计，首先派他的副官出来敷衍，说有什么事尽管提出来好商量，万主席一定会见你们的，不要急。一面打电话给北平市公安局局长鲍毓麟，请他来商议对策。鲍毓麟与万福麟密谈后向学生们表示：你们如为要求给以经济救济而来，可以与万氏协商解决。

学生们驳斥了鲍毓麟的说法。我挺身上前，代表大家明确提出：此来不是要求救济，而是找万算账。其一，算政治账，万福麟身为一省主席兼督军，乃是封疆大吏，守土有责，倭寇未来，他就弃土逃走，应该受到惩罚；其二，是算经济账，万氏父子平时搜刮民财，腰缠万贯，战时又利用职权窃取省库，携款潜逃，应受撤职、抄家之惩罚。

万福麟见学生情绪激昂，义正词严，无法说服，只得退走。就在这时候，万福麟一面派人出来与学生代表假意商谈，一面与反动当局商议对策，调来大批军警包围学生群众。黑龙江省留平学生基于爱国热情和对军阀万福麟仍是蛮不讲理的义愤，高呼抗日和反暴口号，并轮番讲演，坚持斗争到深夜。

当夜12点以后，约翌晨2点左右，谈判尚无结果，万福麟现出凶恶本相，下令军警及其家奴用警棍疯狂殴打我们，想以此驱散在万宅示威算账的学生。李克诚、杨淑安（女）、李兴北等七人被打伤。我和刘靖、葛瑞明、郑炳文、王纯、王文育、何为人、于学琴等十人被捕。

实际上，军警一边驱逐打散学生群众，一边盯住抓捕当时的负责人和积极分子。我们十人是被捆绑步行押送至北平市公安局看守所（即现中国历史博物馆）关押起来。在审讯中，我们根本不承认犯法，而是把审讯当成揭露万福麟及国民党当局的战场。

我向法官严正指出："真正犯法的是万福麟，他作为省长兼督军，倭寇未来就弃土逃跑，而且利用职权窃取省库巨款归为己有，罪恶昭著，法律不惩，天理难容。我们代表东北人民、全国民众声讨他的罪行，何错之有，罪从何来？你们对真正祸国殃民的罪犯放任不管，对我们秉持正义的学生又抓又关，你们执行的是什么国法？我就是学法律的，没见过世上有这样的无法无天颠倒黑白的法律！"

别的同学也都是一样态度和表现。就这样，我们搞得那些法官哑口无言，只审讯一次，再也不审。

这是我第一次尝到坐牢的滋味。我们十个人被关在一间小屋里，只有一个很小的窗口漏进一点阳光，非常阴冷潮湿，据说这还是优待监房。隔壁另一院里，才是普通监房，那里脏的很。看守所里的伙食非常坏，早晚都是杂面稀糊，每人一大碗；中午是每人一个棒子面窝窝头，有定量不管饱。后来黑龙江省留平学生会打通关节给送了几次吃的，也有个别同学家人好友送来较好的食物，给我印象最深的是"月盛斋"的酱羊肉，那几天每顿饭都吃不饱，觉得这个酱羊肉特别好吃。这个"月盛斋"就在看守所附近的一条街上。

当时我内心还是很紧张的，不断在考虑发生更严重的情况该如何应对。因为我已是中共党员，又参加过南下示威，有点知名度，估计在国民党当局特务部门已经挂了号，所以很担心被他们摸到底细，追究起来可就麻烦了。幸而他们没有抓住什么把柄，对我们这批人只是关押解恨而已。

外边的东北留平学生及东北人士坚持斗争，大力呼吁，要求当局惩办万福麟，立即释放被捕学生。北平各界及舆论界普遍支持、同情学生，众口一词愤怒谴责万福麟。于是一个多月后，北平当局宣布无条件全部释放被捕学生，万福麟还答应给东北学生经济补助，流亡北平的每月 8 元，回东北老家的，一次性每人 30 元。后来我们了解到，这主要是张学良同情学生、极力推动的结果。

第六章　巴彦抗日义勇军

九一八事变后不久，中共地下党河北省委、北平市委，决定派遣党员、团员及爱国青年去东北组织抗日武装。1932 年初，我受党组织的派遣，由北平出发前往哈尔滨。党组织给我交接关系的地址是哈尔滨道外十六道街一个二人宿舍找姓陈的同志。

我在哈尔滨接上关系，住在道外太古街名为福顺客栈的旅馆等候。第二天下午，满洲省委派来吴、陈两位负责军事工作的同志与我接头。记得我们一同先到道里公园，又走到松花江江沿边走边谈，在江边坐下谈到傍晚，根据我提出的线索，决定派我先到呼兰、巴彦、绥化、兰西、庆城等县找各种社会关系，进行宣传、联络，寻求骨干，了解情况，再研究如何组织抗日义勇军。

于是，我由哈尔滨到呼兰县城，住在同学夏宋禹家。夏帮忙找到同学李景光和省督学粟通维等，大家谈了呼兰县的情况。据说方鸿猷正在组织地方武装，日军来犯，他就能抵抗。但总的看，我们的党团员人数不多，民众能不能组织起来，还得摸摸情况。我们决定先找一些有志抗日救国者谈谈。夏宋禹表示愿意参加抗日工作，等我搞起来再与我联系。

我由呼兰乘“呼海铁路”火车到绥化县城，住在王云章家，与由日本士官学校毕业的古雪涛及马占山旧部饴斌山接谈多次。他们都表示赞成立即着手组织队伍，一定联合起来，共同抗日。我还顺路到庆城县，住在同学王树森家里。他找了几位教师谈，大体与呼兰情况相似，都表示等我搞起来，必定追随。我回到兴隆镇，是回到我最亲近的家乡了。当然见到许多同学好友和地方各界人士，我向他们宣传了抗日救国的道理，得到了热切同情和坚决支持。我在兴隆镇住了两天，与各方面人士进行了广泛的接触，回家住了三天，与附近各村青年倾心细谈，不少青年人都表示愿意跟随我参加义勇军，抗日杀敌。

我还到东村何家窝堡找到我童年时期结识的绿林好友王英魁（王青山）。他这时已隐居起来，做一个贫雇农，已经“金盆洗手”不干土匪头子多年了。我推心置腹地同他谈了国家、民族和个人的前途命运，以及人生在世应该怎样生活，怎样斗争，才有意义。他提高了民族意识阶级觉悟，表示愿与我同生死共患难，投身于抗日救国的行列，并立即着手秘密与其旧部联络，发动他们出来投身抗日救亡。

我同王英魁说：“告诉他们，这回与从前大不相同，这回干的是为国为民的大事业，我们干的是抗日救国义勇军，参加有组织有纪律的队伍，堂堂正正地为国家民族生死存亡而斗争。”

王英魁说：“听你这番话，我懂得了国家民族与个人的关系，真的，国破家亡，个人怎么能好过呢？我也曾听人说过‘亡国奴不如丧家犬’，国破家亡，像亡国奴那样活受罪还不如死。”

我说：“那就让我们同敌人拼个你死我活吧，即使死在战场上，能杀掉几个鬼子，也是‘杀身成仁舍生取义’，报了民族的仇恨。何况，我们国大、人多，跟小日本鬼子拼，他们无非是装备好，我们两个、三个拼死他一个，最后还是我们胜利。”

我们越说越投机，越说越起劲，两颗心紧紧扣在一起了。他马上起身把珍藏几年的两支德制手枪从地下挖出来给我看。会双手使枪的他双手举枪表示：“它们两个可要吃掉不少鬼子，出出埋在地下的怨气了！”

我们相约，他重整旗鼓，等我消息，参加武装起义。

我在何家窝堡还见到我的姐夫龙庆海和我的舅舅孙贵。我向他们说了搞义勇军打日军的事。我舅舅是个贫民，胆小怕事，他劝我还是去北京念书，不然就找个事干干，可别干那些冒生命危险的事。经我反复解说，他只答应可以帮助我找几个年轻人谈谈，看他们干不干。姐夫听我说将要组织义勇军抗日，把包括他这样的平民百姓动员起来组成抗日武装，感到无法理解。

他说：“像我这小百姓有什么用处啊？”

“国家兴亡匹夫有责嘛。”

“这话怎么讲？”

我给他解释说：“国家好坏人人有责，当敌寇来犯，要灭亡自己国家的时候，都应当奋起反抗，打退敌人，挽救国家。”

他说："平时大家都看不起我，我自己也说干不了什么大事，这下子可好了，抗日救国既然人人有份，可用上我了！"

他便摩拳擦掌地积极行动起来，拽着我，马上要跟我走，恨不得立即走上战场。

我说："你不要急，你先在你可能范围内发动群众，听我的消息，让你什么时候到什么地点，你率领可以发动起来的人参加就行了。"

我到雎凤沟，见了刘强三叔。他是贫雇农中敢说敢干、好打抱不平的人。他平时在村里常为人排忧解难，调解纠纷，敢同富豪家说长论短。

他见了我，首先熟悉地叫一声："'二学生'，你可回来啦！"并主动向我打听道："听说日本人占领沈阳后，把奉天（辽宁）省、吉林省全占了，鬼子兵已经到了哈尔滨啦，是真的吗？"

我说："千真万确。"

我接着把日军侵占我国领土屠杀我国人民的残暴情形，向他讲了一些。他叹了一口气说："咱们的兵为啥不打呢？听说马占山在齐齐哈尔江桥打了一仗，没打胜就没动静了，到底怎么样？"

我又把国民党政府采取不抵抗政策、人民特别是青年学生奋起要求出兵、政府至今还没有出兵抗日和现在组织武装抗日的情况，向他说了一遍。

他很爽快地说："他们不打，咱们打，'二学生'你领着干吧。他妈的，小日本，他能把这么大的中国吞了，我就不信邪！"

我说："三叔能跟我去打日本鬼子吗？"

他连说："能，能，我愿意当你的兵。"

"可别那么说，我想请三叔当参谋呢！"

他很郑重地说："说真的，你念书能念好，告翟县长能告倒，我没说的，可是打日本鬼子，你一个人去我不放心，我一定跟在你的身边，不敢说当参谋，我给你当个保镖，要保护好你！"

我感动地拉着他的手说："好吧，三叔，咱们就一起干吧。"

我们击掌为号："一言为定！"

我从雎凤沟回到家门前，遇见住在门房的张功显。他是范家窝堡一家小财主的独生子，主要靠父母的遗产生活，因与族中闹纠纷搬出自己的住宅，到我家门房住。他拉住我，一定要我到他屋里坐坐。一进屋刚坐下，他便说："'二学生'，听说你回来是组织义勇军打日本鬼子，能不能要我这样的呀？"

我一时没有准备，就顺口说："二姐让你去吗？"

他女人在旁说："二兄弟，看你说的，他整天游手好闲，蹲在家里，可把我腻烦死了，他出去干点什么我都谢天谢地！"

我说："打日本鬼子，可不是好玩的，有可能付出生命啊！"

他的女人是雌凤沟姚家的姑娘，在乡间论远亲我叫她二姐。她很厉害，能管住张功显。所以张功显提出要参加义勇军，我就很自然地说出"二姐让你去吗"。

大家谈了一阵，张功显又主动提起："说真格的，我一听说你回来要带领大家打日本鬼子，我打心里高兴，有两夜没睡好觉，我反复琢磨这可是我出头露脸的机会，我已经下决心跟你去干干。我有两支德国造盒子枪，是我爹传下来的，我全带去，我既出人又出枪，能不要我吗？"

我说："不是不要你，只恐怕你家中无人照料离不开，你的想法很好，精神可嘉，为了不辜负你的爱国之心，等我们义勇军组织起来，你把德国造手枪献上一支好不好？"

他一再表明决心要参加抗日义勇军，他女人也诚恳地替他要求，并表示跟着我去干什么她都放心。像张功显这样的小财主也能主动要求参加抗日，是我没有想到的，这又给我增强了信心。

我转回兴隆镇，决定以锦和厚中药店为联络点。我过去寄家信就是寄到这个药店收转的，我向胡掌柜重新说明以后有寄给我的信，请他们收下交我，如有人找我，也请他帮忙接待。我对外说住在东城门内王逵渐家，实际上日落后我就转到城西北约二华里李珍店村李延春的私塾小学住。我在兴隆镇又住了两天，与保安团陆团长接谈两次，他表示既要听命于县总团，也要受镇商团的指挥，他的主要任务是担负兴隆镇的保安。他很滑头，含含糊糊说将来可以合作。他的副队长宋二虎，是个地头蛇，我就没有与他们深谈，只是应酬一番，防止他们破坏罢了。

我从兴隆镇赶到巴彦县城，直接到县中学住在那里。校长孔庆尧是1930年我们驱翟时在巴彦县结识的好朋友。

我们老友重逢格外亲热，一见面他就说：“正在盼望你来，你果真来了。你在北平参加卧轨斗争和南下示威活动，你干的那些轰轰烈烈的抗日救国活动，连大闹万福麟公馆、被捕坐牢等等，消息早就传到这里了。大家都挺佩服你，给咱们巴彦人争了气。”他兴奋地继续说道：“你这次来县，虽然还没有说明什么任务，料想必是为了抗日。日寇就要开到我们眼前啦，怎么办哪，你来得正好，快说说吧！”

我在县中学住了三天，同孔庆尧校长进行密谈。我首先把国内外形势给他介绍一遍，当然着重谈的是日本侵略者的野心暴行、国民党政府的软弱无能、人民群众抗日怒火的高涨，这大大激发了他的爱国热情与抗敌决心。我们商定约王家善来谈谈。

王家善是我在省一中时的同学，后去日本留学，士官学校毕业后，在县里当了保安团的团总。我知道他当这个团总乃是权宜之计，一定正在思想苦闷，寻思将来怎么办呢！我和孔校长同他一谈，果然一拍即合，他愿意与我们一起搞抗日活动。我们三人经过缜密研究，一致认为组织义勇军抗击日军是当务之急，条件已经具备，有可能发动起来一搞就成功。我说等我去哈尔滨回来咱再做具体研究如何进行。他们会意我是向上级领导请示汇报，也未加深问。因为我早就同他们讲过，我们这是民众自觉救亡图存的组织。

我从巴彦县城至滴达咀站乘船到哈尔滨，向满洲省委汇报请示，军委的陈、吴两位同志接谈。我得到的指示是：先从巴彦做起，组织武装起义，把基本队伍建立起来之后，再与各县队伍联合。

我很快又回到巴彦县城，仍是住在县中学。我和孔庆尧、王家善三人开会密谈。我把从哈尔滨了解到的日本侵略军正在准备进攻呼海铁路沿线各县城镇，已贯通南北并将中东铁路沿线各城镇也打通，不久即将占领黑龙江全省等情况向他们通报了。我强调指出，呼海路线的兴隆镇一站巴彦县城是松花江滴达咀站北部的重要城市，它的沦陷近在眼前，形势相当紧迫，我们必须立即研究具体行动计划。我们当即商定，王家善率领他可管辖的地方武装参加起义；孔庆尧率领县中学有志抗日的师生参加起义，学校暂不解散，由年老的教师照顾年少或不愿参加抗日的学生，在校照常上课；我回兴隆镇召集可以发动的抗日青年参加起义。

正在我们决定起义但还没研究确定起义的具体时间地点之际，张甲洲也来到巴彦县城。当我向孔庆尧、王家善二人提出约张甲洲参加，共同发动起义时，他们都有些迟疑，他们都说张甲洲素来思想过激，作风跋扈，不好合作。经我解说，二人同意约张谈谈。

张甲洲

我与张甲洲谈到我已发动孔庆尧、王家善共同商谈组织抗日武装时，张甲洲说："孔庆尧的思想接近国民党，王家善是个新国家主义派，抗日能要他们吗？"

我说："咱们不是联合各阶层共同抗日吗？我们的政策是不分男女老少，不分贫富，不分信仰，只要爱国抗日，就可以结成统一战线共同抗日救国。"他没话可说，答应参加会议共同商谈。

这是开始阶段发生的幕后情况。虽然将几个人暂时撮合起来了，但以后这些矛盾不断发展，再加上重重客观原因，终于未能避免分裂。

我同孔庆尧、王家善、张甲洲、邵桂辛、陈维新等分别交换意见之后，决定在县中学召集其他有关人员正式开会讨论。会上决定共同组织抗日武装，起义日期定于农历正月十八，起义地点在洼兴桥。大家各自分担任务，分头统一行动，到规定的地点集合。

我的任务是回到兴隆镇一带，通知我可发动的人员和队伍携带武器到洼兴镇参加起义。临行前张甲洲委托我顺便到白奎堡于家烧锅找于九公（后改名于天放，解放后任黑龙江省副省长）。我回到兴隆镇正值满洲省委派来一位姓戴的同志（想不起名字）来找我谈工作，并要到我们发动的队伍去看看。我把情况先向他汇报后，两人一同乘呼海铁路火车去白奎堡。下火车时，恰好遇见于九公，他说他要乘这次火车去呼兰，明

于天放

天就回来，让我们到他家等候。我们等了两天，他没回来，我们只得又返回兴隆镇。我安排好发动起来的队伍，交王英魁、龙庆海、刘强、张功显等带领分头出发开往洼兴桥。因为我们在于九公家耽误了两天，所以起义那天没有赶到洼兴桥。我们于起义的第二天到洼兴桥，见到孔庆尧和王家善，没有见到张甲洲。大家谈起来才知道发生了事。

据说，张甲洲率领陈继新等队伍往洼兴桥行进中，在巴彦县城北某村附近，遇到一家娶亲的车队。娶亲车队中有人带着枪，显然这是有钱的大户人家，枪被他们给强行缴下没收了。这家人跑到县城向县政府报案，县长命县警察大队包围了我们在洼兴桥准备举行起义的队伍。经王家善亲戚王知津请县里其他士绅出面调停，县警察大队提出解围的条件是把收缴老百姓的枪全部交还原主，张甲洲的队伍撤出洼兴桥，离开巴彦县。大家研究后决定答应，县警察队才解除包围，不进行攻击。因此，我到洼兴桥时，没有见到张甲洲。我和孔庆尧、王家善、邵桂辛及其他骨干商议，将已经集结在洼兴桥的队伍向南转移，边走边按原计划着手整编。

几天以后，我们获悉，张甲洲的队伍在往东转移时，遭到警察及当地保卫团袭击。张甲洲队伍中陈继新（龙泉镇小学校长）的家属来找我们，说张甲洲和陈继新的处境很困难，要求我们设法接应他们。我们研究后同意把他们拉过来，会合在一起抗日。不料，当在约定地点会师时，见到张甲洲带的队伍里，有土匪头子“绿林好汉”及其一伙，还带着他们绑的“票”。大家开会时，我提出要他们把绑的“票”放了，理由是我们是抗日队伍，不能容许绑票勒索的土匪行为存在。还有人提出张甲洲到邵桂辛家住些日子，避避风头，等我们队伍扩大了，实力雄厚些再回来，主要是免得县里知道张甲洲在我们队伍里，再来攻击。他们不同意，故这两支队伍未能合在一起。然后张甲洲带队往东山一带去了。我们的队伍则已经聚集300余人，枪支、弹药都很齐全。

几天后，我们在洼兴桥南某村开会，讨论了组织、纲领、行动等方面问题，一致决定：组织成立黑龙江省人民抗日义勇军第三陆军司令部（又称总指挥部）；总司令部辖三至五个纵队（相当于师）；纵队下设三至五个支队（相当于连）。推王家善为总司令（又称总指挥）；李时雨为副总司令（又称副总指挥）兼秘书长；孔庆尧为参谋长；邵桂辛为军法处长；王长龄为副官处长；还有其他处长、副官长，我已忘记他们的姓名。记得是王家善兼任第一纵队司令，第一支队支队长是王家善提出来的，我想不起他的姓名；第二支队支队长是孔庆尧提出的中学一位教师，我已想不起他的姓名；第三支队支队长是我提的王英魁；第四支队支队长是邵桂辛的堂弟邵桂丹。我带去的刘强担任联络参谋，张功显任第三支队第二中队队长，龙庆海在副官处担任联络副官。同时我们派人到绥化县和兰西县与已经组织起来的地方武装首领联系，发给他们番号和委任令，派绥化的古雪涛为第二纵队司令；派兰西的李海吉为第三纵队司令。当时我们的队伍号称3000余人，实际上基本部队到1932年9月间，只有500余人。

我们的队伍，首先表现出是一个武装的抗日宣传队，从县中学拿来两部油印机，印传单，写标语，发告同胞书，张贴揭露日军侵华罪行的宣传画等等，号召青年壮年积极参加抗日义勇军，抵抗日本强盗入侵，保卫家乡，保卫祖国；号召工农商各界爱国人士，有枪出枪，有粮出粮，有钱出钱，踊跃捐献，共赴国难。我们的队伍日益扩大，人强马壮，枪支弹药相当充足，士气十分旺盛。我们的队伍纪律严明，所到之处秋毫无犯，对老百姓亲如家人，受到人民群众的热诚欢迎和积极支持。义勇军的牌子很快响亮起来，一时声势很大。

在日本侵略军占领呼海铁路沿线城镇后，我们的队伍便展开了游击战。经我和王家善、孔庆尧反复精心策划，进行了两次对敌作战。

一次是8月初炸毁泥沙火车站附近的泥河桥一段铁道，炸了日军一列军需火车，夺取了不少枪弹和物资。我们通过铁路车站的内线，搞清了日军火车到达的准确时间，车上押车的日本兵、伪警察数量等。那天夜里，我们集中了身强力壮的100多名将士，提前把好多炸药埋好，火车来到时引爆，铁轨炸断，火车头栽到桥下。我们伏在桥边的指战员立刻冒着硝烟按计划分别冲上去，押车的日本兵及伪警察还没来得及转过神来，就被我们消灭了。我们取得了一车皮的枪支、弹药等战利品，分别用早就准备好的马车，马上运走。

又一次是8月中旬对兴隆镇火车站的日军深夜袭击，打完就走。日军太大意了，根本没想到我们这样毫无正规训练的义勇军会主动打他们。我们早就侦察清楚日军岗楼里的人数、火力布置，日军住的宿舍门窗朝向、人数、哨兵换岗时间等情况。趁夜深人静，让几个身手好的先无声无息地把岗哨放倒，然后80多人分两拨分别靠上去，一拨摸岗楼，一拨攻打宿舍。都是先把几十枚手榴弹扔进去，多数日本兵还没来得及醒来就升上西天魂归东京了。在爆炸烟尘没散时，我们的战士冲进去，一顿大刀刺刀，把剩下的日本兵统统解决掉。这一仗共打死打伤日军20余人，还缴获枪支子弹及日军军装。时间不到一个小时，我们就撤出了火车站，无一伤亡，可以说战果相当辉煌。

这两次仗打得很漂亮，影响很大，中国人高兴，日军发愁。原来，日军根本看不起我们，他们这两次吃亏也为此。这一下子，日军开始谨慎了，再不敢轻易在呼海路沿线随意少数几个人就四处出动骚扰民众。但日军的报复是极其凶狠的。这年农历八月十五，从西集厂一带聚集的红枪会组织的义勇军攻打兴隆镇。我们总指挥部以前曾命令各支队不许参加红枪会的行动，而第四支队竟有一部分人私自参加了。兴隆镇城里本来没有驻日本军队，只是火车站驻有20余人。红枪会进镇后，从南门打进城内。而20多个日本兵从东门打进城内，充分发挥了火力优势，硬把红枪会义勇军打出城，死伤真惨重啊，几十人倒了一片。我们的第四支队支队长邵桂丹是一员勇敢善战的猛将，只是性格暴躁作风生硬，有时来倔劲不听指挥。他就是在这次战斗中牺牲的。

几个月后，随着日军的“追剿”越来越严重，日伪政权也逐渐在各县镇建立，义勇军的困难越来越大。我们的军需给养，渐渐不易筹集。向大户摊派，有的肯给，暂时能补充一些；有的不肯给，就发生矛盾，甚至发生冲突。有时部队无奈，就动硬的，当时叫“攻围子”。我考虑这样做是不符合团结各阶层人民共同抗日的原则，并且也非长远之计。但那时大家的思想水平和斗争经验不足，眼看深秋初冬到来天气寒冷，服装单薄，给养问题还想不出较好的办法。为了解决面临的困难和决定以后的方针政策，我想只有去哈尔滨向满洲省委汇报请求给予指示。

这时候，我得到情报，说黑龙江伪省长张文柱是王家善的日本士官学校同学，他派人到巴彦县城找王家善的父亲王知津策动王家善投敌。王知津已秘密派人通知王家善，王家善思想有些动摇。我借口去兰西县找我弟弟李春芳与李海吉纵队司令联络研究联合作战问题，于 10 月下旬离开队伍，同邵桂辛、刘强去兰西后，我又单独去哈尔滨。

我来到哈尔滨，因为原定联络地点出事，未能接上关系。我无法找到满洲省委，只好回北平。我回北平，向党组织汇报后，组织决定我不必回东北，仍回法学院复学，继续搞学生工作。

后来，王家善果然被汉奸张文柱拉下水，他投靠日军后，被送到日本陆军大学。他在日本陆大毕业后，回伪满洲国，先后在伪满哈尔滨市、热河省任高级军官。日本投降后，他先投国民党，任师长，驻扎营口。后在解放战争中，他又率部起义，向我军投诚，改编后仍任师长。抗美援朝时，他同部队开往朝鲜作战，后因患夜盲症，回国转业，任辽宁省体委主任。1955 年，他来北京我家聚谈。我们闲话当年，并互谈别后的经历，他无限感慨地说："我最后能够毅然起义投诚，跟着共产党走上社会主义的光明道路，是与你给我的影响分不开的！"是啊，那时，我们组织义勇军，朝夕相处，我确实对他做了不少政治工作，在思想上给他的影响是很大的。

孔庆尧是一位见义勇为的爱国主义者，品德非常高尚，是最早坚决支持我搞抗日义勇军的。因为我是在中途生变，有些还不便说明的情况下（如王家善的叛变就说不清楚），就突然离开与他分别了，至今我心里还很有些遗憾。我走后不久，发生了王家善生变等问题，他们就把队伍解散了。孔庆尧回巴彦仍当他的中学校长，我们再没有互通讯息。后来我在上海有权力安排一些人，我就想把他邀来，那他就不仅能为革命作出很多有益的贡献，而且一定会成为一位坚强的共产主义战士。但我很快得到的准确消息是，他因为坚持从事抗日工作，不久被雌凤沟姓腾的一个家伙向绥化县日本宪兵队告密，说他通共抗日，被日军逮捕杀害了。他牺牲时非常英勇，高呼“打倒日本帝国主义”“中国一定胜利”等口号。我听到这一切，心里非常悲痛，后来一想起来就有些心酸。

张甲洲，聪明过人，才华出众。在北平大学理学院上学时，常替人作“枪手”（替考）考大学，于天放、李延槐、武斌等人都是他顶名考试考上大学的，无论北大清华还是其他什么学校，从未失手。他家贫，学费都是靠朋友帮助，得以维持在北平上大学。在抗日斗争中，他斗志高昂，行动坚决，一马当先，表现英勇；但思想过“左”，常常曲高和寡，脱离群众。组织义勇军时，他一开始就要打起红旗，抢人家结婚队伍的枪也是由此。后来，义勇军失败后，他和于天放投奔富锦县一个伪县长，他当了伪教育股长，于天放等随他进入县中学当教员，实际继续暗中从事抗日工作。后来张甲洲和抗联联系上了，在一次执行任务时，与敌军遭遇，在与敌人战斗时中弹，英勇牺牲。张甲洲的父亲是一个给小孩种牛痘的医生，一向和善待人，远近都知道他，解放后当了巴彦县县长。

于天放跑到另一个县，因叛徒出卖被日军宪兵逮捕关押。他被捕后，先后被关进庆安、北安监狱，受尽折磨，坚贞不屈，他和另外一位被捕的抗联战友打死一个日本看守，逃了出来，历经千难万险又找到革命队伍。后来把这次逃跑脱险经历，写成一本书《牢门脱险记》。解放后，于天放当过黑龙江省政府副主席、黑龙江大学校长等职，1953 年去世，说他从日本人监狱逃脱是伪造的历史，他想不通自杀，“四人帮”倒台后彻底平反。

王英魁，就是我的那位“绿林好汉”，称得上民族英雄。我离开义勇军后，在王家善、孔庆尧宣布队伍解散，各支队自行决定散与不散时，王英魁坚持带领他的支队打游击，一直坚持同日、伪军勇敢作战。后来跟随赵尚志加入东北抗日联军，十分骁勇善战。于某一战役，他奋勇冲锋，手持双枪毙敌甚多，但终因弹尽无援，壮烈牺牲。

我姐夫龙庆海与我哥哥李宸芳一起被驻绥化日本宪兵队逮捕去关押多日。我哥哥李宸芳，由他岳父托一个姓黄的翻译，花钱不少，多方活动释放了。龙庆海被日本宪兵严刑拷打，日军要他招出幕后同党及其去向。他是知道我及其他一些人的情况的，但他就是咬紧牙关一声不吭。残暴的日军毫无办法，最后放出军犬，把他活活咬死，连尸体也没有收回。

我们组织的抗日义勇军的指战员，还有许多英雄事迹，值得大书特书。可惜我记忆不完整，特别是有些人的姓名想不起来了，只记得少数人的简单情况。这里讲这些主要是为了使人们了解他们当时的情况和后来的变化，让那些为战胜日军，光复东北而光荣牺牲的无名英雄含笑于九泉之下吧！我作为一个抗日义勇军的组织者，参加抗日战争的幸存者，对于那些热爱家乡、热爱祖国、英勇献身的英雄，永远衷心敬仰。今天怀念袍泽，不禁引吭高歌：

茫茫人海滚滚流，
纷纷世事无止休。
成败何足论英雄，
留得丹心化绿洲。

在家乡组织抗日义勇军过程中，我看到当时家中经济是由富农向地主的发展过程中。我作为一名坚信马克思主义立志消灭剥削的共产党员，当然不希望自己的家庭向共产党的敌对阶级发展。可是当时我的党员身份没有公开，对此我又不能明说，于是只能在带队出发之前。对家人嘱托道：如今国难当头，家中粮食够吃就行了，一定不要再买土地了，家中有余钱，可让孩子们上学读书，学习文化懂得爱国的道理。“有钱不买土地”家里人听了都不理解。幸好他们照办了。因此东北解放后进行土改时，李家没有成为地主。而且孩子们如志宣、志荣、志谦等都在持平的带领下，立即参加革命工作（志谦参加志愿军抗美援朝）。也使我感到庆幸和欣慰。

第七章 革命伴侣

我的爱人孙静云，1913年生于吉林省永吉县。其父是河北省抚宁县人，早年在吉林省城经商；其母是工人王铁匠的女儿，嫁孙家为继室。孙静云两个哥哥早年夭亡。所以母亲把她当男孩养，自幼习武，能骑马会打枪。7岁时，在吉林省永吉县城里读书，10岁时，因其父经商收缩，把她们母女送回其父老家抚宁县樊各庄居住。

孙静云

孙静云家由同父异母的哥哥管家，对她们母女有些歧视，特别是对孙静云上学读书百般阻挠。但孙静云极力反抗，争取到本县马庄上学，后又考入昌黎县女子师范学校。她学习勤奋，成绩优异，经常考全班第一或第二。昌黎女师毕业后，静云要去北平升学，但家庭发生纷争，管家的大哥不给钱，静云则得到母亲的支持，向父亲要到学费。他大哥十分阴险，看在经济上控制不住，便大造舆论企图破坏。他说什么“女子无才便是德”“少读书少出丑”，还造谣说什么“女学生在北平专讲恋爱，会败坏门风”。其实，他阻挡孙静云上学主要因为：一是家庭负担学费花钱；二是他听说法律规定女子有继承权，她妹妹有了知识，懂得法律，依法会分他的家产。

1932年春，孙静云由母亲送来北平，住在她表姐夏凤山的宿舍。静云母亲是一位家庭妇女，可是心地善良很有远见。她饱尝没有读书识字的苦楚，一心想把独生女儿培养成为有学问的人，以后有新的出路，少受欺负。她为女儿求学费尽了心思，这回送女儿到北平升学，想最妥善的方法就是能够在北平找到适当的对象订婚。这样，两人既能相互帮助共同求学，又可避免他大哥说闲话从中阻拦。她就托夏凤山、韩桂琴二人留心给孙静云介绍一个品德好、性格好、学业好的理想对象。

夏凤山、韩桂琴是吉林人，是我法学院同学，她们住在第一院女生宿舍。我因搞学生运动常与她们来往，一同参加南下示威后更加熟识，我常到她们宿舍去，也曾托她们给我介绍女朋友，因为这个问题家里也总催我。有一次，我到她们宿舍，在那里遇见了孙静云，我们初次见面，虽然彼此没有交谈，但都留下较深的印象。夏凤山和韩桂琴就向孙静云提起了我。他们把我在学校平时的表现以及南下示威当代表和担任总指挥的情况，都向孙静云一一介绍了。当然，也问她初见我时的印象怎样，征求她的意见。那时候，孙静云虽然才刚刚 19 岁，可是她对人对事很有见解，自有主张，她说可以见面谈谈。夏凤山和韩桂琴马上找我，可不巧，此时，我已奉党组织的派遣去东北组织抗日义勇军去了。她们没有找到我，此事不得不暂时放下。

1932 年春，孙静云考入中国大学附中的高中班。暑假时回家，不料，又受他大哥的阻拦，以致迟迟不能来北平上学，在家耽搁了一段时间。

1932 年冬，我由东北回北平，夏凤山同我谈起她的表妹孙静云。她说："你看见过坐在我床上那小姑娘，还记得吗？"

我说道："怎么不记得呀，看样子是刚从外地来的吧？"

"那是我的表妹，刚从昌黎女师毕业，来北平升学的。那个表妹，不但长得漂亮，学习成绩好，性格文静谦和，而且思想进步，有志气有头脑，坚持求学上进。"

我听了夏凤山的一番话，回忆当时同孙静云一见的印象。的确，她高高的鼻子，鸭蛋脸，眉清目秀，身材匀称，端庄娴静，真乃是小家碧玉，没有沾染上任何大都市女学生的不良习气。说她好学上进，思想进步，我也相信。因为从她那质朴的装束和大方的举止来看，就可以断定她绝对不是花瓶式的娇小姐。

我当即向夏凤山表示，等孙静云来北平上学时，就给我们介绍相见谈谈吧。夏凤山很高兴，马上给孙静云写了一封信，说李时雨已经回校了，催她急速回校读书。没想到，这封信被她大哥给拆开看了。这一下，他觉得找到了"证据"和"理由"，更加有根有梢，添枝加叶地与众亲友硬说静云一定是同信中所说的那个李时雨在搞恋爱，因此，绝对不能允许她去北平上学，上学一定出事。

孙静云的母亲再三解说，是为了使家中放心让她在北平上学，曾托夏凤山给她介绍对象，但因李时雨离校回东北并未见面。孙静云的父亲为了弄清这一问题，特来北平找夏凤山了解情况。夏凤山讲了事情的原委，详细全面地介绍了我的人品、学问、能力。静云父亲要求与我直接见面谈谈。

夏凤山带我见了静云父亲。我们谈了很长时间，我的家庭、这些年的求学经历等都说到了。他把事情了解清楚，亲眼见了我的为人，对我印象很好。他回家同老伴说明他所了解到我的相貌体格、言谈举止以及品行学问等方面情况。他们认为可以叫孙静云和我订婚后去北平上学。他们询问孙静云的意见，她表示同意父母的安排。

就这样，孙静云的父亲又重返北平，找夏凤山和我谈后，由夏凤山和许烈做介绍人，给我和孙静云办了订婚手续，就是我们一老一少及介绍人一起在饭店吃了一次饭。据孙静云的父亲说，静云因不能及时来北平上学，着急上火患了眼病。我便买了两盒硼酸粉带给她，说来也巧，她用硼酸粉冲水洗了几次，眼病很快痊愈了。我们没有见面，仅仅用一只金戒指作为订婚礼物。现在回想起来，这样半新半旧的婚姻，也是相当有趣的。

我和静云说，咱们这样结合，是家庭和个人的特殊情况促成的，若以时代来说，不一定正确。若是你有不如意之处，尽管开诚相见说出来，咱们商量着办。假如你不满意，我只当是帮助你上学的桥梁。咱们像兄妹一样，互相帮助，共同学习，共同进步，将来共同为国家为人民作出贡献。

我特别郑重向她说明，与她谈恋爱，我心里是有些顾虑甚至愧疚的。我 14 岁时，二祖父按照农村早结婚早生孩子早得济的习俗，给我定了一门亲事。这在家乡是极其平常，或者说是非常正常的事。但当时我已经多少接受了一些新思想、新观念，就坚决反对。但那个时代，那个社会环境，婚姻就是“父母之命，媒妁之言”，我一个 14 岁的孩子，怎么反对也毫无效果，很快就稀里糊涂地订了亲，接着又很快懵懵懂懂地当了新郎官。新娘比我大 4 岁，婚前连一面都没见过，这在当时很平常，叫“女大三，抱金砖”。婚后，我继续念书，媳妇对长辈尊敬孝顺，对我照顾尽心尽意，又勤劳肯干，放下耙子，就是笤帚，屋里屋外，没闲着的时候。但我随着年龄的增长，眼界逐渐开阔，越来越觉得我们缺少共同的语言。

1927 年，我考上北平政法大学，那时学生中自由恋爱风很盛。一个北京女师大的女生，因为与我一个同学是亲戚，常来政法学院。她学习很好，是高才生，人也长得漂亮。我那时也算得上相貌堂堂，在同学中威信也较高。同她相识后，一来二去，她对我有了意思，我对她也有好感。但是经过一段时间，我发现她对我热心政治，经常参加政治活动没兴趣，于是我们就好聚好散了。但这事前，我已经下了决心，结束家里的包办婚姻，我要追求新的幸福，媳妇也年轻，再走一步也不难。

回家搞义勇军，临别时我就向家里提出离婚，但媳妇坚决不同意，她说，“一马不跨双鞍，一女不嫁二夫”，宁可守着两个孩子自己过，绝不另嫁。经村里有人正式调解决定：如女方不愿另嫁，可享受家里所分的部分财产，抚养两个孩子；男方可以另娶。这样，我们正式分手。

我把这一切一五一十地都向静云说了。同时，我又说明，我的家乡已经沦陷，断绝了经济来源，现在的生活全靠朋友帮助，能否维持到毕业，尚未可知。再者，我从事抗日救国工作，已经以身许国了，将来的前途路程，并不平坦，让她多加考虑。

我说完这番话后，静云表示理解我的包办婚姻及其结局，最后严肃认真地反问我：“你对咱们的结合，还有什么不满意的吗？”

我说：“我是很满意了，可我不能尽为自己想，不为你想想啊！你如果单为了能够来北平读书，屈从封建家庭包办婚姻，而嫁给一个自己不爱的男人，将来会后悔的，咱们也不会幸福的。所以我向你坦率诚恳地说清楚，让你仔细考虑，凡事要慎之于先，不要悔之于后嘛。你放心，我不会因你改变主意而不高兴，一定遵守诺言，不仅兄妹相称，而且兄妹相处，帮助你把大学读完，我俩创造一个奇迹，也树立这个过渡时代的一个典型，你看怎样你放心？我说的话，完全是真诚的，没有半点假话。”

孙静云听我进一步解释说明我所提出的问题和意见，高兴得几乎流出泪来。她说："我是坚决反对封建家庭包办婚姻的，你千方百计地从这个牢笼里挣脱出来，为什么我不反对家庭给我包办的我们这种半封建半包办的婚姻呢？主要是他们所包办的正是我自己要办的事。因为夏凤山表姐向我介绍了你的品行和学识，以及参加学生爱国运动的表现，早就知道你是个爱国的进步青年。"她还说："初次见面时，我对你那少年英俊和稳重的举止，就有了好感。"

我问："是不是那时候你就一见钟情地爱上了我？"

她被我问得有点害羞了，低头微笑，而后又郑重地说："主要是我们二人都怀有爱国的思想，应该说是志同道合的。我希望现在我们要互相帮助求学上进，将来我们为国家为民族作出贡献，在前进中有难同当，有福同享。你以后就不要向别人借钱了，我的学费节省点用就够咱们两个人用了。"

我激动地说道："我们有个共同的理想，有个共同的信念，加上共同的努力为之奋斗，那就是一对革命伴侣，让我们共同勉之吧！"

李时雨和孙静云

静云来北平后，转入北方中学高中学习，我仍在法学院读书，党组织派我担任社联的工作。我俩学习和工作之余，总是在一起。故宫天坛、北海景山，都留下我们的足迹，真有说不完的话。但我们经常谈的，是共同探讨学问，交流读书体会，一起讨论一些国内外时事问题，有时观点不同，还要认真争论一番。我们的共同理想是抗日救国，为驱逐日寇、民族解放、打倒独裁，为解放人民、国家独立、人民自由民主贡献一切。同时我们也看清楚了：国民党政府腐败无能，不能指望它挽救国家民族，按照中国共产党的方针、路线、政策，建立一个社会主义社会制度，建成一个苏联式的新社会，才是中国的出路。所以，当静云知道我是共产党员时，毫不觉得突然，而且表示一定同我并肩战斗，为共同理想贡献一切。

1933年正月，当时日军进入冀东，平津时局紧张，战争有一触即发之势。我岳母来北平，主张我与静云立即结婚，对静云的学费照旧供给，作为我们的家中生活费用。于是我们简单举行了婚礼，建立起一个幸福美满的家庭。

此后，静云主动自觉地协助我做了不少党的工作，如为被捕的同志往监狱里送东西，为法学院党支部收藏秘密文件和进步书籍。一次，军警追捕法学院地下党支部书记张敬载，她就从容不迫地予以掩护。

那天正是一二·九运动爆发的日子，张敬载是法学院学生队伍的领导者和组织者，他在学生队伍中的突出表现引起了军警的注意，认定他是个危险分子，就派两个警察把他跟上了。张敬载很机警，大队解散后，就加快脚步想摆脱这两个尾巴。但这两个家伙紧跟不放，张敬载猛跑到西城区兵马司胡同水大院小胡同，突然想起我和静云就住在这一片，就跑进丰盛胡同，又绕回水大院小胡同我家。

当时，我、静云和一个朋友正在屋里谈话，一见敬载气喘吁吁，面色惨白，神情紧张地进来说："时雨，快，警察正追我！"

我立刻明白是怎么回事，就迅速将靠边的桌子拉开，挪开茶具，取出麻将摊在桌上。静云敏捷地把我的一套西服递给张敬载让他立刻换上，同时把他脱下的长衫塞进衣柜。

不一会儿，两个警察闯进来，问："有一个人进你们院了，说，人哪里去了？"

我们四个人已经哗啦哗啦打着麻将。张敬载一身西服，叼着香烟，头也不抬。我也端起大学生的架子，爱理不理地说："我们正打牌，没注意。”

只有静云站起来离开座位，不慌不忙不紧不慢地走向院子，看了看说：“里面是个庙，院墙不高，一定是翻墙跑了。”

两个警察看了看，沿着静云指的方向追去了。事后，大家都说静云有泰山崩于前而色不变的气度，在这次“救张行动”中立了头功。

以后，我与张敬载研究工作，静云就经常参加。她对革命的认识和战斗热情迅速提高，越来越迫切地要求参加革命组织，所以在“双十二”西安事变后，她就毅然地参加了革命工作；于1942年，由张友恒同志介绍加入中国共产党。实际从1936年12月以来，党组织就分派静云同我一起工作，在未履行入党手续前，同党员一样对待她。

在这50多年的生活中，我们没有为吃为穿发生过半点争执。静云持家节俭，从不浪费。我也逐渐体会到节俭的好处。“勤能补拙，俭以养廉”，节俭不仅能使家庭生活轻松愉快，而且可以戒除贪婪，不犯错误。

静云教育子女是有方的。对三个男孩子，为了养成他们独立生活能力，在上中学时就给他们发一定的生活费，让他们生活自理。他们结婚后各自建立小家庭，与我们分开居住，各自经济独立。为照顾他们低工资入不敷出的困难，分别给予定额补助。规定年节来我们这里一天团聚，平时假日愿来看望听便。来时由他们买菜做饭，他们出力我们出钱。在外省工作的一个儿子，隔两年一家全来北京在家住上十天半月，作为探亲团聚些日子。这样处理，经验证明是相当美好的。同志们都称赞我们的办法很好。

我的三个儿子，现都已成人，都是大学毕业，李志超任高级工程师，李仁超是副研究员，李勇超当副总工程师兼经营厂长。他们三个人都已成为光荣的中国共产党党员。

总之，我们不是“柴米夫妻”，而是革命伴侣。50多年来，我们相敬相爱，互助互让，当然也不是没有任何矛盾分歧，那就摆事实讲道理，开展批评与自我批评。我对于静云的批评，一向是虚心接受坚决改正；有时嘴上不服，心里也是诚服的。

李时雨与孙静云

1983年7月，静云70寿辰，也是我们结婚50周年，俗称“金婚”，可谓双喜临门。老战友张友恒来信祝贺：“静云同志是坚强不屈女战士，在四十年前，在那日伪白色恐怖统治下，静云是能够勇敢地只身进入山区，又能勇敢地深入敌内，并战斗在敌人心脏之中，周旋于虎口之中，经历艰险，从容镇静，是经得起考验，经得起锻炼的。我由内心深为佩服、深为尊敬，请接收我的祝贺！祝贺我们共同战斗的老大姐、老同志、老战友，祝你精神愉快，健康长寿！”

第八章　安葬李大钊

1933 年春，日军向关内进犯，爆发了长城战役。在喜峰口大战之后，日军逼近平津。北平中共地下党及其几个外围组织，同李大钊家属商定，把李大钊的灵柩安葬入土，同时决定发动群众举行葬礼和公祭，以便通过公祭和游行示威活动，掀起一次反对国民党反动派屠杀爱国志士，号召民众起来积极投身抗日救国的群众运动。当时，我已回北平大学法学院复学，党组织派我从事学生运动，兼做“社联”工作。

出殡前两天，党组织通知我参加，交给我的工作是负责安葬灵柩的组织和指挥工作，要做到无论发生什么情况，一定要把灵柩送到万安公墓，妥善安葬完毕；同时一定要保护好李大钊的儿子。当时，是通过李大钊的乡亲——一位姓乔的女同志，将我引荐给李大钊的夫人赵纫兰女士。

李家住的是一个小四合院，房子里陈设非常简单俭朴，一看就知道不是富裕人家。乔向李夫人介绍，说我是李大钊老家本族中的晚辈，现在北平上大学，家是早年从河北乐亭县移居到黑龙江的，特来送葬，帮助做些事情。送葬时，我要头戴白色孝帽，身穿白色孝服，专扶李大钊的小儿子（约十来岁），紧跟灵柩，不离寸步，保护把灵柩送到目的地。这也是防备军警驱逐的措施，免得像一般群众那样被驱散；另一面也考虑到，万一被捕，也可以说是远房亲属，能够容易解脱。

李大钊是中国共产党创始人之一，1927 年 4 月 6 日，被反动军阀张作霖派军警逮捕。他的夫人赵纫兰和两个女儿，以及在他身边工作的十几个人，也同时被捕。李大钊在监狱中，受尽酷刑，威武不屈，竟被反动当局于 1927 年 4 月 28 日处之以绞刑。我当时刚刚到北平上学，从报纸上看到过有关报道，对李大钊的壮烈牺牲十分悲痛，无限崇敬！对残暴的军阀则恨之入骨，万分气愤。

李大钊被害后，灵柩停放在宣武门下斜街长椿寺里。这次出殡经过秘密筹备，于 1933 年 4 月 23 日上午进行。

这天，长椿寺前殿里设了灵堂，中间挂一大幅挽幛，前后左右悬挂了许多挽联，还有大量花圈排列两旁。葬礼于清晨举行。奏哀乐、读祭文之后，群众唱起《国际歌》，气氛十分悲壮肃穆。礼毕起灵，罩有绣着蓝色花朵棺罩的烈士灵柩，在群众的簇拥下，从长椿寺起灵缓缓地走出下斜街，经宣外大街进宣武门宣内大街，向西单往北前进。

我扶着李大钊的小儿子，同李大钊的夫人、女儿及其他亲属紧随灵柩在一起走，数百名送葬的群众跟在后面。大家都胸戴白花，臂缠黑纱，还抬着安放李大钊画像的彩亭，扛着花圈、挽联和挽词，边走边向路上行人散发传单，并高呼口号。

送葬的群众越来越多，当灵柩进入宣武门后，就已经聚集上千人，主要有北大、师大等北京各高校学生；还有一些教师，听说其中有胡适等知名教授；还有很多工人、市民。当送葬的行列走到西单一带时，群众在路旁摆出的祭桌，有数十起，有的宣读祭文，有的燃放鞭炮，鞭炮声与口号声连成一片，震撼北平半边城。送葬的群众逐渐增加到数千人，加上路边围观的群众，一时声势浩大。走到西单北大街时，我回头往南看，一片人山人海，望不到边。

1933 年为李大钊举行公葬的群众行列，右为李大钊夫人。

灵柩行至甘石桥时，有人把早已预备好的绣有镰刀斧头的红旗，覆盖在李大钊的灵柩上；有人领头喊出了“打倒国民党政府”“反对宪兵三团镇压摧残学生”“打倒日本帝国主义”等口号。送葬队伍实际上变成了一支示威游行队伍。

这时早就跟着送葬队伍，紧密监视事态发展的国民党军警和便衣特务，立刻从四面挥着警棍、挺着刺刀，凶神恶煞地冲向送葬的群众。他们像疯狗一样，杀气腾腾地猛冲过来，踢翻祭桌，撕毁践踏挽幛挽联，劈头盖脸没头没脑地往死里围打朗读祭文的人，用枪托皮鞭乱打送葬队伍里的群众，几分钟就打伤了许多人。很多学生奋起和军警特务搏斗，但学生怎敌得过经过严格训练如狼似虎的正规军警！我眼看有十几位男女学生模样的被打倒在地，不少人血流满面。军警特务还逮捕了几十人，都是两个架一个，强拖塞进停在路边的囚车。我心里又气又急，真想冲上去跟这帮反动派拼了。但想到党组织交给自己的任务，就强压涌到嗓喉的怒火，始终搀扶护卫李大钊的小儿子在一起走。

送葬群众队伍到缸瓦市附近就被军警打乱，路祭和游行示威的群众，到西四牌楼附近，多数亲友也被军警驱散。只有我们护送人员及家属少数人随着灵柩之后，转向阜成门，出阜成门大街往西，经罗道庄前往万安公墓。

党组织早已派人在万安公墓安排好了墓穴。事前早就从城里运来墓志石和石碑。墓志上刻着：李大钊先生墓。墓志铭：先生讳大钊，字守常，河北乐亭县人，生于光绪十五年十月六日，卒于民国十六年四月二十八日，春秋三十九岁。下边刻着子女的名字。

那些石碑都是在缸瓦市路东一个石匠作坊定制的，起运时用黄纸把石碑上的字糊上，天还未亮就雇毛驴车运出城门送到万安公墓。当时因忙于下葬掩埋灵柩，我未详看碑文，只记得是以中国共产党北平市委或反帝大同盟，北平学生联合会或北平各界联合会的名义共同竖立的。灵柩入土后，石碑都竖在墓旁，后来听说为防止国民党破坏，都推倒埋在地下了。

1933年公葬后不久的李大钊墓地

“文化大革命”中，我们单位的群众组织有人从李续纲家抄来一张照片——李大钊同志出殡时我扶他的小儿子送葬的镜头。他们曾把那张照片拿给我看，大家都认出一个像我的模样的年轻人扶着一个小孩，那就是我身穿长衫头戴孝帽扶着李大钊的小儿子。我当时内心希望能够保存下来，后来他们两派互相争斗，不知把那张照片搞到什么地方去了。前两年我向有关人员询问，都不知下落，真是可惜得很！

李大钊出殡，当时是轰动一时的、极其悲壮的一场具有政治意义的群众运动。这次运动发动了广大群众，对群众进行了一次深刻的反封建法西斯教育。它不仅是对崇高的革命先烈的悼念活动，借以敬慰忠魂和安葬遗体；而且对反动派的残酷暴行也是进一步加以揭露与控诉。虽然这次运动遭到反动派的残酷镇压，但也更加激起了群众的义愤。其影响是很大的，确有其现实和深远的政治意义。我有幸能参加李大钊的葬礼，并扶孤送葬，埋葬了英烈灵柩，完成党交给我的任务，至今仍引以为荣和衷心快慰！

当然，这次斗争也明显有“左”的影响。因为那个时期每逢五一国际劳动节、十月革命胜利纪念日等特殊日子，我们地下党组织经常搞“飞行集会”，就是在城里的某个人多繁华的闹市区某一处，我们的党员和积极分子突然出面高呼革命口号，组织群众集会，讲演、散发传单。党员、团员如果不积极参加，就会被认为是革命意志不坚定、畏惧敌人怕死。

这次安葬李大钊，一路上带头进行路祭、朗读祭文、带头喊口号的都是我们的党团骨干，真是公开暴露！国民党当局早已有准备，大批武装军警便衣特务早已张开罗网，就等着抓人；当时没抓着，记住你的模样，有时给你照个相，以后也容易抓。

现在看，这样做明显有“左”的冒险主义倾向，给革命造成的损失太大。与后来党中央提出的地下工作应坚持“隐蔽精干，长期埋伏”的方针完全不同。但那时我们都不懂，还觉得我们对反动派斗争英勇，不怕牺牲，是革命英雄主义。可见，取得这些经验，确立正确的白区革命路线和方针，我们付出了多么大的代价。

牛刀小试

第九章　潜入西安“剿总”

1934年夏，我于北平大学法学院毕业，当时大学生多半毕业就是失业，我也找不到适当的职业。那时候，并不是绝对找不到职业，只是有些职业不能干，如果接受国民党方面同乡朋友的拉拢，也许能够做大官呢。但我立志做一个职业革命家，需要找一个合适的掩护职业，以便进行工作。我考虑，必须对革命工作有利的职业才能去干，所以毕业后一年多赋闲在家。我和孙静云的家庭生活费用，还是靠她向母亲要的学费勉强维持，经济上十分困难。

关于我的职业问题，党组织极为关心，经同志们研究，决定让我设法打入东北军，以便进行抗日救亡工作。法学院党支部书记张敬载主张由我给张学孟写信，请他介绍我到他们那里去。

张学孟是我少年时的同学、同乡好友。他比我大四岁，黑龙江省一中毕业后去日本留学，日本士官学校毕业回国在东北军先后任连、营长，当时已调任张学良公馆警卫室主任。这个条件确实可以利用，我就写信给他，他慨然应允。这样，由张学孟介绍，我潜入西安“剿总”第四处，任中尉办事员。

那天，张敬载送我到车站，一路谈了很多。我们是巴彦老乡，是多年心心相印、无话不谈的老同学、老朋友，又是志同道合、生死相依的革命同志，一旦分别真是不舍。但我无论如何也没想到，这竟是我们的永诀！

张敬载卢沟桥事变后赴延安中央党校学习，1938年初被派到兰州，担任中共甘肃省工委副书记兼组织部部长，积极参与领导恢复和发展甘肃各地党的组织，坚决实行抗日民族统一战线政策，广泛开展抗日救亡运动。1939年4月起担任中共甘肃省工委代理书记，全面负责省工委工作。1940年1月任省工委副书记兼组织部部长，在复杂危险的环境中积极开展党的工作。1940年6月被国民党当局逮捕，在审讯过程中，他义正词严地斥责国民党顽固派破坏国共合作团结抗日的反动行为；在狱中鼓励领导难友坚持斗争，决不屈服。1941年春节曾组织同监难友越狱逃出监狱，不幸因为月黑风高地形道路不熟，又被抓回。在长期关押期间，他坚贞不屈，继续组织难友采取各种形式坚持斗争。1946 年 2 月 25 日在兰州大沙坪慷慨就义。解放后在兰州烈士陵园为他立了纪念碑。我一直想去他陵墓前吊唁，但一直没机会，至今非常遗憾。

1936 年 2 月间，我到西安。四五个月后，约 6 月间，我的党组织关系，由北平转到西安。当时地下党的领导人刘宇新找我接上关系，据他说，我们是党特派做东北军工作的，受周恩来领导。刘宇新给我的任务是：第一，了解东北军的情况；第二，宣传我们党的政策。具体说就是做张学良公馆内警卫人员的工作，并做“剿总”各厅、处、室中人员的工作，向他们宣传打回老家、收复失地等抗日救国思想。

张学良公馆在西安金家巷 5 号，张学孟任张学良公馆警卫室主任，给我的工作创造了极为有利的条件。我常去金家巷 5 号看望张学孟，很快就和那里的青年警卫人员混熟了。我把党当时提出的结成抗日统一战线、发动全民抗战的口号，逐渐向他们传播，如“中国人不打中国人”“停止内战，一致对外”“亡国奴不如丧家犬”“东北人不能长期流亡”“要打回老家去，收复失地”，等等，不仅传入他们耳中，也确实打动他们的心。

我还把东北沦陷后，家乡父老兄弟姐妹，遭受日军屠杀和凌辱的种种苦难惨状，向他们详细讲述：日本人占领巴彦后，各个路口都设了卡子，中国人经过，都要一一搜身检查，稍不遂意就是拳打脚踢，对青年妇女任意动手动脚，找点岔子就抓起来。日本军队经常在各村搜抓抗日分子。一次，一群日本兵包围一个屯子，一天之内，20 多个青壮年男人被绑起来赶到河边用枪打死；十几个妇女被强暴，其中几个拼死反抗，被这些野兽用刺刀杀害；房子全被烧光，牲口全被抢走。第二天，我们义勇军队伍经过这个屯子，只见屯子里尸体无人掩埋，男的女的，啥样的都有，一片惨不忍睹的景象！

我还讲到姐夫龙庆海被日本鬼子放狼狗活活咬死，全身的肉都被狼狗撕烂吃光；孔庆尧校长被严刑拷打，誓死不屈，高呼打倒日本帝国主义慷慨就义。一屋十几个人都情不自禁地流下热泪，一齐振臂高呼：“血仇不报，誓不为人。”

通过他们，这些事情很快传到张学良将军耳中。不久，据一位多年跟随张学良的侍从副官对我说：“我们把你讲的东北人民所受的苦难也详细地向张副司令讲了，他‘啪’地把茶杯放在桌上说，‘他妈的，咱们这只顾中国人打中国人，什么时候才能打回老家去呀？’看样子他很苦恼。”这说明我的工作，也给了张学良将军一定的影响。

张学良的卫队营连长商亚东，我就是在那时候结识的，后来成为知心朋友。1936 年西安事变，包围临潼华清池，捉蒋介石时，是商亚东亲临一线指挥战斗。后来我在南京、上海做地下工作时，他一直与我有联系，帮助我们做了不少工作。解放后，他在广州市参事室任参事。

刘宇新还给我另一项任务，那就是叫我联系东北人，特别是黑龙江省籍在“剿总”或其他方面工作的人员，发动他们积极参加抗日救亡工作。之后东北救亡总会负责人于毅夫同志来西安也嘱我做这方面工作。我就常与办公厅上校秘书陈宏一、上尉科员王纯，金家巷 10 号资料室吴光弼、张尔康、姜鹤年，第四处中校秘书左连仲、上尉科员高凤舞以及陇海铁路西安站站长高守奎等人联系。我们都是同乡关系，常在一起谈国内外形势、抗日救亡工作，他们都表示愿意为抗日救国贡献力量。

静云在西安事变后不几天，就正式要求参加我党的地下工作，经刘宇新批准，派她担任情报和交通工作。刘宇新高兴地对我说：“多一个同志参加革命，就给党增加了一份力量。静云同志正式参加革命工作，就不是一般的协助，而是一个新的革命战士，你是如虎添翼。你们夫妻就是伴侣加同志，今后为党的事业比翼双飞。”我和静云都非常高兴，诗兴大发，便以诗书怀：

滚滚长江一叶舟，
同心协力赴征游。
此身许国应属党，
共乘长风破洪流。

我们和刘宇新在一起工作时间不长，可是彼此了解比较深，相处十分融洽，工作很有成效。我们时刻都在怀念他。

刘宇新是河北人，高挑身材，方型脸，白白净净，性格直爽，待人诚恳，说话和蔼，平易近人。解放后，我们多方打听，一直没有找到。据郭维城说，解放初期，他在北京遇到过刘宇新，知道他在抗日战争时期，曾在鲁北根据地任财贸局长。我们据此线索，托山东省委书记苏毅然帮助查找，也没有找到他的下落。中共中央调查部李振远说，他在西安曾与刘宇新有过联系，也在打听他的下落，还没有找到。我想，刘宇新可能改了名字，不然不会至今联系不上的。

第十章　亲历西安事变

我初到西安时，西安“剿总”第四处处长周达夫调任甘肃省政府秘书长，副处长王抚州主持第四处工作。恰巧王曾任北平大学法学院教授，对我印象很好。我们相见认了师生，他对我十分信任。一开始我在办公室管文书，兼管他的往来信件，后来办公室主任李叙天调甘肃当县长后，王抚州便责成我负责办公室的工作。王抚州调陕西省某地任专员后，卢广绩（卢乃庚）任第四处处长（现任辽宁省政协副主席）。于毅夫曾于西安事变前后来见张学良谈东北救亡总会工作，他向卢广绩说我是他的好朋友，嘱卢广绩对我多加关照，此时，我已升为上尉，仍负责第四处办公室工作。由于有于毅夫的介绍，卢广绩处长对我更加信任，所以在掩护职业方面，到西安后一直是相当顺利的。

1936 年，日本帝国主义加速侵略中国的步伐，8 月间日军进攻绥东，华北危急。华北沦亡迫在眉睫，蒋介石置全国人民的团结抗日要求于

1936 年 1 月，张学良（右二）、杨虎城（右一）与井岳秀在榆林。

不顾，顽固坚持其“攘外必先安内”的反动政策，调集大军准备进攻陕甘红军，并驱使东北军、十七路军打先锋，企图消灭红军，同时也削弱国民党军队中要求抗日的杂牌。张学良、杨虎城两位将军顺应全国人民团结抗日救亡的要求，响应中国共产党提出的建立抗日民族统一战线和停止内战一致对外的号召，反对“攘外必先安内”的反动政策，秘密同我党和红军建立了联系。

10月间，蒋介石亲到西安观察动静，逼迫张学良、杨虎城进攻陕北红军。张学良、杨虎城劝谏蒋介石团结抗日，不仅无效，蒋介石越发疑恨他们，遂策划解除张学良的兵权，发动更大规模的内战。同时对张学良、杨虎城挑拨离间，制造矛盾，以实现他坚持反共又削弱张学良、杨虎城的一箭双雕阴谋。幸而张学良、杨虎城两位将军以团结抗日的大局为重，坦诚相见，识破了蒋介石的阴谋诡计。

1936年12月4日，蒋介石再度来西安，在临潼华清池设行辕。蒋介石进一步逼迫张学良、杨虎城率领东北军和十七路军打头阵，“围剿”红军。张学良、杨虎城屡次向蒋建议停止内战，出兵抗日，蒋介石不听谏，并下令镇压在西安举行纪念一二·九运动周年的群众队伍游行示威。张学良、杨虎城被迫决定对蒋实行兵谏。

12月12日清晨5点钟，临潼响起枪声，震惊世界的西安事变爆发了。

当时，十七路军负责解除西安城内反动武装，控制机场、车站，看管南京军政大员；东北军负责临潼捉蒋，拘押蒋介石，迫使他停止内战，出兵抗日。

我听到这个震惊世界的伟大事件的消息，是卢广绩在当日拂晓前，到第四处召集全体人员紧急集合传达的。当时派第四处中校秘书张松筠和我负责接收《西安日报》，当时改名为《解放日报》。我们主要是接收该日报社行政管理方面工作，编辑方面的工作，另有人接办。当时工作非常忙碌、紧张，只记得有个姓丛的编辑，其他人员的姓名都不记得了。

当天下午，刘宇新来到我家，我们分析情况、研究工作。当时对形势的发展，尚无肯定的估计，但总的认为是向有利于人民的方面发展。刘宇新嘱咐我们，要沉着应战，一方面做好掩护职业的本职工作；另一方面与已经联系好的群众，再进一步加强联系，策动他们跟着我们党走。

在周恩来一行来到西安之前，大家虽然尚摸不清发展方向，但我们的同志和进步人士，都兴高采烈。

人们都说，民贼独夫蒋介石，落到人民手里，他若是不答应停止内战出兵抗日，我们绝对不会放他的。

也有人说，蒋介石一贯反共亲日，他不停止内战出兵抗日，只有杀掉，才能大快人心，此贼不除，国无宁日，根本谈不到出兵东北，收复失地的问题。

议论纷纷，莫衷一是。

捉住蒋介石后，张学良、杨虎城两将军决定邀请中共代表团到西安共商大计。周恩来率领代表团于 12 月 17 日来到西安后，刘宇新向我们传达了党中央关于正确处理西安事变的方针政策，就是和平解决。在一定条件下，释放蒋介石，促成抗日民族统一战线，团结起来，共同抗日救亡图存；否则，会发生更大规模的内战，给汉奸、日军以可乘之机，对国家、对中华民族不利。我们明确了斗争方向，就按照党的指示，向群众宣传，但也准备应对发生突然事变。

12 月 14 日，宣布西北剿匪总司令部正式取消，所有剿共工作完全停止，另设抗日联军临时西北军事委员会并推举张学良为委员长，杨虎城为副委员长，张学良、杨虎城即日到会并通电全国。西北抗日联军军事委员会成立后，即将原第四处改为政治处（党政处），派应德田为处长，刘澜波为第一科科长，我们负责办公室工作。同时成立政治大队，并组织战地宣传队，刘宇新借机打入了政治大队。我与一些同志组织宣传队。我们都很忙了一阵子。

西安事变，张学良和杨虎城提出八项主张，蒋介石拒不接受，由于我们党积极工作，再加宋美龄、宋子文和蒋介石的洋顾问端纳出面斡旋，蒋介石应承六项诺言，因而宣告达成协议，似乎圆满解决了。

但是，张学良天生豪爽、意气用事，竟亲自护送蒋介石回南京。不料蒋介石背信弃义，阴险狡诈，以怨报德，把张学良扣留问罪，这对东北军来说，实乃是晴天霹雳。我们听了也十分震惊。东北军内部，在对于是起来反抗，还是屈膝听命，等候蒋介石摆布的问题上，主张不一致，产生了矛盾。因此，在一次高级将领会议席上，发生了激进派枪杀王以哲军长事件。

这时，我曾向刘宇新提出要求，非常想离开东北军，去久已向往现在只有一步之遥的陕北党中央所在地工作或学习。刘宇新说："你是好不容易打进来，怎么能随便离开呢？建立起这些关系，怎么能轻易放弃？上级党组织不会轻易批准。再说，进根据地必须经那里的党组织批准，否则也进不去呀！"

后来从北平来的民族解放先锋队的陈成（哈尔滨人）经西安去陕北，他约我和静云一同去。我们真是高兴坏了，但由于党的工作需要，组织没有批准，未能成行。此刻，东北军去向何方，前途未卜，人们思想苦闷至极。我们作为有党组织领导的革命战士，当然只能一切行动听指挥。

1937 年 3 月间，东北军总部发出开往蚌埠的通知。我们同原第四处官员、家属乘运货物的闷罐车，离开了西安。一路逢站必停，一停就是几小时。车上的人和东西混在一起，秩序相当混乱，如败兵开拔，情状十分悲惨。

到蚌埠后，总部各处大部分住在旅馆里，只有办公厅住在一个机关的院子里，张学良公馆驻在当地一个官绅的住宅大院里。此时党组织派政治大队杨锡林与我们联系，并决定我和孙静云与第三处富同志及其爱人徐同志编为一个党小组过组织生活。东北军官兵如同败军之将、丧家之犬，像失去娘的孩子一样，情绪非常低落。我们也都无事可干，只有把所了解到的官兵思想情况，向领导反映而已。

约 5 月间，我们接到命令，开往苏北淮阴。于是由蚌埠乘船入淮河，经洪泽湖前往淮阳。一路在船上食宿，遇到逆风，还得下船沿河拉纤。洪泽湖里波涛汹涌，常常翻船，我们在航行中却没有赶上大风大浪，出乎意料的风平浪静。我们稳稳地坐在帆船上，荡漾于著名的"江洋大盗"出没的洪泽湖里，甚是惬意！大家苦中取乐，不时引吭高歌抗日救亡歌曲，抒发那"捉蒋放蒋"的满腔义愤！后来，我曾哼了一首诗：

东郭先生好心肠，
放走凶狠白眼狼。
纵虎归山留后患，
未知何年打东洋。
中华儿女当自强，
重整旗鼓辟战场。
发动人民持久战，
打得日寇至投降。

到苏北后，总部各厅、处人员住在淮阴和淮安一带，大部分住在老百姓家里。此时于学忠的部队也调到这一带驻防。6 月间，宣布整编改组，成立绥靖公署，于学忠任公署主任。总部各厅处官员在整编时，大部分都被裁减下来。留者统统先当服务员，两个月以后定去留；不愿留此可立即去职，发给 3 个月的工资。我是属于被裁减的人员，虽不想立即去职，也未领 3 个月工资，但估计也未必能留下。

我与杨锡林反复研究，决定去北平找负责东北救亡总会工作的于毅夫，当时他的掩护职业是宋哲元的冀察政委会参事，有可能帮助我找到掩护职业。我们到天津的第三天，就发生了七七事变。紧接着日军攻占天津，长时间断绝了去往北平的交通。我到天津后，给杨锡林及时写了信，但一直未接到他的回信。我在天津暂时住在法租界许烈家里，我给于毅夫写一封信告知我已来津，将去北平看他。他回信嘱我不必来平，他不久即将来津相晤。

不多日，于毅夫从北平来天津与我们详谈，他将先去南京，嘱我候信再定行止。当时津浦路火车不通，他是乘轮船离开天津南下的。他临行前，说我们不能全部撤走，你如能在沦陷区找到掩护职业，就潜伏下来，这对于革命事业来讲，并不比上战场杀敌贡献小，你心里要有定力。

第十一章　进 入 天 津

1937年8月初，我的老同学于炳然来天津，他住在法租界国民饭店，我们常去看他。于炳然，原名于斌，1903年生于黑龙江省绥化农村。1919年7月考入齐齐哈尔黑龙江省立第一中学，1922年5月，他联合黑龙江省一中、政法、师范、工业、农业等5个学校，组织了黑龙江省学生联合会，并被推选为学联主席，曾组织领导了两次反对封建势力的学潮。1924年9月，他考入国立北京法政大学（后改称国立北平大学法学院）。1932年在英国留学期间加入英国共产党，曾任英共中国语言组书记，后又去苏联工作一个阶段。全面抗战爆发前夕，被派回祖国，曾任东北救亡总会宣传部主任、总会秘书长，李杜部东北抗日联军政治部主任，并经我党批准先后任国民党军事委员会第二处设计委员、国民党军事委员会战地党政委员会设计委员等职。他以这些职务为掩护，从事党对国民党上层人士的统一战线工作和党的地下工作，勇敢坚定、机智灵活地同国民党反动派周旋，作出了独特贡献。后撤回延安，先后在中央政治研究室、中央社会部工作。全国解放后，他在西南公安部工作，为肃清匪特、维护社会治安作出了卓越贡献。他算是我的老学长，九一八事变前后我们常在一起搞抗日救亡运动，关系密切，以后也没断联系。

于炳然说，这次他是来做策反工作，主要是策动内蒙德王反正抗日。我和静云在于炳然那里见到何松亭。何松亭，辽宁省昌图县人，1926年加入中国共产党。他参加革命后，以东三省官银号、边业银行、江华银行等社会职业为掩护，在沈阳做地下工作。1930年，考上官费留学生，到英国伦敦政治经济学院学习。在英学习期间，他参加组织英共中国语言部和华侨反帝大同盟。1932年到苏联莫斯科东方大学学习。1933

于炳然（1903—1952）

年4月回国先后在沈阳、天津、北平、西安等地做党的抗日统一战线工作和地下情报工作，他利用各种关系，收集情报、向抗日根据地运送通讯器材、输送党的干部及爱国同志、营救同志脱险。他于1941年进入晋察冀抗日根据地，在北方分局社会部工作。1943年任晋察冀边区贸易管理局秘书主任、边区党委社会部特派员等职。抗日战争胜利后，何松亭转到经济战线，从事金融工作，自1945年任晋察冀边区银行总行党委书记、副经理。解放后，先后任天津军管会金融管理处处长，中国人民银行天津分行党委书记、行长，中国人民银行金融管理处处长，农业合作银行经理，中国人民银行总行农业金融管理局局长，东北财经学院院长，轻工业部教育司司长等职，后改任轻工业部顾问。他在金融工作上卓有贡献，听说“人民银行”这个名字就是他最先明确提出来的。经于炳然介绍彼此的政治情况，我们交谈后，何松亭向党组织请示，同意我们接上党组织关系。据何松亭说，当时他是受南汉宸领导。南汉宸是中央情报部门派遣在津的负责人之一，他与中央北方分局、天津市地下党组织有联系。不久，我们这部分又转北方分局社会部许建国领导。我从那时起，在天津和北平从事党的情报工作。

何松亭为人诚实耿直，对工作极其负责，做事沉着谨慎，对同志非常热情诚恳。我在天津做地下工作时，受到他的教益很多，他一直像大哥一样对我关怀照应。我过去总是喜欢冲锋陷阵跑在前头，考虑不够，对于隐蔽斗争不太习惯，以后能够长期潜伏于敌后，没有出什么大的差错，回想起来，得益于当时向何松亭学到不少东西，特别是隐蔽战线的工作方法、斗争艺术，实在是受益匪浅。他多次同我长谈，反复强调：我们搞地下工作，有两条最重要，一是对党对革命绝对忠诚，共产主义理想坚定不移；二是老练，做任何事情不能出纰漏，任何情况下不能惊慌失措，两者缺一不可。我是时刻牢记在心。1986年，他因病逝世，我

何松亭（1901—1986）与夫人佟婉新

们十分怀念他。

为了开展我们的情报工作，首先就是要发展关系和寻找线索。关系和线索要从两方面寻找，一是靠近我们的有抗日爱国思想的人；一是已经投敌，但还想留条后路，找条救命绳索的人。我在天津，从少数人做起，逐渐发展了许多社会关系，我又到北平找到不少同学同乡联系。在平津布下尖兵，搜集日伪情报，开展工作。

我刚到天津时，住在法租界张庄大桥附近一个旧戏馆改做的民房的楼上——许烈家，是用木板隔开的一大间房，我们一家就在地板上睡了相当长时间。

许烈同志原名许连科，吉林人。我们是北平大学法学院的同班同学、好友。他曾参加我党外围组织——互济会，在法学院时我们曾在一起搞学生运动。当时他在天津卫生局所属卫生队工作，对天津情况比较熟悉。我同何松亭接上关系，决定在天津工作后，我发动许烈加入我们的工作，他很高兴，表示愿意帮助我为党工作。后来在天津帮助我做了不少事情，认真细致，非常周到。我离开天津后，他进入解放区根据地。东北解放后，许烈曾任东北高级法院庭长，中央人民政府司法部副司长，黑龙江省人民政府副秘书长。

还有吴光弼，辽宁人，他留学日本，曾在黑龙江省铁路局工作，西安事变前在西安办公厅金家巷10号资料室工作。我们的相识是黑龙江同乡陈宏一介绍的。西安事变后，他知道了我是在共产党领导下做抗日工作的。七七事变后，吴光弼在天津与其同乡刘绍堑组织了一个华北青年党。这个组织以日本特务机关为后台，为日军侵华的工具，是以反共为主旨的汉奸特务组。华北青年党的头头刘绍堑是旅大人，原为日本特务机关的翻译。他在日本军部茂川秀和的指挥下，组织领导华北青年党进行反共反人民活动，为日本侵略军效劳。1937年8月1日，在日本扶植下的天津市治安维持会成立，高凌蔚任会长，王晓容、王竹林、邱玉堂、赵粤卿、刘玉书、孙润宇、牛传善、方若、沈职公等出任委员，刘绍堑任秘书长，吴光弼任总务科长又兼井隆煤矿天津办事处主任。开始是何松亭布置我利用好这个关系，我就常到吴光弼家了解敌伪情况，以收集情报。

后何松亭请示党组织同意要我托吴光弼介绍掩护职业。吴光弼就利用华北青年党的名义向伪天津高等法院院长方若推荐，派我任伪天津高等法院检察官，这就更加有利于开展工作了。

我通过与吴光弼的来往，探悉华北青年党的全部组织情况和他们的罪恶活动，对他们在北平设立的训练所组织机构、人事安排以及训练规则等，都了解得比较清楚。华北青年党还派他们的骨干周树大在徐州组织反共军，刘绍堑曾亲自去指挥，进行反共活动。我还从他们那里搜集到平津其他汉奸活动的情况以及华北沦陷区政治、经济、军事方面的情报资料。后来，天津维持会解散，伪天津市政府成立，刘绍堑下台，华北青年党就专门搞特务活动。周树大、朱崇信、安建模等在北平搞了一个调查统计局和社会局，实际仍是给日军搞情报。吴光弼曾为介绍国民党地下工作人员胡汉生打入华北青年党训练所，被日军发觉而将他逮捕关押审讯。他出狱以后就专搞经济，任井陉煤矿天津办事处主任之外，他还做五金生意，又开了几个小工厂。天津伪市长温士珍上台，李子琢任伪市政府总务科长，张尔康则在那里当股长。以后，我又通过他们二人了解一些敌伪活动情况。

在此期间，我与何松亭研究决定向北平开展工作。因为北平沦陷后，那里已成为华北敌伪的政治中心，军事问题也在那里决策与发动，所以我们必须在北平发展关系，进行工作。

我的法学院同学杜超杰，黑龙江大赉县人，曾任冀察政务委员会参议。北平沦陷后，他虽然没有担任什么伪职，可是与伪组织的一些汉奸有来往。他后来曾被捕，获释后任反省院院长、调查统计局局长。于毅夫的亲戚刘慰斋当了伪华北政府司法部的总务局长，他与大汉奸朱琛是老朋友，与安福系那些人物都有往来。我常到北平与他们二人联系，从他们那里得到一些关于华北伪组织的人事、政治、经济、社会等方面的情报资料。

当时，黑龙江省同乡、北师大毕业的宫洗尘和刘永实困居北平，我发动他们参加抗日工作，他们帮助我做了些工作，但二人先后有所暴露，被敌人跟踪，在北平待不下去了。刘永实来天津在我家住了两个月，后由何松亭决定安排送他进了根据地。先听说刘永实入“白校”学医，后来不知下落。宫洗尘后来离开北平到上海找我，我把他安排在伪上海保安司令部任少校军法官，准备让他帮助我做情报工作。后来接到党组织通知，让他回天津，送他进解放区工作。东北解放后，宫洗尘任黑龙江省公安厅厅长，后因病去世。

在此期间，我与老朋友孟幻飞发生横向关系，帮助他做了不少工作，还介绍他与何松亭见面，他们曾有工作上联系。我打进汪伪组织，就是通过他的工作关系朱晶华的掩护，后来在上海，我更是帮助他做了许多工作。

第十二章　护送电台　营救冯骥

1937 年 7 月 4 日天津失守，29 日北平失守。天津英法租界都被日军封锁了，周围架上铁丝网，只留法租界通日租界一个口子、英租界通南市小白楼一个口子、“法国大桥”通向火车站一个检查口，戒备森严。日军荷枪实弹，出入行人及车辆，都必须停下来受其严格检查。日军警宪极其凶恶，动辄打人骂人，时常有人被日军刺刀豁开肚皮，或被日军用枪托打破脑袋，还有日军侮辱猥亵不遂、而被用刺刀刺伤面孔的妇女，被摔地致死的小孩……种种野蛮暴行，屡次发生。

在太平洋战争未爆发之前，日军尚未深入，天津英法租界成为孤岛，但还比沦陷的中国管区安全些。我家后来由法租界迁至英租界达文区住，何松亭住在英租界。外边有事都由我出入租界去办理，天津、北平之间传送信件也是由我负责往返联系。伪法院向日本特务机关要到“派司”（即通行证），发给我一张，这给我们工作创造了极便利的条件，单人出入方便多了。但是有这东西，有时还要受到检查，有时日本兵高兴了，一摆手放行了；有时故意为难，问起来没完，硬是纠缠不休。

1939 年初，何松亭交给我们两项艰巨的任务，一是由租界地向外运送电台机件和马达；二是营救冯骥出狱。

党组织把电台机件和马达分装三个箱子，要由租界地运出，交给一个转运站。东西是分两次送到我家的，先送来两箱。当时，我们住在英租界达文区，东西送来后，由静云藏起来。

我们研究如何送出租界时，何松亭提出初步意见：让静云化装成新娘子，佯作春节串亲戚，坐出租汽车，把箱子放在车后边，混出日军检查口。经大家反复考虑，认为这个办法不甚保险。后研究决定，由我向伪法院要汽车，假托进租界地办事，顺便带这两箱东西。

恰好，几天之后就遇到了机会，我要到了汽车，把两箱电台机件放在车里。到法租界交界的日军检查口时，我若无其事地在日本岗哨面前拿出“派司”迎头一晃，就开车越过了哨卡，把两箱宝贝安全运到了伪法院，放在我的办公室里。当时我心里非常紧张，如果哨兵检查就要露馅。

过了些日子，何松亭又送到我家一个装有电台机件的箱子。此时，我没有借口再要汽车，但又急着把东西送出去转运，只好另想办法。

为了早日交运三箱电台机件，我顾不得危险，壮着胆子，在一天凌晨坐三轮车，把一箱机件运到“法国桥”边。日军不准三轮车过去，我只得用肩扛着箱子走。通过日军检查口时，我挺直腰板，努力做出很轻松、手中东西不重的样子，一手提箱子，一手举着“派司”，顺利地在人群中混过去了。

我把这一箱送到伪法院，连同上次运出的那两箱，立即送到指定地点，对上暗号交付了。后来知道这批电台机件，很快就完整地运送到目的地，对抗日战争起了一定的作用。上级领导对我能够机智勇敢地完成这项转运重要军用物资的任务很是高兴，倍加赞许。而我对于在敌区作掩护职业和有关证件的重要作用，也有了进一步的认识，再也不对自己担任伪职角色而感到不舒服了。

关于冯骥，只知道他是共产党员，天津沦陷后，因共产党案被关押在天津监狱的。何松亭要我设法一定要把他从监狱里营救出来。

我接受了这一任务后，首先在法院进行了详细的了解，得知高院刑庭确有此案，看守所关押着冯骥其人，自被捕后没有任何口供。那时候，共产党案是最难办的，无论什么人，一沾共产党、八路军的边，十有八九都是死刑，轻判也是重刑。

经我详细了解，此案办案人员有：审判长是胡凤起庭长，主审推事吴叡，陪审推事邓肇金、高乾一，检察官郑煊，书记官姓康（忘记名字）等六人。胡庭长、吴推事与我是一般同事，不好说话托人情。邓肇金、高乾一是我的法学院同学，郑煊是我的东北老乡，对他们三人还可说点话，但我想也不可冒昧行事。经反复考虑，我拟定了一套办法，并按计划进行，势必要把自己的同志从虎口中救出来。

当时，我已转任天津高等法院书记官长兼天津地方法院书记官长，有权检查各书记官的工作，对他们的案卷也时常翻阅。我在那个姓康的书记官外出时，查看了他的案卷，趁办公室无人之际，暗中抽出了冯骥的全部卷宗，装入皮包带走，回家看后焚毁了。

康书记随后发现丢了一份案卷，很害怕被追究，焦急万分地向我汇报。我故作认真地责备他几句，而后又以帮他掩饰的姿态沉思了一会儿，示意他可以推说此案根本就没有见过冯骥的卷宗，只是在登记簿上有个案由，可能是法院被炸时毁掉了。日军攻占天津时，的确曾炸过法院，法院恢复后是有些案卷找不到了。康书记官照我所指点的那样一说，庭长和推事就信以为真了。

第二步，我以检查监所名义到监狱看守所去。我到那里说，北平华北临时政府法制部可能要来检查监所，我先来看看你们的管理情况。典狱长兼看守所长朱某同我一起到各监房外走了一圈之后，我提出要单独到监房里找在押犯人问话，了解他们的生活情况。这都是上级官员检查监狱的一般做法，不会引起任何怀疑。我先与几个一般刑事犯人谈话，接着到政治犯单人监房与冯骥谈话。我见到他后，先问了他吃住等生活情况，接着告诉他，法院已经没有他的案卷，只是在登记簿上写有共产党嫌疑的案由，让他在审讯时翻案，要咬定说是与人打架，被仇人诬陷入狱，根本不是什么共产党，从来就不知道共产党是怎么回事。

第三步，我视察天津监所临行前向朱典狱长兼所长说，要搞好监房的卫生，搞好伙食，保持犯人的健康，对青年犯人要优待，像冯骥那样尚未定案的青年嫌疑犯应特别优待。

同时，我对审判长、主审推事和陪审推事及检察官进行活动。正好，法院要求对旧案因迁延未进行审理的加紧处理。我首先同我的两个同学邓肇金、高乾一说，旧案中有我朋友的亲戚一案，是被诬陷入狱的，积压至今还未进行审理。经查是分给吴叡主办，他们二人应是陪审的，请他们向吴叡说一下。他们给吴叡递过话之后，吴叡主动向我表示一定给抓紧进行。我说这是个冤案，年轻人火气大得罪人，被人陷害，希望他帮忙早点给结案，让他恢复自由。我同时向胡庭长也打了招呼，希望做到无罪的判决。我还请郑煊检察官在起诉书上和开辩论庭时笔下留情，不要过于追究，对法院给冯骥确定的辩护律师张春孚，我也打了招呼，请他为被告多做些有利的辩护。

经过这一系列工作，特别是我的两个同学从中帮了不少忙；我还给胡庭长送了礼，在天津著名的登瀛楼请吴叡、邓肇金、高乾一几位吃饭。最根本的是我把卷宗给盗出焚毁了，秘密告知冯骥法院没有卷宗，让他推翻共产党嫌疑的原案。当然运用人的关系，妥善安排恰当的活动，也是事情顺利发展的关键，总之经过我周密的计划和积极的推动，终于使冯骥得到无罪释放的判决出狱了。这可以说是一帆风顺，顺利完成了党交给我的一项重要任务。

冯骥出狱后，到我家来，表示谢意，我没有与他多谈，只是说那是我应该做的。解放后，冯骥任北京铁路局公安局副局长，后来听说他因病去世。

身潜龙潭

第十三章　参加汪伪“六全”大会

1939年8月，汪精卫一伙进行投敌卖国活动，策划建立伪政权，与日军已经基本达成协议。为了准备在上海召开所谓的国民党第六次全国代表大会，他派人到各地区网罗出席代表。其中周化人（广东人）、邓一舟（广东人）、朱晶华来北方召集代表。

朱晶华是吉林人，曾在北平师范大学读书，参加过国民党改组派。抗战时期，他与国民党王芃生主持的国际问题研究所有联系，与李杜的抗日联军驻沪港办事处董麟阁及天津办事处孟幻飞也有联系。朱晶华来天津后托孟幻飞帮忙拉几位代表。孟幻飞与我商谈，要我冒充国民党的北方代表出席他们的“六全代会”。

当时我的直接领导人何松亭早就同我谈过，应注意收集汪精卫卖国活动的情报，可惜这方面线索不多也不直接，所得情报资料不甚及时或者不甚具体，有这样好机会打进敌人内部，更便于获得重要的情报，当然不能放过去。可是，我不是国民党党员，怎么能当国民党的代表去参加他们的代表大会呢？再者，我那时在天津法院的掩护职业相当平稳，足以掩护在平津开展的工作，而且已经做出一定成绩。我从内心是不愿再冒险深入敌营，但从抗战和革命事业来考虑，又不能避重就轻、畏缩不前。

经孟幻飞介绍，我与朱晶华相见，我们谈得很投机。朱晶华为人豪爽坦率，初次见面，他便毫不掩饰地自我介绍说：“我是吉林人，家乡沦陷多年，已经成了亡国奴，流浪内地，真是不如丧家之犬。我虽然是个国民党员，但没有达官显贵的后台，不过为人做嫁衣，仅获温饱而已。我不是要跟着汪精卫当汉奸的，而是受国防部国际问题研究所派遣，打入敌人内部做情报工作的。由于我是国民党改组派，得到汪精卫、陈公博的信任。你放心吧，跟着我打进去，没有错，咱们是有保险带的。”

我听了他这番话，几乎愣住了。我虽然也是个性情爽快的人，可他如此直率的表白还是使我大吃一惊。

我没有经过组织批准，当然不敢贸然表态，于是岔开话题，向他打听跑到重庆去的同乡同学们都怎样，以及后方的生活情况，逐渐谈到汪精卫的所谓和平运动到底进行到什么程度，他们将走向何方。

我们倾谈了多次，居然成为无话不说的好朋友。他劝我参加这一活动，表示愿意负责掩护，保证不会泄露这一秘密。

我们商定说，我在北方上大学时，经朱晶华介绍加入国民党，后来跟朱晶华参加改组派，因埋头读书从来没有参加什么活动，所以其他国民党人认识的不多。

他说："汪精卫一派急于拉人，绝不会仔细审查，我一定够朋友负责到底，你放心吧。"

朱晶华走后，我把同他交谈的经过，向党组织汇报之后，经党组织研究决定：派我冒充国民党北方代表，去上海参加汪伪国民党第六次全国代表大会。

1939 年 8 月下旬，以焦莹为首的伪国民党"六大"北方代表团组成，成员有北平市、天津市、河北省的代表共约 20 余人。其中我能回忆起名字的有：韩清健、赵霜锋、高崇信、周匡、艾鲁瞻、董秀山等人。由朱晶华拉的李子琢、张尔康借故天津发大水没去，只有高凤舞与我一同去。我们从天津乘船到大连，然后乘船转往上海。

我们到上海后，住在日租界虹口饭店，开会地点是沪西吉斯菲尔路七十六号。

开会前一晚，汪精卫派他的亲信陈春圃、林柏生与各地代表团分别谈话，主要是吹嘘汪精卫如何"不避风险"从重庆叛逃、到河内遇刺幸免、国民党特务误杀其秘书曾仲鸣，以及日本派人接近他们的种种经过和情形。他们还说汪精卫在日本会见了当时首相平沼骐一郎、陆军大臣板垣征四郎、海军大臣米内光政、财政大臣石渡庄太郎、外务大臣有田八郎及前首相枢密院议长近卫文麿等人，说他们都表示一致支持汪精卫建立伪中央政府，收拾时局，日本朝野对汪精卫都很信赖。他们也透露了汪精卫在与日本政府谈判《关于收拾时局的具体办法》时所遇到的困难。

我在上海期间，同那些汉奸接触中，探悉汪精卫赴日卖国投降的经过。他向日本提出所谓的《关于收拾时局的具体办法》，以及他声明“改变国策”即以和平建设、善邻反共为指导方针，承认日本《关于日华新关系调整原则》，并与日本调整国交。总之，他是要把日本扶植起来的华中、华北、华南汉奸伪政权统一起来，成立他的伪“中央政府”，以还都南京的形式，充当日本帝国主义的傀儡。

9月1日，我们华北代表团一行人早饭后坐车到达会场外，只见“七十六号”门前半条街上戒备森严，站满了公共租界全副武装的巡捕马队。“七十六号”大门紧闭，我们这些代表从旁边开着的一扇小门鱼贯而入，由招待员引导到“代表报到处”依次签名。通道两旁密密层层站满“七十六号”的武装人员，虎视眈眈地盯着每个代表的一举一动，摆出一种随时准备出手制止突发事件抓人的姿态。

上午9时多近10时开会，出席大会的有各地代表233人。先是推选大会主席团等一套过场，当然是汪精卫为临时主席团主席，周佛海、梅思平、丁默邨、陶希圣、高宗武、陈璧君等为副主席；梅思平为秘书长，罗君强、陈春圃为副秘书长。正式议程首先是汪精卫讲话，几个主席团成员走马灯似的轮流主持，一一通过了整理党务、修改国民党政纲、调整中日关系等大会提案，中央委员会委员、候补委员名单等文件。会议还通过发表了《中国国民党第六次全国代表大会宣言》，并宣布以“和平反共建国”为其政治纲领。

下午3点左右宣告闭幕。整个会议忙忙乎乎又稀稀拉拉地就草草收场了。在宣读中央委员预选名单时，会场出现了一阵骚动和嘘声。后来听说是上海、浙江的一些汪派国民党员对把当时已经臭名昭著的大汉奸卢英列入中委候选人而不满。他们中午休会期间特地去求见汪精卫，表示不能与此汉奸为伍。汪精卫没出面，由周佛海代为答复。周佛海毫不客气地把这些人顶了回去，说，卢英是汪先生到上海后最先响应和平运动的，最先派出警卫人员保护汪先生的安全，他怎么是汉奸？午餐时，我就听到邻桌有些人纷纷议论，表示强烈不满，说：“愿追随汪先生投身‘和运’，但耻与哙、婴同列。”意思是他们自比刘邦的元帅韩信，以与卢英这样的樊哙、夏侯婴等将军同为“和运”干部为耻。后来汪精卫等还是把卢英由中委降成了候补中委，算是听取了这些老伙计的意见。

我心里只觉得这帮汉奸真是退百里者笑九十，可耻又可笑，但表面不动声色，随时把有情报价值的东西记在心里。

会议结束后，我们从上海乘日轮到大连。我顺便由大连到哈尔滨，见了伪满哈尔滨市长赵东藩。赵是巴彦县人，我与他早就熟识，从他那里又了解到不少伪满的情况。我还回到巴彦，把家乡父老遭受日军和汉奸压榨，在苦难中挣扎的悲惨情景，同那日本帝国主义及其走卒汉奸们的乐园——纸醉金迷、花花世界的上海互相对照，使我对殖民地和半殖民地有了更加具体的认识。

那是 1939 年深秋，沦陷已经 8 年的东北，人民处在水深火热之中。当我会见那些父老兄弟姐妹们，他们频频向我倾诉亡国奴之苦，表露出嗷嗷待援救的样子。使我印象最深、什么时候想起都心酸的，是我去张学孟家探望的那一幕。

张学孟的父亲张二爷，是曾经帮助我说服家长供给学费出外求学的绅士，他的儿子张学孟是我的好朋友，当时在甘肃国民党军队工作，同我一样早就离开了家乡。我这次拜见张二爷，他首先问他儿子的情况："你四叔在什么地方，你知道他的情况吗？"

我把所了解的情况告诉他，他不满地说："你们这些年轻人在外边生活得很好，我是放心了。可你们不知家乡人受的苦难，是不是把我们都忘记不管了？"

我说："我们没有忘了家乡父老兄弟姐妹们，我唱一首歌您听，您就知道了。"说着，我就唱起东北青年流亡曲《松花江上》：

我的家在东北松花江上，
那里有森林煤矿，
还有那满山遍野的大豆高粱。
我的家在东北松花江上，
那里有我的同胞，
还有那衰老的爹娘。
九一八，九一八，
自从那个悲惨的时候，

九一八，九一八，
自从那个悲惨的时候，
别离了我的家乡，
抛弃那无尽的宝藏，
流浪！流浪！整日偷生关内，流浪！
哪年，哪月，才能够回到我那可爱的故乡？
哪年，哪月，才能收回我那无尽的宝藏？
爹娘啊，爹娘啊，
什么时候，才能够欢聚一堂？！

当我以沉痛的心情唱着那悲伤的歌曲的时候，不但张二爷热泪直流，也引得他们一家人都聚过来听，要求我再唱一遍。他们听着我唱的歌曲，全家都放声大哭起来，其中哭得最悲伤的是张学孟那位乡间的妻子。

她捶胸顿足，充满悲怨，似乎在说，怎么这支歌没有提到我们不少“守活寡”的妇女？！

我深深感到，遭受敌伪压榨的东北人民，与流亡在关内的东北青年是心连心的，共同怀有无限的耻辱与悲伤。自“九一八”那个悲惨的时刻起，日本帝国主义者强加给中国的灾难，实在太惨重了！

我回到天津后，把打进这次会议所了解的情况，以及这一行所收集到的情报资料，向党组织作了详细的汇报，得到党组织领导同志的肯定。

第十四章　五见汪精卫

我第一次见到汪精卫是开伪六全代会时，他在主席台上，我在会议代表席上，没有个别接触交谈过。

汪精卫

汪伪六大“北方代表”回平津后，1939年9月间，汪伪国民党中央执行委员会常务委员会第二次会议决定成立地方党务办事处，派焦莹任北方党务办事处主任，韩清健、陈述修、艾鲁瞻、李景武分别任组织、总务、宣传、社会各组组长。

当年12月汪伪国民党中央执行委员会第六次常务委员会议决定，改组天津市、北平市及河北省党部执行委员会，指派我、房勤、徐廷斡为天津市党部执行委员会常务委员，李景武、李菱镜、高崇信为北平市党部执行委员会常务委员，韩清健、赵霜锋、杨成栋为河北省党部执行委员会常务委员。北方党务办事处于翌年1月上旬通知天津、北平、河北三个党部的新任常务委员到上海去，听取上级指示。我们一行12人乘火车去上海，住在愚园路一幢小楼里，第二天上午就受到了汪精卫的接见。这是我第二次见汪精卫。

在愚园路汪官邸的一栋三层花园别墅，我们进入二楼的客厅刚刚坐好，汪精卫就穿着一身崭新的浅蓝色西服进来，同我们见面一一握手、寒暄，问了个人的姓名，就让我们汇报。他说：“大家随便谈，不要拘束。”

我因为有搞情报的思想准备，就第一个起来问：“我们搞和平运动的目的是什么？”

汪精卫说：“这次和平运动是救国，关键是解决好中日关系。现在的形势说明中国打不下去，打下去最后只能是国民党垮，中国最后归共产党；退一万步说，假使日本失败，国民党也要垮台，最后中国还是落到共产党手里。中国除了和平，没有出路。我主张与日本讲和是给全国做个示范，内则完成中华民国之建设，实现国父孙中山之遗愿；外则负保东亚之责，实现国父之大亚细亚主义。当前是要把国民党失败丢掉的地方收回一点，尽快实现还都组织政府，进一步搞好反共救国。”

我又问：“日本人利用我们，将来我们是否像溥仪那样成为傀儡？”

汪精卫表示：“不会。日本人吃不了那么大，他们是想吞并中国，但他们吃不下去。我们成立政府，满蒙现在看是拿不回来，但我们要争取做工作。我们是要把国民党丢失的要回来。蒋介石也并不要一直打下去，我们也要和他合作。我们和日本订了和平大纲，原则是善邻友好，共同防共，经济提携，中国真正实行和平两年后，日本撤兵。当然这个目标实现要有许多曲折，我们要努力争取。”

我再问：“现在日本军方对我们不支持，我们在华北搞和平运动，可能性如何？”（我这是指华北汉奸政权怕汪伪夺了他们的势力范围，串通华北日军不支持汪伪一派的活动。）

汪说：“我们要有耐心，要等待。他们（指华北汉奸集团与华北日军）还不理解我们建立国内统一政权的意图，日本内阁是要和平的，在外的军人也是要经过一段时间才能了解他们政府的意图，也能了解我们的和平运动。现在，我们对身边的这些在华日本人要不卑不亢，要告诉他们，国家与国家、民族与民族，不能用欺压的方法，应该用平等的态度，否则，不仅对我们不好，对他们也不好。”

汪谈得最多的是：“中国文化博大精深，有几千年历史，日本到中国来慢慢地肯定会被中国文化同化。辽、金、元、清进入中原，到最后还不是被我们同化了。”

有人插话：“今天的时代已经不是那个时代了，辽、金、元、清也完全不同于日本。”

汪说：“这一点你们不要怀疑，我在日本留过学，他们地处岛屿，想找个好地方生存发展。元忽必烈那么强悍，满清那么强悍，都没在中国统治到底，日本也一样。”汪强调说：“现在中国的根本问题是不要弄到共产党手里。共产党是国际的，中国共产党没国籍，中国让共产党发展下去那真是亡国了，中国永世不得翻身。所以我们不是卖国，而是真正的爱国。我们不能眼看着共产党坐大，把中国引向灭亡。”

我问：“日本在中国扩张会不会引起英美干涉？”

汪说：“没法妄断。现在日本南进、北进没明确决定，但可以看出基本是南进。诺门坎失败后，日本不愿碰苏联这个硬。日本要吞并东南亚，可能性很大，英美他们能走到什么情况，也说不定。”

汪号召大家说：“要同心协力将建国兴亚的两个重任担负起来，这是孙中山先生多次讲过的，我们要继承他的事业，以实际行动实现他的遗愿。”

汪精卫还透露了他与日本秘密签订《日华新关系调整要纲》及《秘密谅解事项》的主要内容要点：（一）中国承认满洲国；（二）在新国家恢复以后，维新、临时两政府经办事项，由中央政府加以继承；（三）确保日本在中央政府外交、教育、宣传、文化以及军事等各方面的权力和合作关系；（四）承认日本在内蒙、华北、长江下游、厦门、海南岛及其附属岛屿的政治、经济，以及对地下资源的开发、利用的权力，承认在以上地区的防共和治安的驻兵权，以及与驻兵地区有关的铁路、航空、通讯、港湾和水路在军事上的要求；（五）在中央政府及各级机构中聘请日本军事、财政、经济、技术顾问，以确保上述条款的执行。

汪精卫振振有词地说，这些“和平条款”的签订，是来之不易的，是他和周佛海等不辞辛劳奔走谈判的结果。汪精卫声称，“和平运动”正在顺利发展，日本政府将全力支持中央政府的成立与发展；目前就是要集中全力于中央政府的产生，组织、充实、健全中央政府，是今后努力的途径；现在正拟定《关于建立中央政府大纲》《国民政府政纲》及《中央政治会议组织纲要》等基本文件。

汪精卫还说，他反对“抗战到底”一类的高调空话，宣称：“抗战最后胜利是渺茫的，日本已经占领了华北、华中、华东、华南大部，就是现在最大的事实。我们要实事求是，承认中国抗战已经失败。”

“中国现在除了和平，没有出路，必须与日本携手，实现‘共存共荣’，为此，我们就要接受日本的条件，同时提出我们的条件。现在我们要特别注意的是，日本对和平条件的成立和实行，不仅有诚意，而且有相当的保障。”

还有人向他提出问题，他都一一予以解答。记得大家还提问：“华北日军不允许挂国民党党部的牌子，甚至监视我们的活动，我们有被捕的危险，怎么办？”

汪说：“由中央负责向日方交涉，在未解决前，你们不要挂牌子，也不要做什么活动；如出了事，由北方办事处主任焦莹出面与日方交涉。”

还有人问：“中央政府何时成立？对华北能否行使权力？”

汪说，我们的政府正在积极筹备中，可能在三四月间成立政府还都南京。华北临时政府改为华北政务委员会，当然受中央政府管辖，可也有其特殊性，须维持现状。汪强调：日本不会像对待满洲国那样对待我们的，因为那样是对日本不利的。如果让人们看到我们屈服于日本，中国丧失独立性，沦为日本的附属国，那重庆抗战派将永远不会响应和平运动，那停战、谈判、撤兵、全面和平就永远不会实现。

有人问：“现在参加和平运动的人，有些曾参加过抗日，将来会不会被追究问罪呢？”

汪说：“不会的，我们大家不都是从抗日阵营过来的吗？我负责保障大家的安全，不必担心。”

当时我心想：谁保障你的安全呢？

显然，当时大家都没向他质疑也未与之辩驳。他姑妄言之，我们就姑妄听之。对我则是直接探听敌情的良好机会而已。

这次同汪精卫见面的感觉是，他对别人讲话听得很仔细，不急于回答，眼光柔和，注视着你，很亲切，说话时总用商量的口气，常说“对不起”“你看怎样”“是不是可以这样看”等，力图给人以很客气、很诚恳、很谦虚的印象，让人感到这个大人物没架子，很平易近人。我想，如果没有坚定的政治信仰，很容易被他迷惑。

这次去上海，对汪精卫一伙投敌卖国的罪恶活动，又深入一步进行全面的了解。我回天津后，常借去北平见焦莹汇报工作之便，开展党的工作，对于我们平津联络又得到了一层掩护，较之以前更为便利了。

汪伪政府成立后，我被任命为立法委员，还被任命为中央政治委员会法制专门委员会主任委员。

这在我的工作来说，面临着较大的转折。汪伪国民党北方办事处主任焦莹被任命为“中央政府”考试委员会委员长，还有韩清健、艾鲁瞻、赵霜锋等为立法委员。焦莹召集我们商谈去南京就职，我表示天津法院辞职手续短时间不可能办妥，容我考虑后答复。我立即与何松亭商议，请党组织研究决定。按我当时的想法，还是不愿意贸然离开天津。因为我们已在天津打下了相当好的地下工作基础，考虑到我赤手空拳、单枪匹马，只身闯入敌营，不知何时能够站住脚跟开展工作。所以我对去南京开拓新局面，曾有激烈的思想斗争。为了除奸抗日和革命事业，使我不能不牺牲个人利益，提高信心下定决心。

何松亭一再鼓励我，他说：“你有开拓者的才能，有这样大好机会，正好大显身手，一定能发挥作用，为党作出贡献。”

北方分局社会部许建国高瞻远瞩，很快就作出决定，正式批准我打进汪伪政府。党组织站得高看得远，以极大的魄力做了正确的决定；我也决心绝不辜负党的信任，坚决服从组织决定。

为了行动方便，并为回北方汇报工作找借口，上级决定孙静云仍留天津工作，我一人只身前往。这样，以后可以以探家为由，回北方汇报工作。我这人的特点是一向严格遵守党的纪律，党叫干啥就干啥，一经党组织决定，我便毫不犹豫，勇往直前地干起来。

此时，汪精卫一行于1940年4月9日去张家口，会见蒙古伪联合自治政府主席德王和华北日军最高司令官。当日下午汪精卫等一行回到北平，华北汉奸头目王克敏、王揖唐、朱深等在北平东城外交部街外交大楼设宴招待汪精卫一行，并邀请“国民党北方事务处”主任、“中央政府考试委员会”委员长焦莹及北平市、天津市、河北省党部常务委员、“中央政府”立法委员参加。我们凭“请柬”进入外交部大楼，在宴会前受到了汪精卫的单独接见。

汪精卫说："先向诸位通报一下这次来北平，同'华北临时政府''内蒙临时政府'会谈的情况。华北、内蒙都是仰日本人的鼻息，他们能不能收到统一的政府里，还要我们做工作。我这次来是有成果的。我们是很痛快地要求他们统一于我们还都建立的政府里，现在他们凡事都往日本人身上推，说华北日本人不同意。我们不要急躁，正好同时多做日本人的工作。"

我们告诉他，日本人至今不让我们华北党部公开挂牌子。

汪精卫说："不要急，要同日本方面多做工作。"

汪精卫就大后方各界在报刊上发表宣言、声明、文章骂他卖国时说："我叫什么卖国，那些地方不是我失掉的，我是牺牲个人的历史名誉，我是抱着我不下地狱谁下地狱的决心从重庆回来，从日本人手里把中国领土拿回来。我们发挥了缓冲作用，有了我们，比日本人直接搞要好得多。我们这是真正的救国。中国打不过日本，这是最好的选择。"

宴会开始，汪精卫豪饮，酒量很大，频频举杯。他同德王、王克敏、王揖唐、朱深等海阔天空地互相吹捧，互相拉拢。汪翻来覆去地就强调一个意思：他已经从日本方面得到正式承诺，由他来建立中国统一的政府；他绝不会亏待他们，会把他们的职务、地位安排好，会一一满足他们的要求和条件。德王、王克敏、王揖唐、朱深等都哼哼哈哈，东拉西扯，虚言应付，捧汪精卫是孙中山的继承人、革命领袖，是真正的救国领袖；对他的统一要求则不明确回答，一再推说要看华北日军态度。晚间，汪精卫发表广播讲话，还是那一套"和平反共"的陈词滥调，并且叫喊要反共到底，最终"灭绝"共产主义。

事后，一个在朱深手下干事的东北老乡告诉我，朱深、王克敏等背后议论说：汪精卫是个很滑头的政客，摆他国民党元老、孙中山弟子的资格，卖他国民党的膏药，野心不小可本钱太少，日本人绝不会把华北给他，他们绝不愿意统一在汪精卫的政府手下，汪精卫的手伸得太长了。

第三次见汪精卫是在南京的汪伪国民政府成立时，我到南京就任伪政府立法委员、中央政治委员会法制专门委员会主任委员。

这次在汪公馆开茶话会，客厅很敞亮，沙发前摆满新鲜水果、中西点心、名牌香烟。参加茶话会的有地位与我类似的十来个年轻人。汪是这个地方坐坐，那个地方坐坐，大体和每个人都有个别接触谈话的机会。汪是通过这次会见，向我们传递一个意思：他非常重视青年骨干的培养，青年人只要跟着他，一定有利有名，大有发展。汪让我坐到他身边，说："在上海、北平见面后感觉很好，留下了很深的印象。现在党国搞和平运动正需要你这样的真正懂法律的年轻专业人才，到立法院要努力工作，多帮陈先生（公博）把立法院搞好。"

我回答："谢谢汪主席鼓励，我一定不断努力。"

第四次见汪精卫是 1942 年。汪伪集团为紧密配合日本发动的太平洋战争，加紧对沦陷区人民的盘剥掠夺及打击中国共产党领导的新四军和国民党游击队等抗日武装力量。经过一番筹划，1941 年 3 月成立了"清乡"委员会，汪精卫自兼委员长，陈公博和周佛海当副委员长，实际工作由秘书长李士群负责，主要抓江苏省的"清乡"。上海的"清乡"由上海市伪市长陈公博负责。我当时任上海伪保安司令部军法处长，上海伪保安司令部同时挂"清乡"委员会上海分会的牌子，我也就成了上海"清乡"委员会委员兼第四处处长。

汪精卫视察"清乡"区讲话

有一天，具体日期记不清了，汪精卫到上海视察“清乡”工作，由陈公博和当时已“投诚”的伪军头目孙良诚、张兰峰、吴化文、叶蓬等前呼后应的陪同。我随陈公博等一同前往迎接并跟着视察。

汪精卫这次穿了一身笔挺整齐的呢子军装，佩戴三星“特级上将”领章。他书生派头身板单薄好像架不起军装，走起路来轻飘飘的，样子很不带劲，很做作。我看他这样是学蒋介石，想通过“清乡”抓军队，扩充自己的实力。

这一行人浩浩荡荡分乘十几辆大车小车，到市郊农村晃了一圈。沿途道路都已严密封锁，三步一岗，五步一哨，还有几小股人群站在路边举着各色小纸旗七零八落稀稀拉拉地向着车队喊着什么“确立治安”“安定民生”“欢迎汪主席视察”等一类口号。

很快，大家回到保安司令部会议室坐定，先由“清乡”委员会上海分会主任陈公博总体简略汇报，继由各处处长重点汇报。封锁处长等分别汇报后，轮到我汇报时，我就汇报了分管的一些禁烟、禁毒、禁赌的情况。汪精卫好像很认真地听着，有时还插话提出一两个问题。

然后，汪精卫发了一通指示，讲了近一个小时，大意是：当前日本在太平洋战场捷报频传，大东亚圣战形势大好；“清乡”工作成果突出，令人欣慰；我们要进一步努力工作，以搞好“清乡”的实际行动与友邦精诚合作，把中日共存共荣事业向前推进；坚决反对英美帝国主义，特别是要彻底清除消灭共产党领导的新四军和游击队等武装力量；希望上海成为全国“清乡”工作的模范区。

第五次见汪精卫是1944年5月间，陈公博让我和行政处长吕琪、日本人科长山本等四人组团去考察日本警政，同时代表他去看望正在东京住院的汪精卫。其实半年前汪伪圈子里就传出汪精卫旧枪伤复发，病情加重的消息，在公开场合见到他，外形明显日益憔悴。经山本联系，我们进入汪精卫住的日本名古屋帝国大学

汪精卫设计的“清乡纪念章”

医学部，只见院子里四下树木葱茏，环境非常美丽幽静。

进入医学部，我们先在会客室见到陈璧君。她面色凝重，但还是镇定如常，嘱咐我们：汪先生的手术非常成功，是日本最有名的斋藤教授主刀，效果很好；但还要静养，你们不要多说话，以免先生过于疲劳不利恢复。

我们进门以后，向他鞠了个躬，说："汪先生好，陈先生非常惦念您的身体健康，派我们来看望您。"

汪精卫看来已经知道我们的情况，点点头叮嘱说："友邦的警政是世界最先进的，你们要多走多看多问，回去更好工作，把上海的警政搞好，给其他各地作出榜样。"

我看汪精卫的面色不怎么好，憔悴苍白，双眼无神，但也不是病入膏肓的样子。可是半年后他就死了。

我多次听汪精卫身边的人说，汪不吸烟，生活上相当严谨。汪伪圈子里的人都说汪精卫有风流野性，但风流不起来，因为陈璧君看管得非常严。她安排自己的三姑六姨和一群有亲戚关系的女孩子包围汪，除工作时间外整天陪着汪精卫说说笑笑，让他接触不到外边的女人。陈璧君对汪精卫的什么事都干涉，随时掌握他的行踪，检查他的警卫，因为汪精卫曾遇刺，当时她就在旁边，她是吓怕了。同时也是在照顾的名义下全面干涉，汪精卫心里明白，但说不出反对，只能听之任之。

我感到汪精卫的活动突出特点有两个：一是抓住国民党的旗帜不放，言必称国父，就是孙中山如何说的，好像他的一切行动都是照孙中山的意见办的，汪伪的所有正式官方场合，都高挂孙中山先生巨幅照片；二是反共，他对中国共产党、中共领导的抗日力量、根据地最仇视，污蔑中共勾结苏俄和共产国际，是最大的卖国党。

对蒋介石，他攻击蒋介石重庆政府勾结中共，全面抗战绝无前途，宣称抗战最终必胜是空唱高调自欺欺人；但对蒋介石个人不攻击。说到蒋总是称蒋先生、蒋介石先生，最多是直呼其名，给人一种对蒋介石留有合作余地之感。当时有一种传言，说蒋汪是唱双簧，大概这也是根据之一。

汪精卫很会讲演，抑扬顿挫头头是道，一讲就是一大套，有时慷慨激昂，有时潸然泪下，我就见他讲到曾仲鸣“为和运慷慨捐躯”时泪流满面。这个曾仲鸣也真是忠于汪精卫的死党，身上中了那么多子弹，还硬是在床上把汪精卫在巴黎等外国银行的存款支票等单据签完字，才咽下最后一口气。汪精卫这一套对于没有政治信仰、没有理论修养的人有一定诱惑力、欺骗性。

第十五章　走近陈公博

1940年4月中旬，我同焦莹等十余人乘火车到南京赴任。我先去与朱晶华见面，他还是那么爽直，我们商定以后各干各的，保持好朋友关系，遇事相互帮助。他表明绝对不过问我的活动，只是帮助我，只做我的掩护，多介绍些朋友，开通道路，不要求我给他做什么工作。他告诉我，因为我充当“六大”代表，又任天津市党部常委，算是积极参加“和运”，论功行赏；加上我是法律专业大学毕业当过法官，所以汪伪政府安排我为“立法院”立法委员。但我不是他们的亲门近枝，虽然按旧政府官职属于简任一级，还是个有职无权的差事。

陈公博参加伪上海市长就职仪式

这对我的地下工作来说，倒是很相宜的。立法委员地位较高，接触面可上可下，又不用上下班，也不用整天老老实实、死死板板坐机关把身子捆死。我就利用这个便利条件，活动于敌、我、一般群众之间，可以广泛地接触各方面，广交朋友，逐渐扩大见闻面，开辟获得情报的渠道。但是没想到的是，我却由此逐渐接近了汪伪高层圈子，特别是汪伪集团公认的二号人物陈公博。

“立法院长”陈公博，广东南海人，青年时能说会写，在政治舞台上初露头角，曾被称为“风流才子”和“风流部长”。他早在五四运动时期就在北京大学初露锋芒，为陈独秀所赏识，曾加入广东共产主义小组，出席党的一大。1922年中共中央召开西湖会议决定国共合作，明确要求广东党组织与陈炯明断绝关系，他却坚持支持陈炯明，拒不执行中央决议，实际从那时就自行脱党了。1923年他赴美国哥伦比亚大学留学三年获硕士学位。1925年加入国民党，深受廖仲恺、汪精卫两人器重。廖仲恺被刺后，陈公博便专投靠汪精卫，唯汪精卫马首是瞻，是汪精卫的左右手，追随汪精卫反蒋介石，成为国民党改组派的元老之一。汪、蒋再度合作，陈公博又随汪精卫入南京政府任中央民众训练部长和实业部长。

全面抗战爆发，国民党政府退守四川重庆后，陈公博任国民党四川省党部主任委员。汪精卫逃出重庆，在河内发表“艳电”，公开投敌后，汪派中多人逃往香港，陈公博也于12月间赶到香港。此后，汪精卫向日本进行一系列卖国活动，陈公博没有参加。直至1940年春，汪精卫叛国集团将要成立政府，陈公博尚在香港徘徊观望。汪精卫屡次邀他来上海、南京，他都借故推脱。后来，陈璧君奉汪精卫之命亲到香港，责怪他，说他与汪精卫同甘共苦进退多年，在这紧急关头，为什么不肯帮点忙，局面展不开，把汪先生急坏了，如果搞不通，只有自杀了。到那时，公博，你怎么对得起汪先生！

陈公博这才说：“士为知己者死，我一定跟着汪先生走。”

于是他便不顾民族大义国家利益，为酬知己，来到南京，坐上伪政府的第二把交椅，说是跟着他的知己“跳火坑”。从此他成为伪政府“新贵元老”，享受高官厚禄和群奸推崇，也就逐渐顺流而下了。

我与陈公博相识，是在南京伪立法院刚刚成立的时候。全国政协《文史资料选辑》中有人写文章说我与陈公博是在香港相识，那是不对的。不过，这一说法也事出有因。记得我在上海市伪警察局时，有一位姓何的记者，曾问我与陈市长是在什么地方认识的，我顺口说我们是在香港认识的。这姓何的记者当时与汪伪特工七十六号有关系，他是有意试探我的底细，我也故意给他们似是而非的答复。看来他是个有心人，把我那随便搭讪的话还记着。

我第一次直接与陈公博个别谈话，是在伪立法院院长办公室。当时前一天伪立法院第一次例会，对于立法程序中的“三读通过”发生了争论。有的委员主张凡经立法院讨论通过的法案，都必须要“三读通过”，才算合法完成；有的委员则主张不必那样机械。七嘴八舌，争执不下。伪立法委员中，真正学过法律懂得立法、司法、执法的人不多，虽然有几个当过律师，但他们对法律大都是半瓶子醋，或一知半解，没有什么真正的专家学者。对此小小问题却一本正经争论不休。陈公博听说我是学法律的，当过法官，并听到我在会上发言的观点、见解都有突出的见地，看出是有真才实学的内行。他就点名让我谈谈看法。

我在他们争论时已在打自己的腹稿，但并不急于发言，因为顾虑那样可能给人锋芒毕露好为人师之感，以后关系不好处。但陈公博点名了，我就当仁不让。我不慌不忙地站起来，先向陈公博及争论双方点头示意，接着语气平缓地说：刚才几位委员的高论都有一定道理，但有一点有些忽略，就是应首先分清“重要法案”和“一般条例”。按照一般国际惯例，“重要法案”应“三读三通”，即，“一读一通”，主要审查法案的立意是否正确，特别是与其母法是否有矛盾；“二读二通”主要审查法案的结构是否严谨，思路是否严整；“三读三通”主要是审查法案的字词句是否准确，因为法案一旦公布就成为各级司法部门办案量刑的准绳，一个字也不能含混。至于“一般条例”则不必“三读三通”，一般先经专门机构详审，立法院通过即可。最后，我又表示自己才疏学浅，不妥之处，敬请各位委员指教。陈公博带头鼓掌，整个会场跟着响起一片热烈掌声。其实，我讲的是司法专业的一般常识。这次我最大的收获是开始得到陈公博的赏识。

第二天，陈公博便由他的女秘书也是立法委员的莫国康约我同他见面谈话。对这样汪伪政府的高官元老，既是我们的民族罪人，又是我的顶头上司，更重要的是我将把他当作最合适的获取情报的对象，与他初次接触要怎样才能抓住他，使之长时期成为我们的情报重要来源？我曾再三思索，想来想去，还是按照我与何松亭在平津总结的那几条经验：在敌后做情报工作首先当然是要分清敌、我、友，站稳革命立场，坚定革命意志，不为任何压力所屈，也不受任何诱惑，在任何条件下都保持立场坚定头脑清醒。同时，在不暴露自己的真正面貌，不泄露党的秘密的原则下，对任何人都要质朴、诚挚、坦率，谦虚、谨慎、不骄不躁、沉着细致、滴水不漏。只有自己先做到忠厚诚实，才能取得人家的信任，才能换来人家的实话实说，我们才能得到真情实况。千万不可像国民党特务那样，奸猾狡诈，头上长角，身上长刺，锋芒外露，使人望而生畏，不敢与之接近，或让人感到奸诈狡猾，对你讨厌，提防躲避唯恐不及，那更谈不上听到人家说真话了。

我还想：大汉奸，固然丧失了民族气节，但他们对部下还是要求有真才实学的正派人，以利他。所以，我便以青年老成、有礼不卑的姿态出现在他的面前。特别是陈公博，是政治舞台上的老手，见多识广，老奸巨猾，不能对他肉麻吹拍，只能给他轻轻地戴上一顶不大不小的高帽，不能引起他的怀疑警觉。

当他提出问题时，我就有条不紊、有理有据地对答如流。我很自然、率直地坦白说：自己就曾是国民党改组派，是他的追随者，对他仰慕已久，曾读过他在《革命评论》上发表的一些文章，感到切中时弊，直指蒋介石集团的要害，可惜相见恨晚。陈公博看来对我的回答很满意，最后说：以后有事可以直接来找我，我很愿意和你们这样懂法律有学问的青年人多谈谈。

初次见面效果很好。事后莫国康对我说："陈先生对你印象很好，说你为人忠厚诚实，法学很有根底，是个有才能有作为的青年。"

从此，陈常找我讨论问题谈工作。我与他常接近，逐渐得到他"信任"和"重用"，从他的谈话中得到许多敌伪方面重要战略情报。

莫国康，广东东莞人。她不漂亮，不妖娆，从不浓妆艳抹；但身材纤弱苗条，小巧玲珑，很有点气质，人精明干练。她是北大文学院学生，是否毕业不清楚。她担任伪立法委员兼陈公博的贴身秘书，实际上是陈公博公开的情妇兼亲密助手。她在上海有一套花园洋房，南京也有房子，陈公博每星期都去。她政治欲望很强，颇有野心，想借陈公博的权势拉拢一部分人，在汪伪政府中形成一种势力。

我们相识后，我说我是北平大学法学院学生（有的材料说我是北大法学院毕业，这是不对的，其实当时北平是北京大学、北师大独立，其他国立八校合组成北平大学，下属几大学院，其中一个是法学院，即原来的法专），她说自己是北大的，与我差不多是同期，等于是同学。我们第一次谈话感觉很投机，彼此表示今后要在陈先生领导下，互相帮助，做好一番事业。

当时，每天早晨上班时，莫国康都到陈公博办公室，一谈就是半个多甚至一个多小时。那些院内和其他单位有事要请示陈公博的，无论多高职务、多老资格、多大年龄，都得在外边排队等候；有的人事情紧急，急得团团转，也概莫能外，毫无办法。他们对莫国康又怕又烦，但谁也不公开提，谁也不敢提。

我经过反复思考，就在一次闲谈中，直接向莫国康提出：早晨刚上班时，是院内各部门和外单位向陈公博请示工作最集中的时候，有些还是重要的紧急公务，作为院长身边的工作人员，除真有紧急事务，一般不宜在这个时段向院长汇报工作，而应找另外相对不忙的时间；否则，长此下去，对院长不好，影响工作，对你自己也不好。莫国康听了，认为我说的有道理，此后就把向陈公博汇报移到了别的时间。而且这件事还使我同莫国康更近了一些，她觉得我是个诤友，而不是对她吹吹拍拍套近乎别有所图之流，所以表示以后有类似问题就及时当面提出，有利个人也有利工作。

这时的上海，包括租界报纸杂志很多，陈公博需要及时了解国内外各种动态，但自己看不过来。莫国康每天一项工作，就是翻看各种报刊、往来文件等资料，从中选一些有价值或有参考意义的，在报刊上、文件封面上画上钩，呈陈公博阅读，随看随弃。我给她提了个建议：这些资料经过你精心阅读后选出，都是有一定价值的，陈先生看完就扔了很可惜；是否可以找个打字员，按内容分类打出来再呈陈先生看，阅后装订成册分门别类保存起来，今后还可进一步利用。

她觉得有道理，照办了。结果陈公博很高兴，说很好，觉得看起来集中方便，又便于保存以后利用。莫国康更有成就感。她下令手下文书每个材料都给我一份，其中有些是我平时根本无法见到的，无形中开辟了一个获取情报的渠道。

我与莫国康还常同坐火车参加至少两周一次的南京“立法委员会”例会，来回路上，海阔天空地谈论，从当年北平学生生活到当今国内外形势及各种社会问题，都是我们的话题。但我心中有数，严格把住有关底线。除在办公室，绝不轻易与莫国康两人独处，如坐火车，一定再拉一位同仁同坐一车厢，因为陈公博耳目很多，有不良传闻就危险大了。其实，当时汪伪圈里已有人有心无心地传我与莫国康如何如何，我也置之不理，因为这种事你越解释越说不清。但是，我要用行动让他们知道：我同莫国康绝无任何暧昧不清的瓜葛。

我同莫国康还比较详细地谈了我和静云的恋爱结婚经过，也是向她打招呼，我不会背叛自己的妻子。我还向陈公博郑重说明，我和莫委员是同学，都在他身边搞事业，情如兄弟姐妹，同时是光明正大的革命同志关系。陈公博表示：我对部下的私生活从不干涉，你同莫委员的交往我非常了解，非常放心，但人言可畏，还是注意为好。从此对我更加信任。

陈公博对事与汪精卫不同。汪精卫处处以领袖自居，不太过问具体事；陈公博实干，每天早晨必去“市政府”或“立法院”，听属下干部汇报，能定的事当场就定，从不拖泥带水，吸烟一支接一支不断，批文件很快，忙起来，一干半夜。他对汪精卫死心塌地，汪精卫也把他当二把手，不是当一般下属。别人，包括周佛海也承认他二把手的地位。陈璧君对他也非常信任，和对周佛海态度完全不同。陈璧君对周佛海是矛盾态度：一是知道汪精卫很多事靠他，财政、特工、外交，就是对日，周佛海都拿得起放得下有一套，汪伪圈中无人可替；二则不放心甚至反感，认为周佛海野心太大，揽权没够，恨不得把一切权利都抓到手里。李士群就看到这一点，与周佛海闹僵后就靠到陈璧君一边。陈公博则与陈璧君关系密切，与周佛海关系也不错。所以，陈公博在汪伪圈里有特殊地位，是个唯一既同陈璧君的“公馆派”关系好，又与以周佛海为首的CC 派关系也不错的有凝聚力的重要人物。

陈公博说，他原来想当一个大学教授，把所学的学问传给中国青年。他1914年起念过3年广州法专；1917年至1920年在北大学了4年哲学；1923年进美国名校哥伦比亚大学当经济学研究生，1925年初修完博士生课程，因为没钱印300本博士论文交学校，才拿了个硕士学位回国。他说，蒋介石让他当实业部长4年，汪精卫让他当立法院长，都与他这些学历、专业有关。他不是空头政治家，他法律、经济都是真正的内行，他最看不起明明不懂却硬充内行指手画脚的那些高官，中国的事都坏在他们手里。

他说，主要是廖仲恺、汪精卫两个人，赏识他也影响他，才走上政治之路。而他又有一股劲，干什么不干则已，干就要干出名堂，就要干到底，他说这一点主要受父亲影响。

他父亲陈志美原来当过广西提督，退休赋闲多年，但毅然响应孙中山，多次领导广东的会党起义，最后一次1907年兵败北江。他毅然遣散部众，自己严整衣冠坐等清军来抓，申明自己承担全部责任，与他人无涉，入狱坐牢一直到辛亥革命胜利才出来。陈公博那年仅15岁，跟着父亲当文书，耳闻目睹这一切，永生难忘。

陈公博很喜欢文学，诗词歌赋、通俗小说无所不读。他也动笔写，但写得不多。他说他佩服杜甫，所写诗篇记录了一个历史时代。他说他的诗也是时代的一个侧影。他给我写过两个条幅，一幅是一首七绝：

三伏行军越万山，元帅今日过禺关。
骄阳着体不知热，心在幽燕汴洛间。

另一幅也是一首诗：

猎猎悲风掠莽原，疏星连树认前村。
当年单骑穷投止，月黑冲寒渡峡门。

陈公博说，这两首七绝都写于北伐从广东过湖南途中，都是当时火热紧张战斗生活的真实写照，也是对父亲不平凡一生的怀念，他还在诗后题上“时雨弟雅正”。

我请南京夫子庙最好的中国书画店装裱成两个立轴，办公室挂“三伏行军”一幅，家里客厅挂“猎猎悲风”一幅。来的人一进屋就可看见，都感到我与陈公博一定很密切，无形中有力地掩护了我的革命工作。

陈公博注意政治问题并有意拉拢日本人。众所周知，他同日驻沪海军关系很深，日汪勾结他多次出头。1943年4月初汪伪政权派团赴日，感谢日本退还专管租界、撤销治外法，实际是想修改汪日条约，取消华北、内蒙古的伪政权，统一于南京汪伪国民政府，也是他当团长。陈公博还让一个黄埔一期毕业的士官编了一本《帝国主义侵华史》，讲英美俄等西方各国侵华史，但只字不提日本侵略中国的《马关条约》等事，写八国联军侵华也不提日本。陈公博多次对我说：与日本上层人士打交道能讲出道理，比较顺利，他们能从战略高度了解中国的要求，了解汪先生领导"和运"的重大意义，并做出正确决策；但与日本在华人士事事难办，让他们了解落实那高层人士的意思不容易。陈公博多次从日本人那儿回来显出非常不痛快的样子，很长时间脸色难看。

其实，这是日本对汪伪一伙的一个重要策略，日本高层可以说一些空话大话，但真正落实与否就要看在华日军负责人。日本上边唱一些高调，下边根本不办事，两者表面上有矛盾甚至完全相反，实际上是默契配合内在一致，玩弄汪伪一伙与其他汉奸于股掌之间。汪伪头目们其实也不是不明白这一点，但他们不愿也不敢说破这一点，他们需要用这一套欺骗别人，也欺骗自己。

汪伪政府举行还都典礼时，日本特派大使阿部信行及日本世界团参加庆祝。1940年5月间，伪国民政府组织赴日答礼使节团，特派陈公博为专使，褚民谊为副使，陈群、林柏生、陈君惠为使节。我与朱晶华密商此机不可失，要向陈公博推荐一随员，以便了解他们的活动情况。在政治训练部第一厅充当上校专员的张尔康会日语，我们就以给陈公博找个照应生活的人员为由，向陈公博提出建议，说明张尔康日语说得很流利，又年轻力壮，让他去当一名随员一定能忠心为他服务，好好地服侍他。陈公博采纳了我们的意见，派张尔康为随身翻译兼侍从。

赴日答礼使节团一行于5月18日离开上海去日本，于6月4日结束在日本的活动返回南京。陈公博在日本拜见日本天皇，会见首相米内、海相吉田、前首相近卫及其他各界上层人士，并与米内进行会谈。陈报告了汪政权成立后的情况，表示希望日本朝野对国民政府大力协助，并尽快调整邦交。日本方面表示，支持建立汪政权的目的，在于解决中日事变，确立东亚新秩序。陈公博在日本多方拜访中，总是表示“今后要不断自省罪己”，乞求日方帮助，并试探日方对于调整国交谈判的态度，想要谋求日本对正在谈判的国交调整条约的各项条款放宽条件，多给汪伪一些独立性、自主权。但结果是，日本坚持它的既定方针，不肯让步，条件还是非常苛刻，答复既不婉转又全是空洞的外交辞令。陈公博一行，乘兴而去，败兴而返。

张尔康说，陈公博几次与日本人谈判回来都非常生气，有时一个人坐着一根接一根地抽烟；有时忍不住就同随员大发牢骚，说这些日本人一会儿这样说、一会儿又那样说，一个人这样说、另一个又那样说，摸不透他们，你为他们的长远利益考虑，他也不理解，真不知他们怎么想的！

张尔康说，这表明当走狗也不容易，诚心诚意给主人拍马屁，反让马尥了一蹄子。我很快把这次日汪勾结的全部详细情况，整理上报，后受到党组织的表扬。

陈公博谈得最多的是一定要在上海搞个“廉洁”政府。他说，日本人说蒋介石是贪污政府，我们一定要让日本人看清，我们不是蒋介石那一套。但实际上他根本做不到。陈公博用的就是私人，他让莫国康的弟弟莫雅德担任上海“清乡”委员会的封锁管理处处长，管禁运毒品、收税收粮等，经常大包小裹地往家里弄钱，发了大财。他自己也廉洁不起来。孙良诚、张兰峰、叶蓬等伪军将领、汪伪国民政府各部头目，都注意同陈公博拉关系，经常在上海、南京各大饭店设盛宴请陈。上海大饭店、外滩大饭庄、南京金陵大饭店等我都多次跟着去过，席上燕窝鱼翅等山珍海味，中国外国名酒名烟，应有尽有。

陈公博还常去时任上海伪警察局副局长卢英家。卢英家叫楚园，在豫园附近，是个面积有几十亩的兼有中西风格的大宅子，有很大的草坪，种满了珍贵的树木花卉。卢家有中西厨子随时可以开宴。还有一些十八九岁穿着华丽打扮漂亮的礼仪小姐，实际是一些妓女，端茶上菜，吹拉弹唱。客人看中哪一个，就可以叫过来，随便搂搂抱抱，来兴致拉进哪个房间陪睡也可以。还有专门的抽大烟室，烟具镀金镶玉，非常华贵。我就多次见过陈公博到卢英家去，与汪伪政府各部、伪军各军的头头边抽大烟边谈话议事，联络感情。

陈公博弄钱也有一套办法，与周佛海明目张胆大抓财政权不同，可谓不露声色。他生活奢侈，对部下、朋友出手大方是出了名的，他的钱一定有来路，所谓“小鸡不撒尿，各有一道”。他还有一套理论，多次在各种场合说：“人的私欲不能放纵，但说人没有私欲不可能。”

陈公博与周佛海主要用南方人不同，他好用北方人。在汪伪圈里，公认的他在我们这层有两个亲信：一个是吕琪，一个是我，都是北方人。他多次对我说：“北方人讲义气，豪爽；南方人计较太多，不好处。”

实际上他的干将是北方人的确实不少，伪立法院、上海伪市政府中北方人就占大多数，如赵尊岳（号叔雍，上海伪市政府秘书长，有传说，他为了向上爬把自己的女儿献给陈公博）、郑大章、鲍文樾（汪伪国民政府军政部部长）等，分任其手下党政军要职。陈公博笼络部下慷慨大方痛痛快快。我这个级别即处长局长，军衔少将级别的，他都一次给 7 根到 10 根金条，足够你顶一套洋房（就是租，无所有权有使用权），再加一部小汽车，做到使这些人生活上无后顾之忧；部下有事他从不推诿拖拉，敢负责能担当。这些实际是很能鼓励这些人给他卖命效劳的。

陈公博对自己过去信仰共产主义、加入共产党的事不爱讲。但也对我说过：共产主义天经地义是好的，没有剥削，没有压迫，人人自由平等幸福快乐。但中国共产党搞不成共产主义，中共不够这个资格。他说他就是读遍了马克思主义理论才明白阶级斗争、剩余价值等理论，更不适合中国国情，看透了中共这一套才主动脱离的。

陈公博这些表现与周佛海一样，都是一般抽象的肯定共产主义，然后把现实的中共说成一团漆黑，从而为其背叛革命找合理依据。但铁的历史事实是：只有我们共产党领导中华民族打倒了三大敌人，再没有日本等各帝国主义在中国横行霸道作威作福。

陈公博的夫人李励庄受过大学教育，读过北京女师大，与陈公博有一个儿子叫陈干。她鹅蛋脸，皮肤白皙，不秀丽也不难看，身体微胖，很稳重，不多说话，从不干涉陈公博的政事。她与长期居家的陈公博的姘妇何大小姐（何焯贤、何炳贤的姐姐）关系很好，两人进进出出总在一起，从没有争风吃醋吵吵闹闹的事。何三小姐也是陈公博的姘妇，有的说她因为多次打胎把身体搞坏了，有的说是因为在香港游泳受伤，长期瘫痪在床，也在陈公博家养着。陈公博还与一个年轻漂亮的女护士有关系，这人解放后去了新疆。

“立法院”的其他委员和工作人员不知底细，看陈公博经常单独见我，我又与莫国康那样熟，就认为我是陈公博的亲信了。这时我便摆出法学专家的架势活动在他们当中，有很多人来与我拉近关系。“立法院”的秘书长胡泽吾（罗君强的妹夫）是我的法学院同学，过去虽不怎么接近，可是老同学在异地重逢总比新认识的人亲近些。还有胡介绍到立法院工作的谭庶潜、罗贸一、高跃武都是我的同学，他们在各处室工作，都与我很接近。我就这样在立法院很快打开了局面，上上下下通行无阻。

陈公博兼任伪军事委员会政治训练部部长，朱晶华任该部第一厅少将厅长。该部就在“立法院”内，我经常到那里同朱晶华聚谈，在那里认识了政训部次长富双英及其他各厅厅长和官员。伪军政部部长鲍文樾和该部的司局长，多是东北人，多数在东北军工作过，我稍一串联都熟了。伪海军部长姜西园也因同乡关系与我很熟。朱晶华还介绍我认识伪宣传部的那些广东人，如部长林柏生、司长严加保、赵慕儒、梁秀予等。宣传部次长周化人，我们早就认识了，他主办“大东亚联盟”，我介绍周匡给他们的刊物当主编，我也常去看他们。还有汪伪国民党中央组织部副部长刘仰山、戴英夫，以及该部各处处长我都逐渐与他们熟识了，并常找他们谈谈，了解些情况。通过与这些大小伪官的往来交谈，很快就打通了各条渠道，经过三个多月，我把汪伪政府的人事组织和他们的罪恶活动种种情况，基本上摸得相当清楚了，并收集到一些我党急需的战略情报资料。

第十六章 《先导》杂志

1940年7月间，我借伪立法院暑期休会的机会，回到北方向何松亭汇报工作。10月11日，伪上海市长傅莜庵在家睡觉时，被其贴身仆人朱升用刀猛砍颈部致死，成为轰动一时的全国大案。汪精卫决定由陈公博兼任上海市长。陈公博随即告我：要我到上海市政府协助他工作。我托词趁未到上海前的空闲看望家属一下，得到陈公博的同意，我就又回北方向党组织请示汇报。

我向何松亭提出：静云有必要去南京与我一起工作。因为我常请假回北方，容易引起注意和怀疑，还是由静云担任机要和交通比较好。她没有社会职业的拘束，可以自由往来，传递情报不仅能够及时，而且更加灵活方便。何松亭立即转报晋察冀根据地北方分局社会部部长许建国。

许建国指示何松亭：（一）让李时雨同志放开手脚，努力向敌人的上层潜入，以便获得更多的情报，不要有任何顾虑，官做得越大越好，因为官越大，获得情报的渠道越广越多；（二）鉴于情报有时传递不及时和李时雨掩护职务公开繁忙，由社会部派出一人潜入上海保安司令部电台，力争使敌人的电台为我所用，并再派一人为李时雨的助手；（三）社会部派的报务员未到上海之前，李时雨可先同华中局潘汉年接上关系，便于及时把当地党的地下工作者安插到上海伪保安司令部。

经党组织同意，我们全家于1940年11月间，迁往南京。从那时开始就完全由静云担任情报交通工作，往返京沪和平津传送情报，联络工作。

1940年11月20日，“立法院长”陈公博兼任上海市长；翌年8月1日，上海伪保安司令部成立，陈公博兼任司令，副司令为卢英，参谋长为许金源。我被任命为伪保安司令部秘书处处长。这个秘书处是个承上启下，对内对外联络的中心，是要害部门。我利用所谓陈公博亲信和秘书处长的权力及同乡同学等各种关系，同保安司令部各部门的头头脑脑建立了密切联系，如保安一团团长刘铁成，和我成了拜把兄弟；保安二团团长陈维民，是我的好朋友；保安三团团长张文杰和教导团教育长刘纯铮是东北老乡，与我关系密切。

潘汉年系统的华中组织迅速安排了一批人打入保安司令部，我还逐渐知道，潘汉年亲自深入虎穴，做李士群的工作，为的是最大限度地利用汪伪集团内部李士群与周佛海等各种各样的矛盾，做到打开一切缺口，抓住一切有利于我的因素，为我所用。那时李士群自知集警政部长、“清乡”委员会秘书长、江苏省长等大权于一身，树敌很多，也想给自己多留条后路。因为“七十六号”一成立就和戴笠的军统特工在上海滩杀了个天昏地暗，与重庆联络无望；于是想跟中共拉关系，将来日本不倒靠日本，日本垮了找中共。当时潘汉年做李士群工作有明显成效，一个时期没见“七十六号”抓我们的人。李士群主要是因为这个事跑了风，让日本人发现，再加上周佛海等已与李士群争权夺利势若水火，趁机煽风点火，才被日本人设计毒死。

潘汉年（1946 年摄于上海）

潘汉年常到京沪一带活动，我就几次看到他在李士群老婆叶吉卿陪同下坐火车来往京沪。解放后，潘汉年还在杭州给叶吉卿安排了房子。潘汉年是个非常杰出的隐蔽战线领导者。可以说，在他领导下，再加上我们北方分局系统、南方局系统等，我们的地下党几乎打入了日汪各要害部门，日本当局汪伪集团的大部分甚至几乎全部活动都处于我们的严密监控之下。特别是日伪进攻新四军根据地的军事行动，几乎每次都是日伪军还未出发，我们的情报早已送出，所以，敌人不是中埋伏损失惨重，就是白折腾一无所获地扑空。京沪杭与敌后根据地的人员、物资，包括控制最严的医药用品、枪支弹药流动，都基本畅通无阻。日伪机关多次召集专门会议，发动军警宪特各方敌伪力量，高额悬赏或重刑威胁等各种招数都使出来了，就硬是毫无办法！

我与潘汉年直接接触过几次，深感到他很有修养、很有水平、很有经验、很有办法，非常热情坦诚又果断干脆，是个能一下子就把你吸引过去同他掏心窝子的人。

这年秋天一个傍晚，属潘汉年系统的孟述先来我家。我向他谈了自己考虑很长时间的一个想法：就是陈公博多次同我谈过，来上海后很想有一番作为，其中一点是想把流落在上海，既没投入中共、重庆，又不肯投身“和运”的为数可观的一些中间状态的知识分子笼络起来，逐渐把他们吸引到“和运”中来。我们就办一个中间性学术类杂志分别向自己的领导汇报请示。

何松亭批准了我的设想，孟述先向潘汉年汇报也取得批准。何松亭、潘汉年都指出：要注意办一个学术性强，政治上持中性立场，政治面貌要灰，千万不要搞成红色的。

于是，我就在一次报批文件后，对陈公博谈起这事。我说，先生引导上海一些知识分子的设想有重大意义，我想是不是可以办个综合性的社会科学刊物，吸引这些人写文章。这样，我们通过发给稿费解决他们的生活问题，逐渐争取感化他们向我们靠拢，从而使他们与“和运”逐步靠近；同时，他们发表的各种见解也可能有可取之处，对我们建设大上海有所裨益；更可以通过这样的实际行动显示我们市政府善于容人的气魄胸怀。

陈公博当即表示：“很好，我们这样就能抓一批知识分子，影响一批知识分子。时雨，你大胆干，我全力支持，经费上的问题，直接找我。”

我说：“谢谢先生支持，请先生给这个刊物起个名字吧。”

陈公博稍加思考，说：“就叫《先导》杂志，怎么样？”

我当即表示：“‘先导’寓意丰富，既是我们的办刊方针，又是我们编辑人员的自律原则，就叫《先导》杂志。”

这样，经过一番筹备，《先导》杂志社于1942年5月间成立了，社址就在上海大西路153号（今延安西路1064弄

李时雨故居，上海延安西路1064弄153号，旁二层小楼为《先导》杂志编辑部。

孙静云于上海大西路家中窗前

153号）我家。我任社长，其实只是担个名义为之掩护；总务、印刷、出版、发行，由倪幼斋负责，此人系孟幻飞介绍给我，由我安排在上海保安司令部任中校秘书，解放后任国务院财政部副司长；总编辑由曹亚臣负责，他的真名是乔黎青，山西人；金若望曾担任编辑工作，他应该多说两句。

金若望原名金大鹏，江苏省吴江人，当时化名丁弢，平时大家都称他“小丁”。时年仅22岁，既能写文章，又能承担编辑业务。1942年5月间，被伪保安司令部侦查队将他带到伪保安司令部政训处看管。经我向该处长吕琪说明，他是《先导》的编辑、自己人，当天就被放出。1942年夏，金若望因南京、上海两地我情报系统被破坏，与程和生（郑文道）、倪大骥同时被日本宪兵逮捕，同年被日本法庭判刑7年，关押在汪伪上海监所。我从倪幼斋处得到消息，便极力照应并设法营救。我利用伪保安司令部看守所人员与地方法院监守人员熟识之便，要看守所的医生给金若望检查疗病，并送药物及食品。我借视察监所之机亲自去看望他，还给他留钱使用。那时他经过敌人残酷摧残，下肢已经瘫痪，我见他时，他已是由别的犯人背来的。1943年，我托上海伪地方法院典狱长陈某设法营救金若望出狱，为此，我帮助陈某为其所管监所病犯募集医药费，并送给他一方名贵的端砚，陈某答应按假释处理。后来听说金若望离开了原监所，我以为是陈某放的。不料，因金若望毫不屈服，坚不吐实，日本人把他押到杭州监所再审。陈某的作用是仅仅得免铁镣。后来经其他方面疏通，以保外就医的方式，在1944年底出狱。

解放后，金若望任上海市工会调研室副主任。1951年来北京开会，曾到我家聚谈。革命胜利的喜悦，冲淡了过去的乌云，只谈了高兴的事。可谁能想到，他很快在1955年1月因“潘汉年集团案”被开除党籍、撤职降级，调上海技校监督改造。“文化大革命”一来又被打成“特务”，受尽迫害，直到1979年12月才获得彻底平反，回上海任市总工会办公室副主任。他再来我家，已是我们阔别30年之后。可贵的是，他的共产主义理想和革命乐观主义仍不减当年，还是我印象中那个朝气蓬勃的“小丁”。

金若望与夫人

金若望出事后，《先导》编辑由乔黎青担任，当时化名曹亚臣。他诚实稳重，有学识，工作能力很强，是潘汉年手下的情报工作负责人之一。在办刊物中，乔黎青经常在我家搞编辑工作。《先导》杂志停刊以后，资料和书刊都收藏在我家汽车房上边的小楼里，乔黎青还常来查资料。乔黎青为人很诚实，有学识，工作能力很强，对人和蔼。他是华中情报部负责人之一，后来调淮南做公安工作。东北解放后，听说任大连市公安局长。已经因病去世，我们十分怀念他。

杂志社还在外滩某大楼另租了一写字间做资料室，由潘汉年系统的孟述先和刘人寿两个同志以《先导》编辑的身份在那里工作。先导社实际成了地下党搜集情报、保存进步书籍和情报资料的一个机关。因为我又是保安司令部的秘书处处长，人们都认为这个刊物是有后台有根子的，警察特务流氓黑帮没人敢碰，所以非常安全。

《先导》是月刊，一共出了5期。我在创刊号上发表了《新中国的文化建设问题》。我提出："自从英帝国主义者以海盗的姿态，侵入中国，打破了中国闭关自守的局面以来"，"外来的新文化随着坚甲利兵宛似排山倒海而来"，"固有的旧文化虽处于退缩状态，却时时不忘卷土重来，作死灰复燃之计"，"爆发了五四运动那样壮烈的历史剧"；当前，对中国文化的发展，有三种观点，一是主张"保存中国固有的文化精神"，二是主张"全盘西化"，三是主张"中学为体西学为用"，都各有偏颇；我认为，应把吸收西洋文化科学精神和发扬光大中华文化优良传统结合起来，"建设中国新文化"。

这里，我明确抨击英美帝国主义而不碰日本帝国主义，但我相信读者不会不想到日本等其他各列强。在二、三、四期上我先后发表了《心理建设与力行哲学》，重点阐释孙中山先生哲学思想；《论物质精神及社会建设》《复兴上海市的几个基本问题》，谈上海建设有关的问题。这些文章都中性，不红，但又有我们观点的意蕴。

其他地下党员也在上面发表了不少文章，如孟述先的《时事述评》，刘人寿署名"上官杰"发表的国际关系论文，尤迁化名胡沙、史阡撰写的《军票简史》，潘子康化名潘彼得、肖心正化名万厂等写的一些文章。

《先导》杂志，同时起了掩护作用。刘人寿曾以助理编辑作为掩护。据他后来说：这个杂志社它不仅掩护了华中情报部好些同志，还有其他部门，如吴成方领导的倪志璜、金大鹏、倪幼斋等同志。

当时日本侵略者和汪伪政权都非常重视文化工作，汪精卫、陈公博、周佛海都是笔杆子，都把从精神上摧毁中国人民的抗日爱国斗志作为他们的大事来抓。他们用武力、特务，甚至流氓直接残暴屠杀中国文化界爱国抗日志士，封报馆、砸书店、禁刊物等无所不为；他们还颁布建设大东亚文化的什么宣传纲要、法令，为他们摧残中华文化制造理论法律根据；更出血本，拿出小恩小惠，收买周作人、张资平、胡兰成等汉奸文人为他们的文化走狗，对新闻、出版、广播、电影等各门类文化部门单位团体渗透控制无孔不入。

《先导》这样的有陈公博背景的刊物，也在他们的监视之下。而我们虽然早就明确指导思想，要办一个中性、灰色的刊物，但文化观点，特别是文化思想倾向实在难以掩饰。我们的文章中指西骂东，借揭露英法美帝国主义揭露日伪当局残暴统治，人民困苦悲惨的生活状态，歌颂中华民族爱国主义等优良传统，鼓舞读者抗击英美帝国主义侵略的文章几乎每期都有，这个文化立场、思想倾向不自觉地就流露出来。这主要是我们斗争经验不足，也同日本帝国主义的严酷政策有关。因为日本在占领上海、南京等大城市后，把原来列强租界的所谓民主自由法律全部抛在一边，实行赤裸裸的奴化主义思想专制，动辄以“反日思想”为罪名在文化界抓人杀人。日本的文化特务、宪兵们的鼻子更是非常灵，1942 年 7 月，金若望在编完第二期《先导》稿件时，被日本宪兵队逮捕。

地下党组织认为，刊物的几篇文章抗日政治色彩已经明显，杂志社已不利于掩护我们的工作；而且这里又集中好几个系统的地下党员，稍不留心就容易发生不测。因此党组织决定立即停办这个杂志，人员逐渐分散，资料情报迅速转移。我一边积极营救金若望，因为敌伪还只是从文章的思想倾向上看出问题，还没有抓住别的证据；同时坚决执行组织决定，停刊撤人。

为了不引起敌伪的怀疑，又坚持出版了三期，这三期全是灰色、中性，到 1942 年 12 月正式停刊。现在北京图书馆还能找到这个杂志。现在回头看，党组织这个决策是正确及时的。

办《先导》杂志后，也惹了点麻烦，就是莫国康有些不满。她对我说：“时雨，你办杂志怎么不事先同我说一声，我早就想搞点文化事业呢！”

我说：“我看你整天忙得很，哪里知道你会对这些感兴趣，我是被朋友恳求，为帮人家忙而干的，我的本职业务都忙不过来，才不想搞那些个杂事呢！”

她听我如此说法，似乎理解我不是有意抛开她，自己另有所图。

但她还不死心，提出要办个研究地方行政的刊物，一方面为推行陈公博的“廉洁政治”找个宣传阵地，一方面网罗一些人才为自己所用。我为了防止她过问先导社，免得她掺和进去搞破坏，就满口应承，表示尽全力支持她办个刊物。经过几次商谈，她决定办“地方行政出版社”，地址在上海愚园路，出版刊物名为《地方行政》；莫国康担任社长，我担任副社长，聘请江离石担任总编辑。我帮助筹措经费，除由上海市政府特费补助外，我还出面请工商界捐款。那些工商界的头头脑脑，一看是我这个陈市长的亲信处长召集会议，又听我说是与陈关系“特殊”的莫国康办刊物需要资助，无不积极响应。最后我和他们聚餐一次，就算搞定了。

这让莫国康很高兴，因为捐的款项大，办刊物远远用不了，剩下的当然就入了她的腰包，不但不用她自己出头，不显山露水，还师出有名光明正大。我还在这个期刊发表了《上海司法警察之展望》《防范工作与廉洁政治之关系》等六七篇文章，基本是发挥我法律专业的业务专长写的纯法律专业论文，就是穿靴戴帽地挂上几句陈公博的“廉洁政治”“建设大上海”，赢得莫国康的多次夸奖加感谢，说我文章有水平，为刊物增色不少。其实我强调资产阶级法制一般原则，实际又抨击当下日伪军警宪特血腥镇压民众无法无天。这些文章反响很大，但没惹什么麻烦，还打消了莫国康对我的隔阂，进一步拉近了我同莫国康的关系，同时开辟了一个我搜集情报的来源。

第十七章 “快刀子李”处长

到上海后，我先当上海伪保安司令部秘书处长，接着兼任司法处长，授少将军衔。我坚持按照党的要求，一方面隐蔽好自己；一方面积极搜集情报，同时利用自己的地位，尽可能做削弱敌人、有利于人民的工作。

在伪保安司令部秘书处长任上，我先集中力量抓了陈公博交办的筹建司令部机关的工作。当时陈公博在上海沪西法华镇拨了一座很大的房子，进门整个空空荡荡一个大厅。陈公博曾当着我的面，叫来上海伪市政府总务科长郑武魁说：李委员担任保安司令部秘书处长，全权负责筹建保安司令部机关，所需资金物资人力，由市政府保证提供，不得延误拖拉，贻误军机。

李时雨

我在大房子里转了两圈，就决定了基本方案：主要是把大厅隔断成办公室，按司令部主要领导、处、科各层级人员构成及必需的大小会议室、会客室、档案室、机要室等分别划定；其中位处中心、面积大、结构好、朝向好、阳光足的给陈公博，其次是副司令、参谋长，再次每个处长都有专用的办公室。我找了个学过建筑干过此工作的办事员先按我的要求画出图纸。

然后我就拿着图纸先去征求司令部参谋长许金源的意见。这个人和参谋处长王绥臣是汪伪军政部长鲍文樾推荐给陈公博的，据说治军打仗有一套。

我按照陈公博给的地址很快找到许家，还没进门就闻到一股浓烈的大烟味。经随从通报，我走进堂屋客厅，只见许金源身着便装只顾抱着大烟枪猛抽，好像正抽到来劲的时候。我递给他陈公博的批条和司令部机关建设规划图，他很客气地站起来接过去，好像认真地看了一看，又端着架子一本正经地说："带兵打仗、冲锋陷阵我行，建立司令部机关这一套我不通，就按你提的计划办吧。"

我看这个人，是个烟瘾很大的老烟枪，面色灰黄，眼球浑浊。我想，参谋长如此，其他军官可知。但我又想，也只有这些乌七八糟的兵痞烟鬼会来投汪，有气节有本事的军事将领谁肯来蹚这摊浑水。

这样，我只用三天就搞定了司令部机关建设规划，并对一些人事问题提出了建议。我对陈公博说："按照您的指示精神，我们第一步先按司令部的机构组成，把大礼堂用木板等材料隔断成大小不等的办公室，安排备足摆好桌椅文件柜等必需的办公用品，挂上各处科室的牌子，使各处能迅速进入办公状态。等将来确定新大楼了，司令部再搬进楼里重新规划装修。现在的关键是让司令部这个机关尽快运作起来，不要耽搁工作。"

陈公博非常满意，笑着说："就按这个方案规划办，同时打印上报汪主席和有关部委。我们这就是因陋就简，廉洁从政，雷厉风行，讲求实效。"陈公博最后问我："见过许参谋长了吗？有人报告说他大烟抽得很厉害，意气消沉，在他那里看到烟枪烟盘了吗？"

我说："我初次拜访，没见到什么烟具。"

几天后，参谋处长王绶臣也来报到。事先，我已经知道他是东北人，毕业于沈阳讲武堂，九一八事变后曾一度不愿当亡国奴，多少还有一些爱国心。据此，我觉得他还有可以争取的余地，就和他攀上了同乡，所谓"老乡见老乡，两眼泪汪汪"，"他乡遇故知"，竟真有一见如故之感，一下谈了两个多小时。原来的了解和后来观察，他是个性格内向寡言的人，这么第一次接触，他就把过去的经历、对时局的看法统统跟我说了，足以表明他对我是很信任的，当然也肯定有要我在陈公博面前多照应的企图。1941 年 12 月，他因与浦东的国民党游击队有联系，被"七十六号"逮捕，陈公博命令上海伪保安司令部征信处处长吕琪将王绶臣要出关押在上海保安司令部审讯。幸而我和王绶臣还没有来得及深谈抗日。他的被捕，给我敲了一下警钟，使我大大提高了警惕：同一些伪官们只是联络感情，少谈政治。1942 年秋，王绶臣被释放，遣回重庆，要他去搞“和运”，后无下文。

上海伪保安司令部教导团政训处主任李文（李国章）有爱国主义思想，年轻老练，与我很亲近，我们谈得来，他把我当成老大哥，我把他看成小弟弟，后来他帮我做了许多工作。

我对机关施工抓得很紧，其实就是每天早晚都去现场看，督促检查，特别是我要求不准偷工减料，以次充好，从中抽头牟利。这是汪伪圈内司空见惯的事，但我板起面孔，瞪起眼睛，下面具体办事的都不敢怠慢。结果施工计划很快提前完成，各处、室各就各位顺利运转。

陈公博来转了一圈，表示非常满意。在第一次机关全员大会上，号召所有机关干部都要向我学习，多干实事，为“和运”、为建设大上海治安作贡献。我和陈公博的关系又近了一层。

1942 年 5 月，我又兼任上海市伪保安司令部军法处长。

起因是原军法处长单钰从上任起就利用职权贪赃枉法，聚敛钱财。这其实是汪伪政权的通行规则，不过这个单钰干得太猖狂太张扬太过分了。他利用执法之权，大抓各种“犯罪”分子，把看守所、监狱塞得满满的，还动辄大刑伺候，实际就是逼着“犯人”家属送钱，谁送的够数就放谁；只要你还有油水可挤，你就得在监狱蹲着，什么时候单大处长觉得你基本没什么油水了，你才被放出来。结果社会各界怨声载道，骂声连天，弄到日本上海当局都感到难以容忍了。

陈公博对我说：“单钰不懂军法，工作一直开展不起来。几个月就关了 300 多人，搞得监狱人满为患，他从中大发其财，不仅社会反映不好，友邦也十分不满。不能再让他干下去了，你去把这个处长兼起来，把军法处给我好好整顿整顿。”

8 月，上海伪保安司令部又挂了上海“清乡”委员会的牌子，我又兼任了第四处处长，分管禁赌、禁烟等业务。

上海租界地以冒险家的乐园、富豪的花花世界、豺狼横行、流氓无法无天名扬中外。这个军法处长不好当，“清乡”委员会处长禁赌、禁烟等工作也不好干，因为很多犯法的坏事、大事都是汪伪圈里人干的；而且他们之间还勾搭连环，你处理一个人，就说不清能碰着谁。我遵照党组织领导历来的一贯指示：首先是要站稳脚跟，不要给人家抓着任何把柄，做到隐蔽、埋伏、不暴露，然后才能游刃有余地开展我们的工作。

我这个“红心白皮”的司法处长，既不自命清高，也不同流合污，严于律己，认真办事。那些大汉奸，装模作样、假仁假义，本来是卖国求荣、唯利是图、毫无信义，甚至无恶不作罪大恶极，但他们却要装出忧国伤时、爱民如子、仁义道德、正人君子的样子，口口声声不许下属贪赃枉法，以欺世盗名。陈公博提倡“廉洁政治”，要求“奉公守法”就是这类典型。

但这“廉洁政治”“奉公守法”的冠冕堂皇的要求，被我当成了真正的行动纲领，来一个假戏真做。

我提出废除刑讯，依法办事，又组织一个保障人权协会，邀请上海各界名流参加，因日本人反对用此名称，故改名“防范协会”。针对当时最突出的在押犯人过多问题，我向军法处全体宣布：“立即对全部在押犯人按律审判，凡查无实据的，一律判‘无罪释放’；已经判刑的，凡在狱中患病的，准予‘保外就医’；对所有犯人，包括刑事犯、政治犯，严禁用刑逼供；军法处全体人员，严禁索贿受贿，贪赃枉法，违者按‘知法犯法’从严惩处。”

在押的共产党地下工作者和进步人士早就得到党组织的通知，都趁机找各种理由借口，找保人担保，走出牢笼；一般无辜百姓，都大呼冤枉，挣脱绳索；犯有一般刑事罪行的刑事犯，也趁机混出监牢，整个监狱等于实行了一次“大赦”。接着，我又规定各监狱及各管理单位限期打扫卫生改善环境，把全部在押人员、下层管理人员都动员起来，一气儿干了两个礼拜，使监狱内外的环境、卫生焕然一新。

我还新设防范科，主要宣传防止犯罪，禁止敲诈勒索，以保障人权，保护人民生命财产。我主张对知法犯法、侵犯人民利益者，绳之以法，从严从重处理；强调真正下力气禁烟、禁毒、禁赌，禁止流氓扰乱社会秩序。我利用这一职权，经过一段雷厉风行的整顿，惩治了邪恶，狠狠地打击了刑事犯罪分子。

伪官们没有不搞钱的，我硬是不要钱。上海南汇“清乡”区一个姓冯的“清乡”执法分队队长在“清乡”中包庇南汇一个赌场，受贿很多。有人举报，我正在查，他不知从哪得到了消息。一天傍晚，我正要离开办公室回家，有人敲门，我一开门，正是冯某。

我单刀直入：“你今天来，有事吗？”

冯某不安地说：“我来看看处座。”

说着小心翼翼地打开拎来的大提包，从里面拿出一个很大的纸包，放到茶几上，低声下气地说：“处座，不多，一点小意思。”

我平静地问：“这里是什么，你们都有份吗？”

姓冯的以为我与其他人一样也是见钱眼开，必收无疑，就向前凑了一步，嬉皮笑脸地说：“大家都有了，这份是孝敬处座的，以后我再陆续送上。”

我再也忍不住了，厉声说：“真是狗眼看人低，你身为“清乡”第一线的执法队长，任务就是禁烟、禁毒、禁赌。你包庇赌场，已经是知法犯法；现在不但不悔罪知改，反而贿赂上司，掩盖罪行，是罪上加罪！”

冯某一下子慌了，带着哭腔哀求说：“处座，您大人大量，放我一马，救我一命，我日后一定好好报答您！”

我直奔主题：“你这钱是不是南汇赌场的，他们给了你多少钱？”

冯某承认：“是南汇赌场送的好处费，这次给了 7000 多元。”

我立即拿一张办公用纸，让他写下承认书，然后拿起电话叫值班军法官令两名士兵将冯某连人带钱一起押出去。

第二天一早，我就向陈公博汇报了冯队长的事及其处理结果。我之所以抓紧，是担心汪伪圈中关系复杂，如果这家伙万一有什么关系挂上周佛海甚至汪精卫出面说情就不好办了，必须速战速决。陈公博听后明确表示：处理完全正确，搞廉洁政治就要这样干。这事很快在上海全市传开，市政府、保安司令部、“清乡”委员会引起很大震动。日本驻保安司令部联络官五十岚大佐和池田少佐都称赞我“执法如山”“不贪污受贿”“廉洁奉公”，五十岚还送了我一个绰号——快刀子李。

1943 年 8 月，汪伪政权在密切配合日本实行“南下”战略、扩大太平洋战争战果的旗号下，接受了上海英美法控制的租界，在原法租界建立第八区公署，在原英美控制的公共租界建立第一区公署。因为两区情况特殊，区公署署长都由陈公博兼任。陈公博又派我兼任伪上海市警察局司法处处长，重点抓原租界的治安。

我根据已往了解的情况和新近的调查，首先抓舆论，就是起草了一些报告、法规文件，如《上海市关于禁毒、禁赌和取缔“人狗交配”等丑恶现象的报告》，经陈公博批准颁布实施；又整顿了原租界的“包打听”（上海便衣警察的通称），把他们正式列入警察编制，分为“探员”“探长”“总探长”，并分派他们禁赌、禁毒等任务。这些“包打听”原来长期各有地段，是一帮无恶不作的地头蛇，百姓恨之入骨；他们又广布爪牙耳目，消息灵通，对我党的地下工作，如购买传送情报、必需物资，安排伤员来沪治病等威胁很大。我这样做，实际是对他们实行一定程度的控制限制，把他们公开化，对我们的地下工作有利。这些措施也对老百姓有利。

我的做法，使日军、大小汉奸，以及那些豪绅、大流氓们都觉得我太特别，因为对各级官佐贪污受贿乌七八糟已习以为常。他们以为我奉陈公博之命推行其所谓“廉洁政治”，无非是想趁此捞更大的官和弄更多的钱。他们心里都不以为然，起码是觉得我小题大做，但表面上对我更亲热、更客气了，见面都得对我吹捧一番。保安司令部副司令卢英、参谋长许金源都放低身段与我交往，很多交际场合都通知我一定参加，逢年过节还来我家叙谈做客。原租界的上层人士，如所谓“三老”——闻兰亭、袁履登、林康侯，以及青帮头子黄金荣、洪帮头子徐朗西等，都拐弯抹角地设法与我套交情。在工商界和银行界，我也开始接触一些上层人士，如李思浩、冯炳南、唐寿民、潘三省、黄雨斋等。其实他们大都是顾虑我会突然抓住他们的把柄才也来这么一下子，我顺水推舟，与他们周旋，从而全面地接触、深入了解汪伪各种类型的人物，直接或间接了解更多的实际情况，搜集到很多情报资料。

还有，我一年前认识的余祥琴，原在英租界即公共租界威海卫路 58 号做律师业务，他与英法租界那些“大亨”多有往来。他请各界人士便宴常邀我参加，我在他那里认识了不少人，也了解了些事情。余祥琴与他的哥哥余福康办了一个“国风通讯社”，积累了不少资料，这也是一个情报来源，不能放过。于是，我以保安司令部需要查找资料为名，征得余祥琴的同意，派杨德修法官（即杨宁同志）经常去该通讯社查资料，从那里搜集到一些我们用得着的情报资料。

同时，我坚持不给人清高自傲、固执古板的印象，因为“水至清则无鱼，人至察则无徒”，太清高古板，容易与他们闹僵，会造成不必要的麻烦。如中汇银行总经理兼对口银行的总经理黄雨斋思想较进步，我们逐渐真交上了朋友，他对于我联络各界人士和了解上海社会情况颇有帮助。他说：“你这样当法官不要钱，怎么在上海应酬局面？”他还替我做过几次生意赚了些钱，我都公开照单全收。

我还同几个女电影明星交往，以掩护自己。一为李绮年，曾主演电影《风流寡妇》，名噪上海滩。电影公司老板想霸占她被拒后，就串通警界的一个家伙逮捕她关入监狱，企图逼她乖乖就范。李绮年托人把真实情况转告我，求我给她申冤解困。我派人调查，得知逮捕李绮年的罪证，只是一本抗战初期的上海电影画报上登了一篇题为《爱国演员李绮年》的文章，并配了一幅照片。日伪统治下，宣传“爱国”就是“反日”，就是政治犯，就可能被捕甚至杀害；但日伪占领前的言行，日伪当局一般不予追究。

我当即给负责这个案子的警官打电话，质问他：“那期电影画报是上海‘八一三’打仗时出版的，能作为现在‘反日’的罪证吗？如果这样追查起来，现在我们国民政府、‘和运’的不少领袖、骨干也有问题，你是不是也要逮捕关押呀！”

他一听就慌了，以为我与李绮年有什么关系，表示判案有误，立即放人。

李绮年出狱后向我登门致谢，不久又把她的艺妹、年轻漂亮的另一电影演员何云霞介绍给我，几次一起吃饭。还有个女影星陆露明，在去北平演出时被一个警官看中，纠缠不放，也是我写信帮她摆脱困境。她回上海后曾当面致谢，也请我吃过饭，我都毫不避人，大大方方前往。

我心里有数，行为举止绝不过分。可我同三个女电影明星交朋友的花边新闻却传开了，有人还当面同我开玩笑："李处长艳福不浅哪。"我也一笑而已，不置可否。汪伪市政府机关举行联欢会，有人闹着让我约请这几位女电影演员参加舞会，我也打电话把她们请来。她们立刻成为舞会的中心人物，不少伪官竞相上前邀请她们共舞。她们是我的朋友传得更广了，这其实正是我有意造成的效果。因为汪伪圈中大大小小吃喝嫖赌甚至狂嫖滥赌者比比皆是，一尘不染就太另类，我这样一来，给他们以不贪污不搂钱但好结交美女的印象，实际是一种有效的掩护。

社会上对我的廉洁执法反响也很强烈。上海联华电影制片厂拍的影片《回头是岸》，就是编导徐某同我研究编写的，取材和背景都是反映那个时候的现实，主要描写一位从北方来的青年警官，少年英俊智勇双全，打入黑帮搜集罪证，同上海黑帮头子的女儿深情相恋，黑帮头子的千金小姐大义灭亲，毅然出庭作证，制服了一个已在上海横行多时的著名大流氓头子及其一伙。演出之后效果不错，在上海滩轰动一时，好评如潮。陈公博去看后，也很满意，下令上海党政军机关等都必须看。全国解放后，这部影片还曾在北京上映过。

我在南京谒中山陵后曾写诗一首。现回忆记录如下，以志当时在上海的情景：

紫金山麓雨雾低，中山陵侧草凄凄！
一生爱国孙总理，问我信徒何事敌？
石头城中群丑集，粉墨扮演傀儡戏。
秦淮河畔狂歌舞，山河破碎百姓泣！

第十八章　静云回“家”

静云一次在北方汇报工作时，何松亭提出，要孙静云准备进晋察冀根据地，亲自向许建国详细汇报工作，并请示以后如何开展工作。当时约定，由何松亭带孙静云进根据地，什么时候动身，她回南京听信。

1941 年 12 月间，何松亭由天津来信：“静云妹妹：前约定，我带你回老家去看望大舅。今因有急事须速去，不能陪你了。你回家一事，明春由二表哥同你去，你听信吧。”

1942 年 3 月间，佟畹新（何松亭当时的爱人，后来进根据地，上山打柴时，失足坠落山涧牺牲）由津来信说：“二表哥将要回老家，请你见信，马上来津。”

我们盼望已久的进根据地的日子，终于到来了，兴奋、激动的心情，简直无法形容。静云像新过门的媳妇第一次回娘家一样，既高兴又紧张。

我们立即准备进根据地的行装。听何松亭说过，应该打扮成北平家庭妇女，回平西探亲那样的装束。我们想来想去唯恐扮得不像。她穿穿这件，让我看看，又穿穿那件，让我瞧瞧。当然梳什么发型、穿什么鞋子，也得研究一番。此外，还要考虑拿什么日用的东西，如毛巾、香皂、肥皂、雨衣等物品。这些看来是小事，可是，由敌占区往返根据地，行装打扮不能马虎，搞不对会出大乱子的。

孙静云

我们边准备行装，边谈进根据地向党组织领导汇报些什么重要敌情和提出今后的工作计划。静云有个特点，年轻时记性特别好，她听到见到的事，都能装在脑子里，口头叙述一点也不会遗漏，也就不必带密写的材料了。

静云很快就乘火车由南京抵达天津，到何松亭家里见到佟畹新，佟马上领她见了谢甫生。

谢甫生就是信上所指的“二表哥”，当时是北方分局社会部驻天津负责人，何松亭离津后外边的同志和关系交给他领导。后来，谢甫生回根据地担任晋察冀分局社会部派遣科科长，解放后任中国人民解放军海军保卫部部长、中华人民共和国驻蒙古人民共和国大使、湖北省政协副主席等职。

谢甫生当时患病住天津马大夫医院。他接到通知后，很快就来到何松亭家会见静云。谢甫生对静云说：“我知道你来了，赶快就过来了，我是从医院溜号出来的。”

他接着继续说：“原来，我本打算同你一起‘回老家’，可是大夫说我的病没有好，还得过几天才能出院，只得安排你先走了。”他思索一会儿，又说：“我看你很年轻，一个人走，路上也不方便，是不是你和佟涤新一起去呢？”（佟涤新是佟畹新的妹妹）

老谢说明路线后，又告诉她们接头的暗号：让静云下火车时，手拿一条白手帕，角上用钢笔画个彩云样的花，来接的人看见暗号会上前接头。

静云与小佟到保定下车后，出了检查口，交通员李老荣看见暗号，就走到面前对静云说：“云妹，你们来啦，我前几天去你们那里，你不在家，二表哥叫我今天到车站来接你。”

她们说：“很好，咱们走吧。”对上暗号后，她们就跟着李老荣走到距保定火车站约十多里路的赵庄，住在李家儿媳妇屋里。

李老荣的儿媳妇很年轻，比静云小几岁，比小佟大几岁，是一个很纯朴的乡村妇女。她与静云、小佟很谈得来，她问平津的情况，静云介绍了敌占区日军的残暴行为和民众抗日的热潮。李老荣的儿媳妇说，她的丈夫参加八路军抗日去了，公公虽担任本地乡长，可也是真心抗日的。这里是两面政权，是我们的游击区，日本兵和伪军常来骚扰。

李老荣也来说：听说日军这几天又要来了，如果你们走不了，可藏在我家的地洞里。同时，指引静云、小佟看了那个地洞门。地洞门就在他儿媳妇屋里的炕旁边，说有情况就由他儿媳妇带她们二人钻进去躲藏。静云和小佟看了地洞门掩饰得很好，也没有让打开进去看看，据说地洞里能容下几个人。

第二天，李老荣来说："你们运气真好，今晚县委李秘书带民兵下来运口粮，我同他们说好了，可带你们二人过封锁线，进根据地。"静云和小佟自然是高兴极了。

当晚 8 点多钟，李秘书同几位同志果然来了。李老荣向他们介绍说："这是从天津来的孙、佟两位女同志，要去边区政府，请你们带过封锁线吧。"

李秘书说："你们是女学生吧，要进解放区抗日，可真不容易，是要吃点苦的呀！"

她们二人齐声说："我们不怕吃苦！"

李秘书又说："封锁线有三道沟，很深，很不好走。看来你们的包袱自己是拿不了的，我们帮你们拿着吧！"

说着就接过她们二人的包袱。李秘书很怕她们二人过不去那三道沟，便安排四人照顾，每人由两个人前后保护，必要时两人架着一个人走。静云记得，被指定帮助她过封锁线的是工会主任大陈和农会主任小牛两位同志，一路上照顾得非常周到。

李秘书布置好了以后，大家就一同出发了。那是个初春的夜晚，皓月当空，万里无云，清风微寒，路不平坦。晚 8 时许出发，深夜约 12 时左右到第一道封锁线。封锁线沟深约三丈，宽约两丈，坡度相当陡，努力爬还能上去。农会主任小牛从保定城里买了一把锄头，他在沟帮上刨出些脚梯，静云登着上去，较顺利地爬过了第一道封锁线。第二道沟，静云和小佟就爬不上去了，大陈和小牛，便架着静云走。

大陈问："你们女学生怕不怕八路军？"

静云说："当然不怕，若是怕，我们还不来了呢！"

"你们的觉悟很高啊。你们进根据地好好锻炼，要不了多久，就能够跋山涉水啦。那些女八路，她们行军时，同男同志一样。”

过第三道沟时，静云和小佟都已经走得精疲力竭，简直是一步也不能走了，都是由两个人一直架着过去的。

深夜渐渐地过去了，星月越发明朗起来。黎明的前夕，万籁俱静，但充溢着一种光辉、有力、向上的雄浑之气，也就是拂晓前的朝气，只有沙沙的脚步声，不断地响着。

“到石井山啦。”不知是谁向大家报告行程。“石井山”和北平西郊的石景山同音，但不同字，也不是一个地方。静云抬头一看，这山虽不高，却很清秀，下边一条清幽的河水，映着星月，水潺潺地沿山脚下流淌着，这真是一幅美丽的山水画卷呀，静云情不自禁地说道：“多么富有诗意呀！”

“诗，我可就是愿意听诗，请两位女同志给吟一首吧。”一位男同志欢喜地大声说。

“我们可不会吟诗。”她俩连忙推托。

另一位男同志说：“嗨，有文化的人，哪有不会作诗的呢？新诗古诗都行啊！”

她俩推辞不了，就也不管什么韵更不顾平仄地吟起来。静云想一下，望着山和月说：“石井山上凝云盘。”

小佟见静云望着天空吟了一句，就看看地下的路说：“戎儿踏沙几万千。”

描写风景的句子有了，该赋予时代的内容啦。静云稍加思索，便道：“倭寇封锁谈何易！”

七言绝句就剩下一句点题，用什么词句收尾好呢？小佟一时也想不出恰当的佳句来。有位男同志，见她俩不畏艰险跋山涉水地来根据地，觉得了不起，便脱口赞道：“怎奈巾帼胜奇男。”这就合成一首诗：

石井山上凝云盘，
戎儿踏沙几万千。
倭寇封锁谈何易，
怎奈巾帼胜奇男。

大家都高兴地一边走着，一边朗诵这首诗。天刚蒙蒙亮时，他们就走出了 50 多里路，来到了满城县石井村。

当时，满城县政府设在石井村。李秘书把静云和小佟安排在妇联主任家住下。等候谢甫生到来，再一同前行。

妇联主任，大家都叫她赵主任，也没问她的名字叫什么。她家有个小院还相当宽敞，正房三间一明两暗，东边一间是赵主任的公婆住，西边一间是她的大哥大嫂住。东西厢房各两间，东厢房是卫生室，那里有一位医生和四位护士；西厢房是赵主任的住房，除一条长炕之外，还有储存粮食的地方，存着很多粮食。静云和小佟同妇联赵主任住在一个屋里，也就是睡在一大炕上。因为赵主任的丈夫参军不在家，她们三人都是青年妇女，住在一起倒也十分融洽。

这里是根据地，什么样子呢？

没等她们问，赵主任已了解她俩的心情，便领着她俩到街上去溜达。

嗬，这根据地，真是和沦陷区不一样，截然相反的两个世界！

大街小巷，人们的脸上都是浮现着欢快的笑容，没有沦陷区那种愁眉苦脸和担惊受怕的样子；两边街道的墙壁上，到处都写着“打倒日本帝国主义”“消灭日本鬼子”等大字标语；到处都是笑语欢歌，群众口里经常哼唱的歌是“父母教儿子打东洋，妻子送郎上战场”。妇联赵主任的东西隔壁都住着八路军，他们经常操练，也经常唱抗日歌曲。贺绿汀的《游击队之歌》和麦新的《大刀进行曲》，常萦绕在她俩的耳边，深深地拨动了她俩的心弦。

赵主任带她们去参加妇女会，听到的是日军怎样残酷进扰“扫荡”、我军如何英勇杀敌，整个抗日战争的大好形势，以及妇女们积极参加支前的很多感人事迹。她们看到了根据地妇女的精神风貌，真是人人意气风发、个个斗志昂扬。她们在这里看到了希望看到了光明，看到了中华民族的前途。

时间过得真快，她们不知不觉在这新的环境中度过了一个多月，还不见谢甫生身影，自然也很着急。托当地负责同志给打听，据说这期间日军封锁特严，恐怕一时过不来。又过了些日子，来了个大刘同志（后来知道他叫刘士元，解放后曾先后任马列学院秘书长、北京市某局局长）来见她们说："外边通知你们人已经出来了，可没有见到，许建国同志叫我找你们呢。"

静云说："谢甫生同志叫我们等他，他没到，我们也不知道边区政府在哪里无法走，可以做的只有在这儿等。原来是谢甫生同志真的被隔在外边，一时进不来了。"

大刘说："你们不用等了，我派人送你们进去吧。"

第二天，大刘带着交通员老袁来了，还牵着两头小毛驴，带着干粮。大刘给她们介绍之后就一起出发了。静云和小佟骑着毛驴，老袁跟在后边步行；有时她们两人也牵驴步行，大家边走边聊天。中午休息时，老袁拿出黑面馒头，接上三碗山泉水，大家席地而坐，吃完了休息一会儿又走。

根据地隔几十里路就在乡村里设有交通站，有人负责照应过往人员。头一天夜间住的是一个逃亡地主的破落大院，房屋空旷，无窗无门，她们就睡在铺着干草的炕上；第二天夜间住在一座旧庙里，用门板铺上草当床睡觉。每天吃两顿饭，赶上交通站就在交通站吃，赶不上交通站就在老百姓家吃，都由老袁交饭票。小毛驴也换脚，由老袁拿出证明，交通站就给换了驴。她们发现证明上写"病号两名"的字样，奇怪地问老袁："这是怎么一回事？"

老袁说："一般过往人员都不给驴子骑，大刘怕你们走不动，照顾你们两位从敌占区来的女同志，写'病号'才能向地方上要驴子，是优待你们。"

第三天，就遇上了瓢泼大雨。静云穿一件雨衣，老袁和小佟戴了草帽，淋得跟落汤鸡似的。眼看天黑了，实在不能向前走了，无法赶到前面交通站，只好顶着大雨进村里借宿。来到一个老乡家，老袁说明情况后，老大爷答应留宿，可是地方不足。

他说："我家只有两间住房，我住一间，儿子和媳妇住一间，也住不下外人。"老大爷有些为难，想一下又说："雨下得这样大，你们也是实在不能走了，还有一间牛棚可住，你们又是男女三人，可怎么住呢？"

他儿子在一旁说："八路军打仗时，还不是男女住在一起嘛。"

老袁说："为了避雨，没有别的办法，也只好住下了。"

那一间牛棚，屋角拴着一头牛，地下除了干草，就是牛粪，倒是有个很窄的小炕，但躺不下三个人。当时，大家也没有考虑怎么办，只是把东西放在炕上。老乡送来一把笤帚，就把牛牵到他自己住的屋里去了。老袁把炕上、地下都扫得很干净，把牛粪都倒在外边去。然后，把门板拿下来，拿几把草铺上，头枕两块砖，抱着枪就睡着了。静云和小佟在炕上有点过意不去，但也不能扫除封建思想，让男同志上炕来一起睡。静云回来说，她俩这一夜的心很不平静，既不心安理得，又无可奈何，只是衷心赞扬根据地的同志风格高尚，纪律性强。

次日，雨过天晴，他们继续赶路。晓行夜宿，又走了五天。经过不少村庄，老乡们都热情接待，尤其妇女们，对城里来的女同志，特别亲热。

"换上俺家小驴吧，俺家小驴老实。"

"到俺家吃饭吧。"

"住在俺家吧。"

年轻的姑娘们都拉着她俩说话，问长问短地迎送她们。

从石井村走了七天，才到达平山县赵家庄，来到了许建国的所在地。交通员老袁进去报告，张友恒（当时化名李才）到村头把静云和小佟接进去，并领着会见了许建国。

许建国与静云虽然初次见面，场面却像多年不见的老友重逢，好像早就在一起工作的熟同志似的。他那亲切诚挚的态度，爽朗的性格，无拘无束的谈吐，真是可亲可近，使静云感到像到了娘家，回到母亲身边一样。

静云在根据地期间，得到许建国、张友恒（当时担任科长职务）、苏毅然（当时担任秘书工作，解放后任中共中央委员、山东省委第一书记等职）等无微不至的关怀和照顾。静云刚到根据地没有蚊帐，许建国就把他刚买的新蚊帐给她用。静云说把他的旧蚊帐给她用就行，说什么他也不肯，还是把新蚊帐给静云用了。

苏毅然

在使用中，蚊帐掖进床边的一角被撕破了一块。当交还蚊帐时，静云说："根据地好不容易搞来的新蚊帐，你自己不用给我用，又给撕破了一块，真不好意思！"

静云向他表示感谢和歉意。许建国说："革命同志用不着客气，一个蚊帐，你用我用都是一样，物尽其用嘛。东西只要用就难免耗损，有什么不好意思呢？"

静云在机关附近，一开始和小佟在一起吃住，十几天后小佟调往组织部刘仁处分配工作，就叫静云在许建国家吃饭。

有一次吃饭时遇见肖克，许建国说："静云同志，给你介绍，这是肖克同志，你看他像大名鼎鼎的抗日英雄吗？"

静云说："当然像了，肖克同志的大名，我早已听过，红军名将肖克、贺龙、彭德怀、徐向前都是驰名中外，哪个不知，谁人不晓啊！"

肖克同志，虽然身材不高，可是英姿潇洒，精明沉着，显示了不凡的将才气概。

静云补充说："英雄名将主要在胆识和韬略，能征善战，能够出奇制胜消灭敌人，不是吗？"

她心里想：肖克同志像个书生，不能以身材相貌来取人（这句话没说出口）。许建国说："你说得对。"

当时肖克穿一双布条编织的凉鞋，样子很好看。静云说："您这双鞋比上海小姐太太们穿的最时髦的凉鞋还好看呢。"大家哈哈一笑。

肖克说："你好好看看回去就照样做着穿吧。"大家说说笑笑很随便，他们一点也没有官架子。静云觉得这革命队伍里，政治生活空气活泼新鲜，令人十分舒畅！

大约一个月以后，谢甫生来了。他换上军装，静云见面认不出了。老谢说："哎，怎么，我刚把你送进来，你就不认识我了？"

静云说："我想起来了，是谢甫生同志。"老谢只同静云见过一面，又换了服装，她当然认不出来了。

老谢带她到村外河边走走，看看那河里清澈的溪水、拂过露出头的小石子，哗啦哗啦地向前淌着。老谢谈起外面最近发生的变化，主要介绍根据地的情况，他问静云来这里以后生活怎么样，对这里的环境适不适应；嘱咐静云，一方面把敌占区的情况和重点情报，向老许详详细细汇报；一方面要抓紧学习，武装头脑，提高政治思想和政策理论水平，好出去应付敌占区复杂艰巨的斗争。还说，你是一个人两个脑袋，代时雨汇报、学习。

方林（许建国夫人，解放后曾先后任罗马尼亚、阿尔巴尼亚大使馆秘书及对外友好协会办公室主任）常找静云到村头河边和山坡散步闲谈。她把反"扫荡"、打游击、躲日军的艰难困苦情况，以及如何战胜那些困难、在苦中取乐的情景，向静云述说得很生动。她说："反'扫荡'时，经常钻青纱帐。一次藏在玉米地里，用火烧玉米真好吃。"使静云异常向往那种战斗生活的乐趣。

许建国与方林

方林还指着邻近的村庄介绍，说这儿是彭真住的地方，那儿是刘仁住的地方。静云登上山坡远眺，凝视我们祖国的大好河山，想如果没有我们党领导中华健儿，浴血奋战，恐怕连这点干净的土地也没有。静云很想留在根据地参加八路军打日军。她曾同老许透露自己的想法。说自己自幼能骑马会打枪，要留在根据地与日寇血战到底……老许没等她说完，便一口回绝说："你的任务很重，像你这样好的条件，我们哪里找得到啊，安心在外面工作吧！"

他还说："有你们在外面深入敌占区，做眼睛、做耳朵，那战场上持枪的同志，才能对准万恶的敌人，大量地消灭敌人。"

静云吃饭同许建国一家一起，住的地方也离老许的住处不远。他们并没有死死板板地谈工作、搞学习。每天，许建国处理日常工作后，就找静云谈工作或谈学习，那真是理论联系实际地进行汇报工作和学习党的方针政策，以及有关情报知识与技术。静云把脑子里装的那些敌占区情况和重要的战略情报资料，都陆续向许建国详详细细汇报了。许建国不断提出要进一步了解的问题，也结合学习有关的文件，谈得十分生动活泼，可以说是循循善诱，丝丝入扣，引人入胜。

当静云谈到我们敌占区有条件把工作扩大深入，只是人数太少力量单薄时，许建国便强调阐明我们党在敌占区的工作方针是要"隐蔽精干""长期埋伏""积蓄力量""以待时机"；兵贵在精，而不在多；万万不可过于急躁，突露锋芒，要"反对急性和暴露"。

静云说："我们的工作已经站稳脚跟，打开了局面，可以步步深入敌人心脏，时雨担心他的掩护职业地位一天天高起来，将来怎么办？"

许建国大声笑着说："那太好了，这有什么担心的呀！那正是我们情报工作者求之不得的嘛！"

他接着说："你回去告诉时雨，就说我说的，让他尽管大胆地往上爬，官越大越好，不入虎穴焉得虎子，一定要利用一切可能之机，对于伪组织，不管它什么部门，应广泛打入。"

静云提出，为了情报传递及时，需要建立健全通讯，我们有条件能把组织上派的报务人员，设法打入上海伪保安司令部电台，为我们所用。如果能增派几位精干的同志去上海和我们一起工作，时雨能够设法安排其掩护职业。

许建国对我们的工作十分满意，特别赞许，明确表示批准我们提出的工作计划，同时答应增派同志打入汪伪组织和我们一起工作。

1942年9月间，党组织决定让静云回上海工作。静云请许建国多给些指示。许建国说："要做一个名副其实的共产党员，必须忠于党，忠于人民，忠于无产阶级革命事业。敌占区工作十分危险，要勇敢，要机智，要有临危不惧、宁死不屈的精神，充分准备应对可能发生的任何突然事变。在狡诈的敌人心脏里战斗，随时都有可能发生危险，我们有这样的革命精神，有这样的思想准备，就能经得起任何考验。"

他说完这些道理后，还从工作方针、任务到工作方式方法，都一一讲解叮嘱，像老师辅导学生复习功课、做作业一样。许建国还向她具体地传授怎么掌握有理、有利、有节的对敌斗争艺术，而且在谈笑中讲了一旦被捕怎样对付敌人用刑的经验。如灌凉水，窍门是用正确的换气办法能够多挺时间。他还讲了怎样设法迷惑敌人，以及争取同情的方式方法。他说，关键问题、要害问题，如你是否是中共人员、是否是中共党员等，无论敌人怎样吓、唬、诱、骗、激等等，坚决不能承认，说出去的话一定要坚持到底，始终如一，一丝缝也不给敌人。这些指示，后来我们在斗争实践中都行之有效。

当他知道静云理解了问题时，就笑着说"你真聪明"，热情给以鼓励。一直到临行前的那个晚上，他还谆谆叮嘱，遇到敌人"扫荡"应该怎么办，当遇到敌人封锁线检查口应注意什么，还要记得必须灵活运用这些办法；进入敌占区也不要大意，千万要注意避开敌特跟踪等等，好像老年人对没有出过门的孩子那样关心，不厌其烦地嘱咐。

同志们听说静云将要离开根据地回敌占区，都分别来看望她。何松亭更是有些恋恋不舍，有谈不完的话。静云把毛衣毛裤留给老何冬天穿，还给他30元边币，老何说："这钱可以买件小皮袄穿。"

静云说："这支派克钢笔，也给你用吧。"

"这个太贵重，可得向老许说一下。"

静云说："根据地的同志需要这些东西，不容易搞到，我在敌占区很容易买到它，何必白白把它带回去呢？”

他们还是向老许汇报了，老许知道此事后，坚决不许他们收。静云一再诚恳解说，老许也不同意，只好作罢。

静云将要出根据地时在石井村与张友恒谈及此事，张说，老许同志一向严格要求我们，对外边回根据地的同志一定要照顾周到，绝对不许收外边来的同志送的东西。静云说：“我觉得这支钢笔带出去太可惜了。”

当时静云和满城县委李秘书坐在炕沿上，张友恒在炕上靠着被子斜躺着，用眼瞟了一下说：“是啊，这支钢笔你带出去太可惜了，根据地买不到啊！”

“是我主动一定要送给你的，也不是你向我要的。再说，将在外君命有所不受嘛。”

“李秘书能作证确实是静云送的，不是我向她要的，我就收下。”

李秘书说：“我可作证，见老许问到此事，我就说确实是静云主动坚决留下的。”

从这些小事可以看出，我们革命队伍当时纪律如何严明，而同志们组织纪律性多么强啊！

静云临行前那天，许建国、方林请来何松亭、谢甫生、苏毅然等同志共进晚餐，加了许多好菜，给静云送行。那天晚上约定明晨2点起床吃饭，3点动身。静云说：“老许同志就不必起来送，就此告别吧！”

可是，许建国还是2点钟起来，陪静云吃饭，送出庄外。他还一再嘱咐：“路上保重，回上海向时雨同志问好，你们要团结好，把工作做好。”他那种对革命事业高度负责，对同志极端关怀爱护的深厚情谊，使静云感动得不禁热泪盈眶。至今想来，我还觉得有那么一股暖流涌上心头。

1942年9月中旬，静云由晋察冀根据地回平津转上海，她把进根据地几个月来的一切经过，以及党组织对我们工作的指示，向我详细地转述了。以后一有空，我们就复习这些“功课”，就是我要静云反复给我讲她在根据地的经历，特别是许建国的指示。我如身临其境，如见其人，如闻其声，真是茅塞顿开，心明眼亮，精神更加振奋，信心百倍提高。

从此，我们对许建国了解越来越多，也越来越佩服他。许建国，是我党情报工作，特别是隐蔽战线情报工作的重要开拓者和领导者之一。他青年时期参加过毛主席领导的安源路矿工人大罢工。1923 年加入共青团，同年转党；1934 年 10 月参加二万五千里长征；土地革命战争时期，先后担任红军师保卫、侦察部长、军团保卫局长等职。他赤胆忠心，机智勇敢，深得党中央、毛主席的信任。西安事变时期，他随周恩来到西安，保卫周恩来的安全。

全面抗战爆发后，1939 年中共北方分局社会部建立，许建国担任部长，把数百名情报工作人员派往北平、天津、保定、石家庄，以及上海、南京、沈阳、哈尔滨、长春、大连等广大地区，组织联络当地的地下党员、抗日青年、爱国人士等，渗透至敌人的军政警特内部，获取了大量战略、战术情报。

在北平活动的党的情报组织，在国民党中间势力的代表人物、民主党派人士、学者名流以及国际友人中建立了广泛深入的联系，并打进华北敌伪上层组织，获得了许多重要军政情报；在东北，党的情报组织主要由一批爱国进步的留日学生组成，他们中不少是伪满中上层人物的子弟，分别在伪满军、政、警、宪等要害部门任职。

我党通过他们，不断获得了包括日本关东军在东北的战略部署，伪满陆、海、空三军的兵力部署、作战能力以及军警宪特联防镇压我东北抗日游击队的措施等大量情报，对配合我军作战乃至整个争夺东北都发挥了重要作用。原先，因为日伪封锁极为严重，我党对东北情况难以得知，情报工作局面打开后，我党对东北的掌握可以说全面、深入、具体。毛主席高兴地说：东北并非铁板一块，国防线（指伪满国界）是可以突破的，伪满工作大有可为。

抗战胜利后，许建国在对敌隐蔽斗争方面作了新的部署，取得了辉煌战果。

上海情报组织在 1946 年国共谈判破裂后得悉，国民党特务准备以撞车制造车祸手段暗杀周恩来，于是连夜派人赶到“周公馆”报警，使敌人这一毒计完全落空。国民党“保定绥靖公署”和“华北剿总”内都有我们的人。

1947 年 10 月，北平、石家庄情报组同时获悉蒋介石密令其第三军由石家庄撤守保定，便迅即密电报告了军区司令部，中央根据这些准确情报，决定发起攻击，这就是著名的“清风店战役”，此役取得全歼国民党第三军军部及第七师、活捉军长罗历戎及旗下官兵 8000 余人的胜利。接着，又根据我情报人员提供的情报和建议，一举攻克石家庄，使晋察冀和晋冀鲁豫两大根据地连成一片。

1948 年秋，“华北剿总”密谋派国民党九十四军三个师、新二军两个师，由空军配合，突袭石家庄和中共中央及毛泽东等所在的平山县西柏坡。我情报人员获得敌人的作战命令后，因秘密电台发生故障，便由地下交通员将全文背熟，一天内赶到根据地，向中央作了报告。党中央从其他方面也得到了同样情报。毛主席和周恩来亲自决策，通过新华广播电台，公开揭露了敌人的阴谋，严正表明我军严阵以待，随时准备消灭一切敢于来犯之敌，实际演出了一场有声有色的现代“空城计”，硬是延缓和挫败了敌人的罪恶行动计划。聂帅热烈称赞：我们的情报组织抵得上十万兵马！

全国解放后，许建国历任中共天津市委常委、副市长兼公安局长，华东公安部长，上海市委书记处书记、副市长兼公安局长，中华人民共和国公安部副部长等职。他把马列主义的国家学说和毛主席关于人民民主专政的理论，结合中国的实际，创造性地运用于新中国的城市公安工作。在天津期间，他明确指出，公安部门的一系列工作“都应该首先研究国家的性质和内容……无产阶级专政下的公安工作是依靠大多数来统治与惩罚少数人的，这与反动阶级的警察迥然不同。”为此，他十分重视干部和人民警察的政治素质，要求搞好警风和警民关系。在上海期间，在整顿警风、调整组织、建立和加强公安部门的思想政治工作方面也作出了显著成绩。他十分重视公安业务的基础建设和各项规章制度的建立，十分重视严格依法办事，把保护人民的合法权益和稳、准、狠地打击犯罪分子很好地统一起来。

1959年以后，许建国走上了外交工作岗位，先后担任驻罗马尼亚和阿尔巴尼亚大使，正确执行了我国的外交方针政策。在罗马尼亚任职期间，他通过调查研究，实事求是地向中央提出了正确认识国际关系的见解和建议，得到毛主席的首肯和周总理的称赞。

1949年平津解放不久，我们去天津看望许建国、方林。许建国与我一见如故，如久别重逢那般亲热。他那时担任天津市副市长兼公安局长，毫无首长的官架子，在百忙中抽出较长时间与我们促膝谈心，并在家里设宴招待，邀请许多共患难的老同志欢聚一堂，以庆贺革命的胜利，抒发了出生入死终于战胜顽敌后的喜悦。许建国气宇轩昂，谈笑风生，他讲了极其鼓舞人心的大好形势，也讲了些别有风趣警世醒人的逸事。他那爽朗的笑声，豪放而诚挚的举止谈吐，真是音容犹在。

许建国还把保存的我们送给他的照片给同志们看，我那时是分发锃亮整齐，一身高级西服领带；静云烫发淡妆，穿一件崭新时髦的旗袍，完全是当时京沪一带汪伪高官、官太太的标准打扮。他指着照片说："你看，咱们同志什么样人才都有，这样装束，敌人怎么会认出是共产党人呢？我们就是有这样一些同志钻进牛魔王肚子里闹他个天翻地覆的。"他那种革命的自豪感、欢乐的心情和赞叹的气息溢于言表，十分动人。但他同时仍然勉励大家要做无名英雄，不要名誉地位；只要革命胜利，不计个人得失；共产党人要以解放全人类为最高理想和最终目的，我们有那么多优秀的战友为了这个伟大理想献出了青春和生命，比起他们，我们还有什么个人得失不能抛弃呢？他这番语重心长的话至今犹在耳际，我们永远铭记不忘。

以后在北京与许建国见过几次面，他总是那样亲切地关怀我们，随随便便叙谈家常，说些知心话，就工作、学习到生活，问长问短，鼓励我们前进。许建国当了大使后回国述职，一次在政协礼堂参加晚会，静云匆匆找座遇见了他，当时彩灯闪烁，人多声杂，静云竟未辨认出来，还是许建国先握手打招呼。我们回家后仍未想起，没有想到是许建国回国了，只说见到一位老的领导同志很面熟，未辨认出是谁，故未多说话。后来见面时谈起那一次情景，许建国说回家后也曾谈论过，方林对许建国说一定是你认错了人，若是孙静云绝对不会不谈什么就匆匆走了；许建国说肯定是孙静云，也许是她没有想到我们回国，好久不见了，一时没有辨认出来。通过这件事情，说明许建国对老部下关怀不忘，善于体谅人，其坦诚朴实的高尚品格真是感人肺腑。

1966年4月，许建国从驻阿尔巴尼亚大使任上回国述职，住在报房胡同大使楼宿舍。我们夫妇去拜访，与许建国同志畅谈很久。回去时，他和方林同志送我们出大门，我们互相频频挥手，依依惜别。没有想到那一次是最后一次的相会，分别成了永诀！

“文化大革命”后期，我们找到方林，得知许建国被江青一伙诬陷投入监狱达七年之久，后又送到安徽六安软禁，生病都得不到及时的治疗。听到他遭受种种残酷迫害的情形，我们十分愤慨也十分惦念他。粉碎“四人帮”后，党中央积极复查平反冤假错案，落实干部政策。我们相信许建国的问题一定能够得到彻底平反，万万没有想到许建国已身染不治之症，以致他过早地离开我们，与世长辞了。

1980年3月17日，党中央在中山公园中山堂为他举行了追悼会，我和静云送了挽联：

回忆抗日、解放战争中，烽火弥漫时，派遣我辈，潜入平津京沪往返解放敌区。历经艰险，深入虎穴，刺探敌情。全凭建国同志运筹帷幄中指挥若定，方能知己知彼，配合大军，击败强敌，决胜于千里之外。日寇蒋邦全覆灭。革命取得胜利，聚首天津共话当年，许公扬眉吐气，谈笑风生，音容宛在。

痛恨林彪、“四人帮”一伙，十年浩劫日。迫害忠良，打进牛棚监狱押送外地软禁。受尽折磨，罗织罪名，含恨逝世。幸赖我党中央英明果断粉碎“四人帮”，始得拨乱反正，落实政策，奇冤昭雪，悼忠魂中山堂前。建国同志可瞑目。新的长征开始，集会北京追悼英灵，我等心情沉重，缅怀忠贞，永垂不朽。

张友恒写的挽联是：

君是伯乐，知人善任，辟无形战线，遣地下尖兵入敌内，取战果，有功于党，青史永垂君无愧。

君乃良师，言教身行，献赤胆忠心，勉临危不惧功则奖，过则罚，大公无私，高风千载感后人。

许建国同志永远永远活在我们的心中！

第十九章　张友恒来沪

静云由晋察冀根据地回上海后告诉我说：许建国决定由张友恒来与我们联系。他们在石井村分手时，张友恒与静云说，不久他就到天津，要我们等候他来信，告知来上海的时间。

约在1942年10月上旬，我们接到张友恒的来信，嘱静云去天津一趟。静云接信后即去天津，他们在那里研究决定按计划进行，设法让张友恒先打进上海保安司令部的电台，干几天看看，能否为我所用。党组织当即将张友恒的照片寄给我，我把电台报务员化名赵金声的身份证寄去天津，他们接到我的信和身份证，便立即一同来到上海。

李时雨和孙静云在故居

张友恒（1919—1991）

张友恒与我初见时，年仅23岁，真是少年英俊，不高不矮，身材匀称，一双大眼睛炯炯放光、神采奕奕，显示着精明干练。他谈吐爽利，举止洒脱沉着，真算得上才华出众、朝气蓬勃又老成练达。他年龄比我小，但理论水平比我高，工作能力很强。

我们一见如故，彼此十分投契，极为亲热。他当时是以孙静云表弟的身份出现的，住在我家三楼，同我弟弟李春芳住在一个房间。我们同吃同住，朝夕相处，很快就极其熟识，无话不谈了。

几天以后，张友恒便去保安司令部电台上班。他早出晚归，我们还是继续不断地研究工作。他在电台观察20多天，便掌握了全部情况，知道那里制度很严，规定正常编制两个人，电台必须保持两人同在；发报收报等业务必须两人一同值勤处理。而我们只有一个人在那里，无法利用它来为我收发报，再打进去一个，一时又找不到合适的人。而且张友恒是北方分局社会部平津情报工作的主要负责人，也不可能长时间留在上海，所以他决定退出来，回天津再研究。张友恒说：如果能派人来，就派小马来；不然，就由我们设法建立一个专用电台，或者在南京建立一个交通转运站。

我们同张友恒将近一个月的朝夕相处，成为无话不说、知心亲密的战友。俗话说："交友遍天下，知己有几人。"张友恒就是这样的知己，真正互相了解，互相激励，互相帮助，多年密切联系，始终如一。我们长期在敌人内部工作，一见到根据地来的同志，就特别亲热。张友恒是上级派来的领导，可他从不以领导自居。他平易近人、谦虚谨慎，又直爽诚实，他把我和静云当作大哥大姐对待，我们把他看作亲兄弟，有时甚至比亲兄弟还觉得亲。他教我们编密电码、译密电码和密写情报等各种技艺，特别耐心，非常细致周到。我当时想，静云进根据地好似去取经，张友恒来上海犹如前来传经送宝，大大加强了我们对工作的主导能力。实践证明，由于得到了这样的好领导，就能够使同志们精诚团结，大展宏图，确实给工作带来无限生机。

1943 年 3 月间，张友恒第二次来上海，检查工作，听取我们汇报，研究布置和指示以后的工作。他告诉我们：一时不能够调配技术人员来沪建电台，他已经在津浦路下关火车站建立一个转运点，供我们传递情报，他要我们把情报资料伪装好［当时我们常用的方法是将一种日产的日光皂剖开，挖一个小槽，将密写的情报卷成香烟状或折成方块，放入槽中，再将挖出来的肥皂粉末收集熬制成糊状，涂上，将肥皂合上刮净晾干，浑然一体完全看不出痕迹。这个工作主要由静云、两个孩子小林（志超）小乖（仁超）帮着收集肥皂末熬制涂液等。以后由于于毅夫、张执一等同志转送情报也常用这种办法，给新四军密秘送盘尼西林则用的是一种球形香皂，也是这种办法］，送到下关车站交给广播室的人，再由火车上的同志给送到天津。他通知我们，组织上委派我为特派员，静云管机要，并将派杨宁来沪，由我们三人成立一个党小组，共同研究工作和一起学习。杨宁到沪后，我给他起了化名叫杨德修，派他为上海保安司令部少校军法官。1943 年 4 月间，杨宁到上海就任掩护职业，同我一起从事情报工作。在此期间，我借去南京“立法院”开会之便，把我们伪装好的情报资料，送到南京下关火车站交转运点，传递到天津。

杨宁（1912—1973）

我和张友恒无话不谈，以后也一直联系密切，甚至到十年动乱中，只要能通信，有高兴或不快事，我们都及时通气交流思想。他祖籍河北省昌黎，1919 年 12 月生于黑龙江省宁安县；1932 年 13 岁时在宁安参加中国共产主义青年团，他在党的领导下，积极参加抗日斗争，由于表现突出，被党组织选派到苏联莫斯科学习，先学政治，又学无线电通信技术；1937 年 2 月经新疆回国；

1938年2月到达延安，先在中央党校学习；1938年6月调到中央社会部，从此进入情报工作行列；1941年3月，进入平津地下工作，直到1948年8月才离开平津。这期间，他显现出过人才干，团结同志们取得辉煌战果，特别是他的临危不惧、果断机敏。他经历的"六一五事件"，广为隐蔽战线的同志们传诵。

那是1948年6月14日，化名李才的张友恒乘晚班火车由天津到达北平，次日下午两点，按约定到东四与刘致祥接头。接上头后两人并排走着，猛听背后有人喊："站住！"

只见一个壮年人疾步赶来，张友恒、刘致祥回头一看，都不认识。凭着多年地下斗争的经验，他们立刻断定：一定是特务！

张友恒说："先生，我不认识你。"

特务不看也不理，只是吼叫："走，一块儿走，上汽车。"

这时候，张友恒发现路东停有一辆黑色汽车，立即明白他们是专门来抓人的。怎么办，得想办法逃。就在特务伸手来拉他时，他用手里的皮包猛然向特务头部打去，然后夺路欲逃。哪知特务早有防备，伸手抓住了张友恒的西服后领。张友恒急中生智，撒手甩掉皮包，两臂向后一顺，顺势脱掉上衣，向南急跑。"砰""砰"特务连开两枪，张友恒顿时倒在地上，一颗子弹击中了张友恒右腹部。他左手扶着墙，站起来，右手捂住流血的伤口。

特务一边骂着一边走到张友恒跟前，拉他向汽车走。张友恒站着不动，说："我受伤了，走不了。"特务一看，张友恒的衬衫已被鲜血染红，便放开手，转身去马路对面喊汽车。张友恒等特务走出五六步远了，突然转身向南，拼命猛跑，跑到报房胡同口，急拐进去，继续奔跑。等特务发觉追到报房胡同口时，已经不见张友恒的踪影。张友恒就这样在敌人面前、枪口之下英勇脱险了。就在特务追捕张友恒时，刘致祥也乘机骑自行车逃离现场，并连夜出城上妙峰山，向领导机关报警。事后了解到，刘致祥初进城时借住在一个叫谢文凯的家里，而谢文凯被捕后已被敌人控制，敌人由他追到刘，又由跟踪刘得以来抓张友恒。

50年代，刘志祥创作了电影《地下尖兵》，就主要是根据张友恒的事迹拍摄的。解放后，张友恒先后担任天津市公安局一处处长、副局长，中央公安部副局长；1963年调任黑龙江省交通厅副厅长。“文化大革命”中遭受迫害，坐牢3年零8个月，于1977年完全平反，先后担任黑龙江省冶金局局长、省公安厅厅长；1982年10月，调任公安部华南办事处主任，不久任广东省国家安全厅厅长。

张友恒赴广东就任公安部华南办事处主任前，来京报到，下榻于北京饭店，来我家话旧论新，曾写诗赠我和静云：

北国熊罴斗方酣，又向粤海战南天。
一生厮杀干戈里，岂肯偷闲学半仙。
小数花甲人不老，心雄身健比当年。
为创新业开新境，犹舞清霜奋无前。

我觉得他豪情壮志不减当年，完全是以一种开拓创新的决心和态度投身改革开放的前沿一线工作，非常高兴，备受鼓舞，也当即写诗两首相赠，其一是：

虎老心雄壮且坚，拔剑挥戈战南天。
国家安全保卫重，舍君其谁勉承担。
无形战线斗争艰，一心革命已忘年。
觅手可熟操胜券，功成名就奏凯旋。

后来我们单位组织离休干部赴广州、深圳、海南岛健康休养，回京途中我和静云在广州待了几天，张友恒热情万分，不仅在家里盛宴招待，而且每天一下班就来我们住的招待所放怀畅谈，还陪我们逛了广州的不少风景名胜、新开发区，让我们直接亲切地感受到了中国改革开放第一线的火热场面、蓬勃气象。

第二十章　李春芳牺牲

李春芳是我的亲弟弟，我们兄弟从小感情就极好，他很早就跟着我做抗日工作，各方面受我的影响很大。九一八事变后，日本帝国主义者疯狂侵略东北，屠杀践踏东北人民。春芳义愤填膺，就在兰西县联系团结了一些志同道合的青年开展抗日活动。

李春芳（右一）与李时雨夫妇及儿子李仁超合影

1932年春我受党组织派遣回东北组织抗日义勇军时，春芳在兰西县为了帮助我招收李海青部参加我们的义勇军队伍，做了不少工作。1933年春，我介绍他到张家口参加了冯玉祥、方振武、吉鸿昌领导的察绥抗日同盟军，任副营长。他作战勇敢，身先士卒。察绥抗日同盟军取得很大战绩，给日本侵略者以沉重打击，但也因此遭到日军更大压力，特别是遭到国民党中央政府的忌恨、破坏、镇压，最终失败。1934年，春芳回到东北，在黑龙江省庆城县伪县公署以任警尉为掩护职业，与当地抗日联军游击队建立了密切联系，继续从事反满抗日工作，积极搜集日、伪军的情报传递给抗联游击队，搞枪支弹药、医药用品秘密送游击队。1937年至1940年间，他多次按我的要求搜集东北的情报交我，也曾帮助我把情报送到中共北方分局社会部。

这就引起了日伪当局的怀疑。一天半夜，春芳正在灯下聚精会神地抄写抗日宣传材料，忽然外边附近街上传来几声狗叫。春芳急忙从窗帘缝往外看，月色朦胧中看到几个黑影正朝自己家这边移动，脚步声也越来越近。他立即把桌上的材料收拢起来，一时找不到放的地方，因为日军、特务来了肯定把家翻个底朝天。他急中生智，上前一步把大女儿推醒，随手把一叠宣传材料塞到女儿枕头下面。女儿微微睁开惺忪的眼睛，问："爸爸，怎么啦？"

春芳贴她耳边说："鬼子、特务来了，你快躺下装病，装得越像越好。"孩子很机灵，已经完全意识到情况的严重性，会意地点点头，立即躺好。春芳随手用一块湿毛巾放在孩子的额头。

这时，急促的叫门声响了，枪托砸在门上很急很重，春芳和妻子上前开门，只见三个日本兵和一个中国翻译一拥而入，门口还有两个站岗的。

女儿躺在炕上，闭着眼睛大声喘气，还不时发出"哎哟，我难受"的呻吟声。

母亲忙问："孩子，感觉怎么样？"一边轻轻拍着孩子的身体。

那个翻译问："谁是李春芳？"

春芳迎上前镇定地回答："我就是。"

翻译说："你跟我们走一趟。"

日军的三把刺刀立即齐齐对着春芳。春芳说："孩子病重，我现在不能跟你们走。"

女儿上气不接下气地说："妈，我肚子疼。"

翻译毫不理会："皇军叫你去，立刻走，少啰唆！"

一个日本兵这时已上来拽他。翻译问了一句："孩子什么病？"

春芳妻子说："一连烧了几天了，可能是疟疾一类的急性传染病。"翻译用日语跟日本兵咕噜了几句，日本兵马上退后几步，押着春芳走了。

翌日，鬼子审讯了春芳整整一天，春芳坚决不承认有任何反满抗日行为，同时大呼冤枉。日本人一时拿不出任何证据，当天放了春芳，实际派便衣特务严密监视。显而易见，他再在此地做抗日工作已十分困难。我经请示党组织，决定叫他到上海配合我工作。

1942年，他到上海随我为党工作。原来我担心他年轻性急，怕他容易暴露，一直没有同他说明我们是中共地下党，只说我们是为抗日工作。我让他送情报，也是让他到指定地点用指定暗号接头，春芳也自觉不问。静云从根据地回上海，忍不住向他讲述了根据地轰轰烈烈、热气腾腾、生龙活虎的抗日情况，他才知道我们中共地下工作者的身份。他埋怨我们那么长时间不同他讲实话，但配合我们工作更积极主动了。

我先介绍他到伪保安司令部教导团学军事，然后把他安排在上海伪保安司令部封锁管理处任上校专员。那时汪伪政府伪军的官特别毛，人称“上校数不清、少将满地走”，我这个处长就是少将，安排个上校不会引人关注。但春芳天天见那些伪军官兵狐假虎威、为非作歹、欺压百姓、敲诈勒索，心里怒火冲天却不能有任何公开表示，回家多次跟我和静云说：“我一天也干不下去了，憋气都憋死了，你们一定把我送到根据地当八路军，和日本鬼子真刀真枪地干！”

那一段时间张友恒住我家，与春芳一屋，两人一谈就是半夜。他很有方法，不断对春芳进行启发教育。春芳向他表示决心参加共产党领导的八路军，与日军决战疆场。张友恒既批评了他不安心在敌后做情报工作，指出这也是同日军作战，作用不能说比上火线小；又赞扬他要进根据地参加八路军，不怕牺牲冲锋陷阵一往无前的革命热情。张友恒很能密切联系群众，善于团结青年站在他的周围，听从他的指挥，为革命工作。我看他主要是以自己的英雄气魄、侠肝义胆，感召和吸引那些爱国青年，让他们从自己身上看到中国共产党领导的抗日革命青年的伟大形象，使他们心甘情愿投入革命队伍，献身革命，杀敌报国。

春芳对我说：“大哥，我是真心实意甘愿跟随金声哥（当时张友恒化名赵金声）这样的青年奔赴抗日战场，同日本鬼子拼个你死我活，痛痛快快干上一番，死而无怨，我一天也不愿在这鬼地方待下去了！”

张友恒经过考虑，认为应该支持春芳的意愿，便同意他的要求。春芳提出家乡有几个青年，早就同他一起搞抗日活动，多次表示愿追随他参加抗日，他想告诉他们这个消息，大家一块儿参加八路军。他还打算回东北把家属安置一下，然后到天津再转晋察冀抗日根据地。张友恒把接头地址交给春芳，约好在天津见面。

春芳非常兴奋，跳起来说：“太好了！我一定干出一番成绩再来见你！”

我当时提出：“一定注意安全、保密，不要出任何问题。”

张友恒 11 月初离沪返津。春芳 12 月初从上海回到巴彦，因为要等一个外出的同学回来一起走，在家整整拖了两个多月，春节过后才告别亲人到达哈尔滨。他拿着火车票检票进站时，突然发现有几个可疑的人正盯着自己，他心里一惊：有鬼！

正要伸手接票，一副明晃晃的手铐咔嚓一声将他的双手铐住了，春芳立即使尽力气举起双手，高声大喊：“光天化日之下，你们要干什么？你们知道我是干什么的？你们凭什么乱抓人？”

春芳这样是用行动通知旁边约好同行的几个同学赶紧走开。那几个同学马上分头散开，避免了更大的损失。

事后，春芳被押到日本宪兵队，在监狱中、审讯室里，受尽酷刑，什么皮鞭子、“压杠子”、灌辣椒水、上老虎凳、过电等各套刑罚，金钱、女色、官位等诱惑，各种硬的软的招数，日军都一一用过。但他坚强不屈，咬着牙坚持自己是负责任的满洲国警官，一向忠于职守。去天津、上海是想靠兄长提携，争取有更好的前程，在上海保安司令部封锁管理处任上校专员表现突出，工作成绩有案可查，任谁都说不出不字，任谁怎么诬陷都不怕，这次回家是正常探亲。所以包括这次及前一次被捕，一定是有人陷害。

李春芳

春芳真正做到了严守党的机密，一字没吐实情。后来上海、天津的地下党组织他有联系的人和联络点都丝毫未受影响。敌人对他那硬抗的烈性态度恨之入骨，认定几个案子的疑点都集中在他身上；可是又确实没抓住实际证据；这次毒刑用遍也没问出口供，真正无计可施，便下毒手将他秘密枪杀。春芳英勇牺牲时，年仅 29 岁。

地下党组织动员很多力量、关系多方

营救，我当时也想尽了办法。但日军伪满当局因为没抓住拿得出的证据又没得到任何口供，就根本不承认有此一案，咬定压根没有抓过此人，所以没有救出来。

唐代大诗人杜甫诗有：“出师未捷身先死，长使英雄泪满襟。”我又添上两句：“日寇杀我亲兄弟，此恨绵绵最伤心！”这里有两重意思：一是表明我对日本帝国主义侵略者及其走狗汉奸的深仇大恨，我要同他们斗争到底，向他们讨还血债；二是痛悔，“恨”还有“长恨歌”的“恨”，就是遗憾，真是痛心哪，就是我对他帮助还不够，要求不够严，以致他在回家找青年朋友问题上出现疏漏——不该拖那么长时间，如果跟他说清楚，日军早就抓过你，已经盯上了你，回到家安排一下，带着朋友立即直接赴根据地参加八路军，万万不能拖拖拉拉夜长梦多，就完全可能避免这个牺牲。

张友恒对李春芳表现出他对党、对同志负责的品质和作风。解放后，春芳的子女为他们的父亲申请国家颁发的烈士证时，有关单位多次向张友恒了解情况，他都不厌其烦地多次据实说明并写出证明，使问题顺利地得到解决。

李春芳革命烈士证明书

第二十一章　静云被捕

1944 年 4 月，一天晚间，我们开党小组会，学习党中央“整顿三风”的文件。深更半夜，开完会杨宁刚走不多时，我们刚刚躺在床上，还未入睡，突然传来一阵猛烈的敲门声，不像平常一般客人叫门的样子。我便穿着睡衣，走到三楼临街的北面，从窗口往外边看，竟是日本宪兵，前边还停着一辆吉普车。我知道情况不好，便到楼下电话室，向市伪警察局司法处值班室打电话，谎说我家来了强盗，叫他们赶快来警车救援。

李时雨与孙静云在上海哈同花园

我走出电话室，转到客厅门时，就听“哐”的一声，他们把大门砸开了，闯进日本宪兵和翻译共四人。我不得不把电灯打开，一个宪兵上前抓住我插在睡衣口袋里的右手向上一提，露出了我手中所持的手枪，一下子抢去。我没有准备抵抗，便冷冷地问：“你们这是干什么？”

翻译说：“我们是北平日本宪兵队的。你的卧室在哪里，领我们去检查一下。”

我做出满不在乎的样子说：“在这个客厅里谈谈不行吗？”

日本宪兵蛮横地大声说：“不行，不行，走，走！”上来就拉着我走。

“那就上楼吧！”

我边走边喊："静云，来人啦！"实际是向她报警。

我领着他们走进二楼卧室，静云穿着睡衣坐在床上。翻译说："你们的来往信件都放在什么地方？"

我指着个五斗柜说："就在那里。"

一个宪兵打开抽屉，把所有的信件和部分文件都翻了一遍，没有找到什么。翻译向日本宪兵嘀咕了几句，日本宪兵说："把他太太带走！"

翻译对我说："上边已经决定了，让你太太跟我们走一趟吧。"没等我回答，静云便连声说："好，我跟你们去。"说着便穿好衣服，跟他们下楼出门上了汽车。

事后，静云说："我为什么那么爽快地跟他们走呢？因为我们刚开完党小组会，杨宁写的提纲夹在一本政治经济学大纲书里，放在床头柜抽屉中间，再延迟一会儿，倘若被他们翻出来，那就糟了。还有汽车房的小楼里，存放着大量的资料，假使被发现了，更不得了！"

她还想，她被捕有我营救，若是弄不好我也被逮捕，可就更不好办了。所以，她就毅然决然地从容不迫跟着他们去了。我当时也想，他们带走静云一个人，又没有什么证据，总是好办些。

静云被日本宪兵队带走时，天还没有亮。她走了以后，上海伪警察局日方负责人才来，告诉我：原来北平日本宪兵队是来上海逮捕我和孙静云两个人的，经上海日本宪兵司令部和伪上海市警察局日方负责人说明，李时雨是中国政府的高级官员，没有确实证据，又没有向中国政府照会，是不好逮捕的！

后来得知，他们商议好了，先把我的太太孙静云抓去，问出口供，拿到证据，再来上海逮捕我。上海警察局司法处日方副处长管贤二郎来我家，只是安慰我，劝我不要着急。他说："放心吧，你太太去去，他们问问，会很快回来的。"

我那时虽然还弄不清楚他们是搞的什么鬼，但很明显，他们是通气的。我绝不能示弱，便理直气壮地大发脾气，向管贤二郎发火出气，大吵了一阵。我说："日本对中国说什么'友好''平等'，都是假的，简直没有把中国政府放在眼里，没有把中国人当人看待，你们纯粹是强盗！"

管贤二郎只是支支吾吾地解释和安慰，让我安静些，不必焦急。我说：“不行，我得找陈市长去！”

这时，天已蒙蒙亮，我便乘车到陈公博的公馆。我匆匆地走进大门，卫士们说：“处长有什么急事，这么早就来了？”

我边走边说：“有要紧事。”

走进房门我问郑副官：“陈先生起来了吗？”

他说：“正在吃早点。”

我没有等他通报，便径直闯进餐厅，陈公博正在吃红豆粥。我立正行礼，开口便说：“陈先生，向您报告一件不幸的事，我的太太被日本宪兵队抓去了！”

陈公博愣了一下道：“啊，为什么？怎么搞的？”

我把经过、情况一五一十地向陈公博说了一遍。陈公博说：“这太不像话了！”

我说：“是啊，我们太没有保障了，真的没法干了，这不是和‘满洲国’、华北一样了吗？陈先生，这不仅是我一个人的事，所有南京政府的官员，都看到了自己的命运，将来不是也得如此吗？日本人在我们中国随便抓人那是常事，可我们搞‘和平运动’的人的家也破门而入，也不打个招呼就把人抓走，简直是强盗，还谈什么主权、独立、自由、平等。陈先生，我们能够容忍吗？我请求陈先生把我的太太孙静云要回来——她有什么问题，回我们中国政府处理。如果对我也不相信，那就把我也关押起来审查。日本人如此对待中国官员，我还怎么再在警察局干下去？请陈先生给我以指示。”

陈公博听了我一番激烈强硬的申诉之后，也有些愤怒。他嘱咐我不必焦急，他说马上让林秘书（也是翻译）打电话，叫市警察局特高处处长五岛茂来办理这件事。他再次嘱咐我照常工作。我走后，五岛很快就来到陈公馆，陈公博向他大发雷霆。副官们说：“从来没有看见陈先生对日本人如此发火，这回他可真急眼了。”

陈公博对五岛茂严厉地说：“赶快把人给我要回来！”

并声称：日本人如此目无中国政府，随便搜查中国官员的住宅、逮捕人，今后我无法面对部下，我这个市长也没法干下去了。这是违反中日条约，破坏中日关系。五岛茂向陈公博表示歉意，答应一定认真去办，请他放心。

我照常上班，去伪市政府送批文件时，陈公博告诉我："你太太的事，我已经让五岛去办，你要冷静对待，沉着应对。"我明确表态："请先生放心，我绝不会耽误工作。"实际上我也做到了表面镇定如常，一切照旧。

可我心里不断打鼓。因为我是知道日本兵怎样对待抗日志士，怎样对待共产党人的，特别是怎样对待女抗日战士、女共产党员的，他们是什么阴险、毒辣、残暴、卑鄙、无耻的手段都能使出来的。他们非常狡猾奸诈，有一套唬、骗、蒙、激等套口供的办法。我连最坏的可能都想到了，那就是万一静云陷进敌人的圈套，无意中或一冲动暴露了自己的共产党员身份，我也不能束手就擒，而应最大限度地保守党的机密，保护党的组织、革命同志。我很清楚，日军这是对着我来的，他们抓静云，是想先从她身上打开缺口。

一连几天，我把藏在家里的文件材料全部处理完毕，告知所有有联系的同志做好应变准备。这些事全部做完，我的心平静了一些，但还是几夜不能合眼入睡，眼前都是静云受敌人审讯的情景，只觉得心一阵一阵地疼。白天，还得故作镇定强打精神照常工作。那种焦灼沉重难过的心情，真是难以形容！

在此期间，伪组织各机关许多人向我慰问，表示关怀。有些人实际是探我口风，隔岸观火甚至幸灾乐祸。我坚持滴水不漏真情，只是借机宣传日本宪兵队随便抓人，做伪官的得不到保障。有些与我要好的人，都表示极为同情，凡能见到陈公博的人，则向其表达"兔死狐悲"之感。这给这个"二把手"、大市长一定压力，使他感到，这不是一个李时雨的问题，而是关系到身边一群骨干能不能安心给他卖命的问题。

陈公博对我顶着巨大压力仍能忍辱负重坚持工作极为满意，再说他当然也知道日军并没掌握我和静云真有问题的证据，所以他认为北平日本宪兵对我们搞错了。他多次叫林秘书打电话给五岛，催问此事。经五岛交涉，两个星期以后，上海日本宪兵司令部派宪兵少尉中村去北平把孙静云接回上海。我也接到五岛的电话，说你太太将乘某次火车到上海，你可去火车站接她回家。

这天，我便同会讲日语的石玉祥、张维光乘汽车按时去火车站接迎。火车到站后，静云下车同我们见面，真是一时悲喜交加，一切都在不言中。日本宪兵队中村少尉说要先到虹口饭店，我们就一同到了虹口饭店。中村打电话向他的上级请示后，表示说静云没事了。我们回家后，静云便把这次被捕经受苦难的详情，慢慢地讲给我听。

那天夜里，静云被北平的日本宪兵队带走后，先押送到虹口日本上海宪兵司令部，可能是在那里办手续。等了几个小时，当日上午就乘火车去北平。在火车上，开始如一般乘客一样坐着，后来静云见到一个熟人，互相点点头，日军看到便把她的头用一件衣服给蒙上了。

到北平后，静云被关押在西交民巷日本宪兵队，连日审问，主要是问我们与何松亭是什么关系？现在何松亭在哪里？

静云回答：我们与何松亭是同学朋友关系，只知何松亭是银行职员、大学教授，在天津时见过面，不知他的地址，不知他是共产党，不知他做过什么反日的事，不知他现在何处。此外，再问什么更不知道。她想，这是党的秘密，知道也不能告诉你呀，你算什么东西，狗强盗，中国人民的敌人！

日军没办法就残酷刑讯，棍子鞭子吊起来打、灌凉水、跪砖头等一套都拿出来了。这些严刑拷问，静云都不在乎，她横下一条心：我是中国共产党党员，党的秘密，一个字也不能透露给敌人。她大义凛然，宁死不屈。在受刑中，她想到了许建国在根据地时对她的那些教导："在敌后工作，要临危不惧，要勇敢机智，用宁死不屈的精神，充分准备应对可能发生的任何突然事变。"这些语重心长、铿锵有力的话，给静云以勇敢和力量，与敌人展开了不屈不挠的斗争。先审她的是几个日本兵，几番严刑拷打，也没有问出任何口供。日军黔驴技穷，便叫翻译继续追问。

这个翻译名叫王一镇，大连人，当他打静云逼供时，静云小声但正颜厉色地问他："你是中国人吗？你家的姐妹不受日本人欺辱吗？为虎作伥，替日本人打中国同胞，算什么英雄好汉。想没想你的后路，日本鬼子还能闹腾几天？”

这个汉奸手颤了一下，似乎略有愧色，就不再那么使劲打了。从那天起，日本宪兵叫他刑讯时，他就不再认真地打了。他一个人审讯时，只是把静云的棉旗袍后背抽打得破烂不堪，没有重伤她的身体。静云临走以前，那个翻译低声说：“真惭愧啊，我这个男人，还不如你这位太太。好样的，为中国人增光，你可算得上女英雄啊！”

静云说：“你以后不做帮凶，多向着中国人，还是可以赎罪的。好自为之吧！”

静云经得起这一严峻的考验，敌人逼不出口供，抓不着任何证据，加上我积极营救，特别是陈公博又追得紧，她终于虎口脱险。

静云被捕后，我曾与在保安司令部工作的杨宁商量，叫他暂时躲避一下。杨宁蛮有把握地说：“我相信静云同志一定坚贞不屈，能够经得住考验！”

杨宁当时非常镇静，并不慌张，照常上班。我理解杨宁，这也是从对敌人斗争考虑，就是以实际行动告诉他人，特别是负责监视我的人：不仅李时雨问心无愧照旧工作，李时雨推荐的人也毫无惊慌惧怕。敌人最终也没有发现什么蛛丝马迹。

我们虽然安全地闯过了这一关，但是敌人并没有放过我们，经常暗中监视，有时还公开找麻烦。静云回沪后，当上海市发生什么政治事件时，日本宪兵司令部就找我问来问去。

一次静安寺一带发生了炸弹事件，伪警察局特高处正忙着侦察，尚未摸到头绪，日本宪兵司令部又来找我问长问短。我说：“我是办刑事案件的司法警察，对于搞政治案件的特高业务不是内行。我还要问你们呢，怎么，你们日本宪兵队无法破案，为什么老是向我这外行的中国人求教？”

我总是以极不耐烦的态度和冷言冷语对付他们，但还是不能甩掉日军的纠缠。我想，这也不是办法，不是长久之计。可怎么能摆脱屁股后这个鬼呢？

我向陈公博讲了这个问题，请他帮助解决，我好能够安心工作。我说："日本宪兵队真不讲理，无缘无故把我夫人抓去，监狱关押，严刑拷打，放回来还不算完，又对我纠缠不休。这不仅是欺压我个人，也是对中国政府的蔑视和欺辱，请先生一定为我们做主！"

陈公博当即吩咐沪西区长卜立夫负责与日方交涉，让他一定要想办法帮助我解脱困境。

卜立夫是东北人，留学日本搞航空的，他日语说得好，与日本宪兵队的人熟识，与我私人交情也很好。他接受陈公博交给他的任务，加上我与他的私交，所以他很卖力地与日方联络。他的办法是一方面向日本人反复说明，说我是陈公博的亲信，工作一向努力，成绩突出，要他们看在陈市长的面上，不要再找我麻烦；另一方面用我拿出的钱，以他的名义请日本人吃饭和送东西。这样一来，上海日本宪兵司令部的那几个家伙果然就收敛许多，不再公开找麻烦了。

第二十二章　应付复杂人物

在隐蔽战线地下工作中，对革命危害最大的是革命队伍内部的叛徒。如何对付这类人物，是一个非常严重的问题。如何正确处理革命队伍内部的种种矛盾，也是个必须认真妥善处理的问题。

那是在天津高等法院时，我经常联系的人中，有一个叫苏安仁。许烈一次到我家，十分严肃地告诉我：苏安仁九一八事变后在北平东北中学读书，车向忱是该校校长。在车向忱爱国思想影响下，苏安仁开始参加一些革命活动，被车向忱发展为党的外围组织互济会的成员，跟着车向忱到处奔走，参加了抗日大同盟，西安事变后苏安仁去了西安，以后又到了天津。最近有人发现，他经常与日本人在一起，为日本人办事，还经常与一些不三不四的人在一起大吃大喝，这引起了许烈的怀疑。

恰在这时，有一天夜晚，苏安仁到了许烈家，一进屋就贼头贼脑地四处搜寻，然后似笑非笑地说："老许，我最近手头很紧，你是否再借给我些钱，以后我有钱再还你。"

许烈心里立刻一股火起，真想质问他：你最近经常大吃大喝怎么就有钱啦？！但是他知道这个时候激怒这个家伙对组织不利。就压住怒火，冷冷地说："你说吧，想要多少？"

苏笑嘻嘻地说："那就 100 元吧。"

那时候 100 元对一般人来说，不是个小数，许烈明确回绝："我哪有那么多钱？！"同时从兜中掏出 30 元摔在桌子上，说："就这些，希望是最后一次。"许烈看出他不满意，就说："我有的就是这些，如果你嫌少，那就算了。"说着，伸手去拿钱。苏安仁急忙用手按住许烈的手，夺过钱，很是不满地哼了一声走了。

第二天晚，许烈回家，正开门，不知从哪飞来一块砖头，正中他的腰部，许烈喊"什么人"，同时环顾四周，没有发现任何人。他转身再开门，又飞来一块砖头，"咚"的一声砸到门上。许烈边喊谁边试图追赶，看到旁边巷口一个人影一闪，掉头迅速跑开，从那身影动作看，肯定是苏安仁无疑。许烈还说，他从未告诉过苏安仁自己的住处。苏安仁还问天津还有哪些同志，他也没告诉他。许烈叮嘱一位熟识我的同志：苏安仁不知道李时雨在天津，不要理他。

我是在北平东北抗日救国会认识苏安仁的，经许烈一讲，觉得这家伙是个小人，决心会他一会，煞一下他的狂劲，不然他非搞出乱子不可。于是，我就在许烈说的那些街道转了几天，果然看见了苏安仁。

我有意与他走了个迎头碰，他惊讶地问："李大哥，没想到你也在天津？"

我两眼冷冷地直视他，严肃地问："你在天津干了什么？"

他立刻显出一副忐忑不安心中有鬼的样子，结结巴巴地说："我没……没……没……做什么，我还一直没有工作，实在没钱，才找许烈想办法。"

我立刻断定，他一定干了见不得人的事，我就一针见血地挑明说："你陷害同志，敲诈许烈，跟一些不三不四的人拉拉扯扯，你还给日本人办事，难道还要我拿出证据吗？你的良心何在？"

苏安仁目光闪烁，显然在现编瞎话，说："李大哥，我实在是迫不得已呀。"他盯着我一身笔挺西服华贵高级，顿生敲我一笔的邪念："李大哥，我现在身上分文皆无，吃饭都没着落，你能不能帮我一下？"

我早有准备，就拿出身上的钱："这些你拿去，你要好好做人。"然后我就扬长而去。

几天后一个傍晚，我刚到家，就听有人敲门。我一问，是苏安仁，我不觉一愣，随手打开门让他进屋。我问："你怎么知道我的住处？"

他说："那天，我跟随您，才知道您住在这里。李大哥，你在什么地方工作？"

我想该对他挑明了，就说："我现在是天津高等法院检察官，凭我的地位，我不怕你打我的主意。我奉劝你，悬崖勒马，要想人不知，除非己莫为，善有善报，恶有恶报。不要看日本人一时得势，就出卖祖宗灵魂，替日本人卖命，干跟中国人作对的事，那是注定没有好下场的，也可能立竿见影现世报！"

苏安仁看我把他的老底揭开了，先是慌乱无措，接着咧嘴哭了起来，说："我是生活无出路才给日本人办事的，想混口饭吃，没想日本人不讲信用，说我的情报没价值，给的钱都不够吃饭，逼我搞重要情报……"

我打断他："你已经陷得很深了，你必须马上离开天津，重新做人，否则，你没有好下场！"

苏安仁说："我听您的。但我现在立刻走不了，因为我一个朋友病重，他病一好我马上离开天津。"

我拿出一笔钱交给他，说："这钱你拿去给他治病。你要说到做到！"

我记下他住的具体地址。这时，静云手托几件衣服走进来，对苏安仁说："我看你穿得挺破烂，这几件衣服都是时雨平时穿的，你要不嫌弃，就拿去换一下，挡挡风寒吧。"苏安仁接过衣服，千恩万谢走了。

隔天，我就借公务之便，坐小轿车去日租界找到苏安仁的住处，是一间破烂不堪的矮板房，一靠近，一股难闻的霉臭味迎面而来，屋里又脏又乱又暗，搭着能容五六个人的一个木板铺，铺上横躺着一个年轻人，身上斜搭着一床破被，不时地发出微弱的呻吟声。我朝站起来迎接我的苏安仁点点头，俯身摸了摸病人的头，觉得很烫。

我说："小苏子，如果你有那么一点儿中国人的味儿，就马上找医生把你这朋友的病治好，尽快离开天津，去干正经事；否则，再让我在天津看见你，你就别怪我不客气。"我又掏出一些钱，"这是给你这位朋友看病的。"

苏安仁接过钱放在铺上，连声说："谢谢李大哥，谢谢。我真不是人，我混蛋，对不起同志们，他的病稍有好转，我就离开天津，不然我不得好死！"

我说："用不着这样发誓赌咒，真照我说的做，不然我决不放过你！"

然后我走出板房，登上汽车离开了日租界。

此后，人们没在天津再见到过苏安仁，许烈等也没再受到干扰。同志们都说：我是恩威并重，解决了一个难题。

我的大学同学文希彦，是夏尚志介绍我们两人同时加入共青团的，他回东北后脱离了党团组织，并在那里染上了鸦片烟瘾。1942 年春，他来上海找我谋职业，我念旧日交情热情接待，他初来时，我给他换了全套衣服鞋帽。当时静云进根据地，我留他在家住了几天，我家的厨师很惊讶地说："这是处长什么人，这样接待？！"

我给他安排上海保安司令部军法处少校军法官的职务，还给他安置了住处。但他的鸦片瘾不肯戒掉，生活也不检点，把他经办案子取保候审的保证金巨款私自挪用了。

很快有人向我反映了。我考虑他这是违法行为，眼看就要被揭发治罪的。若是帮他暗中补上此款，难保他以后能够学好，莫如我拿出一笔钱，让他远走，再与接管此案的法官商议不了了之。可我又不能自己出面，遂嘱宫洗尘办理。我交宫洗尘一笔钱给文希彦作出走的费用，但不要说是我给的，只向他说此事有人揭发，我压着没有声张。我们正在研究中，这事暴露了。宫洗尘找他说是他的主意，文希彦走为上计，不然我作为处长也无法袒护，公事公办就得扣押法办，危在旦夕刻不容缓。此事这样处理，文希彦走后我费了不少唇舌，得到主任军法官孙增厚帮忙掩饰过去，幸而没有出乱子。

还有宫洗尘突然来沪，不是党组织转来的关系，是他躲避敌特追捕逃来的。由于他是我介绍参加革命工作，又是同乡好友，他来了我就派他为上海伪保安司令部军法官。他就在上海躲避下来，但没有向我提出要求为党工作。后来得知他是与一个姓刘的女大夫有关系，他们一同暴露了抗日身份，被日本宪兵队追捕未获，还在敌特的通缉之中。我想必须将宫洗尘在上海的事，向党组织汇报。

党组织得知后，认为必须将宫洗尘送根据地，才能保证外边的安全。组织上给我们来信说："宫儿不争气，背家出走，不可任其在外浪荡。接信告他速回大舅家，以免发生事端。"我转告他，组织上让我通知他回天津好送他进根据地，他还有点不愿意走，经我劝说他才去了。东北解放后他当过黑龙江省公安厅长。可以设想，假如他待在上海，脱离组织，也不为党工作，其结果又将怎样？

我根据党组织的指示，让他离开上海，既保证了彻底摆脱敌人的追捕和他今后的不断进步，又防止了上海的地下组织受他牵连受到损失。可惜，全国解放不久，宫洗尘就因病逝世了，我们再也没有机会见面叙谈往事。

孟幻飞，是我在北平大学时结识的好朋友。我在天津做地下工作时，他以李杜驻津办事处的名义为我党做情报工作。我们发生了横向关系，我帮助他做了不少工作，如租房打保、取汇款打保、传递信件，还介绍严继哲由他派往东北收集情报。于毅夫的妹妹于成惠给他收集情报，由东北来天津，每次都是我送她出入租界地。孟幻飞还托我介绍何松亭与他们发生工作关系，相互合作一段，后来他们之间产生了矛盾，据何松亭说，孟幻飞把他介绍的看守电台的曾廉不知怎么弄失踪了。又说孟幻飞交我由天津转送北平给何的一封信，写得也比较露，就是容易暴露，如被敌人抄去是有危险的。1940年去南京之前，何松亭就对我严肃指出，孟幻飞这人不可靠，要我提高警惕，应设法摆脱他。

但因孟幻飞早已知道我的政治面目，而且我打进汪伪组织又是通过他的关系，所以，我实在不想得罪他。我考虑孟幻飞尽管为人滑头，不太诚实，喜欢耍小聪明，但我还没发现他政治上有什么大问题。所以我还是尽力帮助他做些工作。

他在上海工作后期，经不起种种诱惑，堕落了。他上赌台子成瘾，吸鸦片也上瘾，搞得十分不成样子，一点脸也没有了。他把爱人的贵重首饰等值钱的东西都偷出来卖了或当了，都拿去当赌本、买大烟，这是两个无底洞啊。他也曾多次向我要钱，我念在多年相交的分上，都尽所能给他了。但他仍不满足，还对我不满，认为我给得太少。他的爱人到处找不到他，就到伪警局找我，向我哭诉。我和姜春圃（现任哈尔滨师大教授）凑钱给孟幻飞的爱人去把他当的东西赎出来。金城银行许家骏（现在全国工商联工作）向我说，孟幻飞骗他一大笔钱不还，致使他无法向银行交账，也来求我帮助解决问题。

孟幻飞最后一次见我，脸上气色已经不正常，灰头土脸，无精打采，一脸烟容。他向我借钱，我说今天手中没钱，现在给的是向别人转借的，你一定要还。他说他有一部精装的《鲁迅全集》，如无钱还就可以相抵。后来他许久不还钱，我要了他那部书（此书后来我交给刘人寿），他就更对我不满了。没想到，孟幻飞竟发展到伙同张本果和宪兵队姓齐的翻译，预谋向我进行敲诈。

此事是张本果在伪警局任督察长时因贩卖枪支被苏成德关押由我保

出来之后，他受感动向我交代的。据张本果说，是孟幻飞提出的办法，让那个姓齐的翻译持一封以何松亭名义写给我的信，找我接关系，然后向我要一笔钱，如不给钱就翻脸向宪兵队告发我。但姓齐的翻译说，李时雨是陈公博的亲信、现任警察局处长，红得发紫，弄不好画虎不成反类犬，有可能把他自己抓起来送宪兵队，所以没有着手干。解放后，我向孟幻飞严肃地提出此事，他既不承认，又没否认此事，他只问了一句："张本果哪儿去了？"

我说："他可能跑到台湾去了。"

他讪讪地说了一句："这个家伙！"

我本想，革命已经胜利了，这类问题没有造成严重恶果，大家说清楚，他认识到错了，过去的事就算了。可他并无悔过之意，反而怀恨我，怕我先向组织反映他的劣迹，来了个恶人先告状，向党组织揭发我，说什么"李时雨当上司法处长后，洋房、汽车全都有了，把天津交给他的任务，全给扔一边了，连一项工作也没干过。"我干了多少工作，党组织是一清二楚的，他的污蔑、攻击都是徒劳的。

万万没想到，这坏事竟变成了好事。潘汉年的案子发生后，孟幻飞的这几句不实之词，恰恰说明了我与潘汉年及孟幻飞的联系不多，关系不密切。他在无形中帮了我大忙，因而潘汉年一案，我没有受到太多的牵连。

我和孟幻飞是青年时期的好朋友，我过去认为他比我聪明，缺点是不够诚实，往往耍小聪明，自欺欺人，所以，他干了些"聪明反被聪明误"的事。也许是私人感情作祟，我总是原谅他，总是往好处想他。我以为尽管他的政治品质差些，但总不至于变成一个革命的叛徒。我也常常以此为例，检查自己交朋友时只爱才而忽略品德，是很大的缺陷，因而一生中吃了不少亏！我把这事记下来只是为了汲取教训，因此，这个"孟幻飞"的名字是虚构的，不是当年我那老朋友的名字。

总之，在敌区工作并不都是一帆风顺的，即使革命队伍内部也不是那么容易相处的，会遇到各种各样的人和各种各样的事，偶一不慎，就会差之毫厘，谬之千里，出大乱子，给革命事业造成无法弥补的损失，后悔不及。由于我们没有受过专业的谍报训练。在我家中竟然发生一件使

李时雨夫妇与两个儿子在上海中山公园（原兆丰公园）

我和静云都感到后怕的事。那就是在1945年5月9号德国法西斯投降后，我们党小组在我家举行了一个小型的庆祝会。为防万一敌人检查，我们布置成打麻将，桌上还放了一些水果糖果等。这些好吃的东西吸引了一直和我们夫妻睡在同一卧室的七岁孩子小乖（仁超）。他一直缠着不肯睡觉。没想到这小东西第二天一早，就把我们庆祝的内容告诉了他的哥哥志超和弟弟勇超。他们三个孩子竟然举着自制的写着庆祝德国投降、还我山河、坚决抗战三面小旗上街进行了一个小型示威游行。后面还跟了一群上海的小把戏（小朋友）。幸好我岳母早上买菜回来发现得早。立即没收了他们的小旗，把他们抓了回来。我一早上班没在家。静云得知后，真是又急又气又后怕。不由分说把两个大的孩子小林小乖打了一顿屁股板子，又把他们关了禁闭。我下班回来知道他们举行庆祝游行的事。虽然未被日本敌特发现，也是感到后怕。决定以后凡是我们党小组开会活动一律让我岳母带三个孩子到大门外，以玩耍为名，进行站岗放哨，并约定，自己人来时由孩子领进门，生人闯入孩子装作打架哭闹报警，这样一举两得。既防止了孩子的无知闯祸，又增加了我们工作的一道安全防线。记得当时建平说话有点大舌音，客人来时

左为小数（李勇超）、右为小乖（李仁超）

他常拉着手说：你又乃（来）哪！所以金若望、姚鸿章等人进门时也常故意逗他说：我又乃（来）哪！引得大家哈哈笑。同时还应特别牢记，革命者必须在生活作风等各方面严格约束自己，绝不能对封建主义、资产阶级腐朽生活方式等香风毒雾放松警惕，量变不卡住，质变止不住，就像俄罗斯谚语所说："一爪被缚，全身落网。"

第二十三章 赴日考察

1941年12月8日，日本发动太平洋战争，上海的日本海军也于次日凌晨向黄浦江上的英美军舰发起攻击。这一切，日本事前对汪伪一伙完全保密，这天早晨7点30分，才通知汪精卫，汪伪一伙当然只能步步紧跟。

1942年1月9日，汪伪政府发布《宣战布告》，宣布自即日起，对英美处于战争状态。汪精卫在多次讲话中宣称：要以与日本同生死的决心，来参加战争，保障治安。他还说：过去一年已奠定大东亚战争胜利的基础，今年一年将为确保战果、发展战果年，为此，要以最大的努力，充实国力，并以最大的诚意与日本协力，争取大东亚圣战的彻底胜利。

这一年，确实是汪伪政府活动最猖獗的一年。他们加紧扩大“清乡”区域，加紧物资统治、强化治安，对沦陷区人民进一步剥削压榨。因为日本在太平洋战争初期进展顺利，报纸广播上不断是什么大捷、什么进占的吹吹捧捧。

但实际上，他们对日本方面事前毫不通气非常不满。陈公博就同我发过牢骚：“这么大事，为什么事前一点气不通，难道连这点信任都没有了吗？”他还同我说过，汪精卫对此非常不快，感到日本人没把“国民政府”放在眼里，不是说“中日提携”“同生共死”吗？

但是，战争形势变化很快，从1942年下半年，特别是从1943年起，世界反法西斯力量很快阻遏了德意日法西斯的猖狂进攻。1944年初日本在南太平洋战场作战连遭失败，美国的飞机都把炸弹扔到日本的本土上了。

在中国战场，日伪日益困顿，根本看不出有任何政治解决的迹象，共产党及其领导的军队和根据地越“扫荡”越“清乡”就越大越强，日伪只能控制几个城市及其周边很少很小的地盘。与表面在报纸上、广播中吹嘘的皇军赫赫战果不同，前线坏消息不断通过私下各种渠道传出，这些消息是汪伪一伙始料不及但又无可奈何的。因此，对他们一伙上上下下震动空前深刻巨大，没人公开议论，但谁心里都明白：日本人灭亡结局确定无疑了，这一天到来也为时不远了。

1943年5月4日，汪精卫就这样在奔波忙碌又消沉悲凉中度过了自己的60寿辰，很快有他的两首诗词传出，一是七言绝句《盛怀诗》：

六十年无一事成，不须悲慨不须惊。

但存一息人间世，种种还如今日生。

一首词《朝中措》：

城楼百尺倚空苍，雁背正低翔。满地萧萧落叶，黄花留住斜阳。

栏干拍遍，心头块垒。眼底风光，为问青山绿水，能禁几度兴亡。

机关里的大小伪官竞相传抄，竞相吹捧汪精卫的新作"忧国忧民""自强不息""意境高远"，格调"沉郁苍凉""直追李杜苏辛"等等，其实大家都看到了汪精卫的思想苦闷、情绪低沉，无非不明说而已。汪精卫的身体本来就有枪伤、糖尿病等老病，加上这种心境，能不加重病情吗？果然，到1943年末汪精卫的身体明显恶化，公开场合一般不再露面。1944年3月3日，不得不在陈璧君等家人和亲信20余人护送下乘飞机前往日本治疗。

正在这个时候，上海市伪警察局要组织一个赴日考察警政的考察团。我想这是个躲避北平日本宪兵勾结上海宪兵风头的好机会，一定要争取参加这个考察团。我向陈公博提出要求，理由主要是去考察日本警政，学习借鉴日本的先进经验，搞好上海的警政，同时借以避开日本宪兵队的纠缠。

陈公博非常痛快地答应了，说："去看看日本的司法警察，是必要的，可以取其长处，为我所用；还要代表我去探望一下汪先生；同时，出去走走也好让他们冷一下，省得他们再没完没了找你的麻烦。"陈公博还下令：这是上海警政界一件大事，要公开报道、公开广播，时雨要位列第一。显而易见，他这既是对各界张扬、显示自己的政绩；也有让日本人看，进而解脱对我怀疑的意图；又让与我一样的诸多部下看，他有担当，对部下负责到底，从而对他感恩戴德誓死效忠。

这个考察团由我同行政处长吕琪、日本人山本科长和翻译石玉祥组成。我们这个考察团一行四人，于1944年5月中旬由上海乘飞机到日本福冈，然后到东京、神户、横滨、京都、箱根、名古屋、大阪等地及近郊少数农村，参观了日本各地的法院、监狱、看守所以及警察机关；还参观了日本防空和消防设施。所到之处，都有日方负责人详细介绍情况、回答问题，我们都认真做了记录。

同时，我更加注意了解日本国内的真实情况。通过一再向陪同、会见的日本人及所见到的中国人提问，了解到日本在全面侵华以后的经济情况大体是：1937 年中日全面开战以前，日本各种物资敞开供应。1939 年起大部分物资，特别是粮食就开始定量，凭票供应，不过基本还能吃饱。但情况很快变化，到 1941 年太平洋战争爆发前，普通成年人的定量就降到每天 350 克，就是中国的 7 两，加上农副产品全面缺乏，除了官僚、资本家、贵族，一般人都吃不饱了。日本政府宣扬占领南洋富庶产粮区能改善供应，可是不久形势急转直下更加恶化，到 1944 年粮食更加紧张，其他消费品都供应不上，绝大多数一般城市居民普遍处于饥饿状态。

我们在日本所到各市看到的情况全面地印证了上述所闻。他们城市商店里几乎没有什么东西，货柜里、货架子上摆的货物品种很少，甚至空空如也。吃、穿、用的农副产品，如鱼、肉和蔬菜及轻工业品等，都极缺。一问，那些售货员都是大弯腰鞠躬示歉，回答都是一句话：“对不起，现在暂时缺货。”饭馆门前排着长长的队。市民粮食早就实行配给制，居民定量很少，根本吃不饱，几乎个个面黄肌瘦。火车上和车站的工作人员，各个政府机关、工厂、商店等等，几乎全是女子，很少见青壮年男人。可日本政府还在继续征兵，我们见到火车站上等车的要开往中国或者是南洋的军人，尽是些娃娃脸，又矮又瘦又小，一看就能看出绝对不是 18 周岁以上长成的青年人，满脸强打精神无可奈何的样子，跟我们以前在纪录片里看到的，高唱军歌趾高气扬耀武扬威的样子完全不同。城乡人民生活极端困苦，经济十分萧条，用他们的话说：“太不景气了。”从各方面情况看，他们已经搞得民穷财尽，达到难以为继的程度了。我深深感到，这场战争也给日本人民带来了深重灾难。

我们归途是由日本经朝鲜到伪满，顺便参观了沈阳、长春、哈尔滨几个大城市，更是政治黑暗、经济困苦、满目疮痍、不堪言状，比我上次来时更糟。在沈阳、长春参观了伪警察机关和监所，我本想借机会在参观哈尔滨监所时，能看到我的弟弟春芳。也许因为如此，他们不让我们去参观哈尔滨的监所。我临行前托哈尔滨伪警察局的日本人坂田，请他查找李春芳的下落，他答应得很好，可后来毫无下文。我还托汪伪政府驻伪满大使陈济成帮忙营救，陈济成委托日本关东军部菊池少佐帮助查找。哈尔滨日本宪兵机关硬是不承认有此人此案。

我们还在天津、北平住了几天，到处走走看看，接触一些人，了解些敌伪情况。华北地区也被日伪蹂躏压榨多年，弄得民生凋敝，市场萧条，库存空虚，奄奄一息了。

总之，这一个月来，我在日本看了几个城市和乡村，看了伪满几个城市以及天津、北平等敌占区。虽然都是走马观花，但从这些表面现象，也可以窥见它的实质，一切都是极其糟糕的。看得出，日本帝国主义侵略中国的战争，是不可能支持多久了，他们垮台灭亡的日子不远了。

就这样，我以“金蝉脱壳”的方法，避开上海日本宪兵队的监视，走向更为重要的敌伪后方腹地，借机搜集到足以研究和证实日本帝国主义确已面临危机四伏窘迫万分的境地的战略情报资料。我回上海后，将我这一行所了解的敌情，整理出一份资料，交杨宁密写并伪装好，于6月间由他带到北方上报，得到党组织的肯定，认为很有价值。

第二十四章　陈公博末路

1944年11月10日上午，汪精卫在日本名古屋帝大医院一命呜呼。陈公博当了汪伪国民党主席、汪伪国民政府代主席（因为汪精卫就没称主席，而称代主席），成为汪伪一伙名副其实的一把手。在汪精卫的所谓“国葬”大会、就任伪国民政府主席等各种大小公开场合，他都信誓旦旦地宣称：坚决继承汪精卫遗志，与日本同甘共苦、同生共死，奋斗到底勇往直前。

但在私下里，他内心的苦恼烦闷、空虚无奈就无法掩饰了。他多次对我讲，他从一开始就反对汪精卫言和，认为汪精卫不应在国民党开始抗战后再提出一套另外的主张。他更反对汪精卫离开重庆，他几次向汪精卫明确提出过自己的不同观点。知道汪精卫离开重庆决心已定，他回到成都时，内心苦闷达于极点，每夜都不能合眼。想：不跟汪精卫一起走，人家很可能把我看成是汪精卫留下当内应的，还得硬着头皮听人家骂汪先生卖国，情何以堪。跟汪精卫走，明明是更加荆棘丛生前途叵测，最终一定没有好下场。到河内参加“艳电”的起草后到香港，他支持汪精卫公布自己对日外交主张，但他不想继续干了，不想再往前迈了，他更不赞成汪精卫出面另组政府，劝汪精卫到此为止。

他一直感念着汪精卫多年提携的知遇之恩，加上汪伪还都伪国民政府成立之前，陈璧君找到他，流着眼泪让他出来帮助汪精卫，说不然权都让周佛海抓去了。特别是高宗武、陶希圣出走叛汪精卫，原属汪系政客及汪寄予很大希望的各地军阀纷纷反戈一击公开讨汪精卫，汪精卫处于空前内外交困之际，他决心站出来投身“和运”，与汪精卫共对时艰，挽狂澜于既倒，从势成骑虎到终于跳进火坑，也只能干到底了。

他说，平生最鄙视趋炎附势的小人，你在台上高位重权，他奴颜婢膝阿谀奉迎；你一旦失势下台，他马上变脸弃你远去，声讨伐罪刀刀见血。这样的人他见多了，他绝不做这样的小人。他要永远无愧于良心，永远对得起汪先生。

他这些话围绕一个意思：他本不想当汉奸，是因为追随汪精卫，与汪精卫关系太深才落水的。我主要是听，但我心里很清楚，这观点根本站不住，顾孟余等不少原与汪精卫关系很深的原汪改组派干将，就毅然和汪公开决裂，而他的根本原因是他们政治思想、立场有一致的地方。

陈公博对汪精卫死后由他接班收拾烂摊子是有精神准备的。他说，实在不愿接这个摊子，但也只有他来接，不干又不行；而他不是消极等待日本垮台，而是企图通过代主席这个“一把手”的地位，把汪伪各种力量、特别是伪军统一起来，由自己掌握，以便在同重庆打交道时有本钱，向蒋“输诚”拿得出硬头货。

陈公博这时做出一副满怀信心、龙行虎步、大步流星的样子，各处视察，与伪军各军头目召开会议发表慷慨激昂的讲演，或个别会见深入密谈，大讲反共“剿共”、根绝赤祸等高调，主要做了一件事，以反共、防止新四军八路军进攻为名，调动被日本“分而治之”十分分散的伪军，集中起来守卫宁沪杭几个中心城市和交通要道，为蒋介石保住东南半壁的富庶之区。陈公博这么干，是因为他号准了蒋介石反共一定不变的脉，是想用这些实际行动取得蒋介石的认可，对自己宽大处理。

陈公博还通过各种能找到的渠道同蒋介石挂钩。一是上海伪保安司令部的参谋处长王寿臣，东北人，鲍文樾推荐的，他说与军统、与国民党忠义救国军有关系，陈公博让他去重庆与戴笠联系。还派韩尚英，是陈公博的一个女护士的丈夫，一段时间在上海伪保安司令部当处长，他说自己是军统，陈公博也派他回去。陈公博也建立了两个与重庆联系的电台。他认为，这钩能挂上，因为蒋介石的主力部队都在大后方，要想防共产党，汪伪的力量用得上，非此不可。但是派的人没有回音，实际是蒋介石一直没太理他，他的钩没有周佛海硬。

这时他的大烟抽得越来越多，气色也不好，脸色由黄变黑；香烟抽得更多，一根接一根，办公室里整天烟雾缭绕，可以看出，他的精神负担实际越来越重。他知道，汪精卫和蒋介石之争由来已久，如果说是大破天门阵，阵阵离不了穆桂英，那么汪精卫反蒋介石，阵阵离不了陈公博。蒋介石能不能谅解，他毫无把握。他同时感到，这时的汪伪圈里的人都明知树倒猢狲散，都在通过各种渠道和重庆拉关系，够不上的就极力靠拢与重庆关系好的，如周佛海等，对他只是虚与委蛇。

1945 年 8 月 15 日，日本宣布无条件投降后，陈公博看到末日即将来临，但仍故作镇静并加紧对敌占区人民的威胁加压迫，同时极力向蒋介石献媚讨好。他说，蒋介石能够体谅他一直反对汪精卫出走降日叛国，无非因为与汪精卫关系密切而随其下水。只要他能够真正帮助蒋介石保住东南半壁江山，得到蒋的庇护，侥幸逃脱汉奸制裁还是可能的。他同我多次讲他的投汪伪政权的思想演变过程，就是这一心态的反映。

陈公博在召集军事长官会议或在各地视察发表讲话时，多次声明：党不可分，国须统一，不管时局如何紧迫，都不改变和平反共建国的方针；日汪军事协定中规定，如果美军在中国登陆，日军将以全力进行抵抗，汪方军队则集中兵力对付八路军、新四军，对国民党军队不采取主动进攻的姿态。

陈公博还不辞劳苦到各地视察，竭力拉拢伪军首领，企图把伪军统一集中在他的掌握之中，以便同蒋介石进行交易，从而讨个大价钱。他一再强调要求各地伪政府统一在国民党政府之下，他说：“中国非统一不可，我们不统一，无以集中力量，以应付重要的时局。”

1945 年 8 月 16 日，陈公博主持汪伪政府中央政治委员会召开临时政务委员会，讨论决定：（一）解散国民政府；（二）将中央政治委员会改为南京临时政治委员会，军事委员会改为治安委员会，由陈公博任临时政务委员会委员长兼治安委员会委员长、周佛海为临时政务委员会和治安委员会副委员长。会后发表《国民政府解散宣言》。

8 月 18 日，陈公博密电蒋介石，称其已将南京政府解散，日军将逐渐集中回国，并要将各部伪军均委以国军番号，以防共产党军队接收。他还发表广播讲话，并再次密电蒋介石，提出所谓善后意见和建议。但陈公博这些一厢情愿的把戏，都没有得到蒋的正式回应。这与周佛海、任援道等都被蒋介石直接任命为接收大员，并明确要求他们执行维持治安、抗拒“奸匪”的任务形成明显反差。当时汪伪圈中各级官佐都有强烈感觉，陈公博心里一定更加清楚。我这期间忙于上海警察局事务，但也有机会去南京见陈公博，每次他表面上还谈吐自如，但我能感到，他的大烟抽得更多，气色明显不好，明显是在硬撑着假装镇定。

与此同时，8月21日上午，原在周佛海手下当联络参谋，后被任命为无锡专员的军统人员周镐，以军统少将、戴笠任命的军事委员会京沪便衣总队南京区指挥的名义，率领伪财政部警卫队800多武装人员在南京新街口伪中央储备银行大楼门前挂出“京沪行动总队南京司令部”的牌子，指挥财政部警卫队分头在南京市接收伪机关，查封仓库，管制报馆，并逮捕了南京伪市长周学昌、伪司法行政部长吴颂皋、伪宣传部长赵遵岳等，打伤了伪陆军部长萧叔宣，萧很快因伤重流血过多死亡。周镐还指挥武装人员包围了伪“中央军官学校”。

后来我知道，周镐其实是一个共产党员，他是想趁乱大干一下。但当时他被各界认为是周佛海的人，是受周佛海指挥打击陈公博，树立自己的绝对权威。陈公博得到这些报告非常气愤，认为是周佛海在向自己下黑手。伪中央军校一千余学员不服周镐，向兼任伪“中央军官学校”校长陈公博报告请示。经陈公博左右人员的鼓动，学员全副武装，在西康路一带拉出拼个你死我活的架势，一场汪伪内部的火拼就在眼前。

周佛海害怕引起大乱影响重庆接收大局，匆匆赶到陈公博处。陈公博就严厉质问他：“周镐是谁指使的？要干什么？”

其实，这既是陈公博对周强烈不满、甚至还有嫉妒的公开表露，也是对蒋介石对自己冷漠不理，而对周佛海、任援道等宠信有加的失望、不满情绪的总发泄。周佛海指天画地地表白：周镐直接受戴笠指挥，他毫不知情。这算是缓和了大汉奸之间的矛盾。

陈公博见大势已去，力绌智穷，不得不改变了原来坚守南京等候重庆来人的设想，准备争取逃往日本。这时又传来重庆派陆军副总参谋长冷欣于8月25日飞抵南京，从中午起开始对日本全面禁飞的消息。陈公博就经今井武夫等日军头目安排，偕其妻李励庄、秘书莫国康以及周隆庠、陈君慧、林柏生、何炳贤共七人，在日军顾问小川中尉带领下，在这天上午逃往日本。听说这个问题陈公博和自己的亲信讨论多次，最后采纳了莫国康建议作出决定。很快，他们一伙又被引渡回国受审，陈公博在法庭上为自己作了题为《八年来的回忆》的辩护。1946 年 6 月 3 日中午，陈公博在苏州狮子口江苏第三监狱被执行枪决。

正在接受审判的陈公博

陈公博有一个儿子叫陈干，陈公博被处决时，陈干已经十八九岁，人很老实、安静。国民党元老何世祯向蒋介石要了一笔钱，说明不算抚恤，算照顾，资助陈干去了美国。

第二十五章　周佛海印象

我认识周佛海是在南京伪国民政府成立以后，一次周到“立法院”去做什么报告，会议休息时，他和陈公博两人正在一个窗台前站着谈什么。我从旁走过，陈公博招手把我叫到他们跟前，对周佛海说：“这就是我跟你说过的李时雨，法律大学毕业的，是个正派能干深通法律的俊才。”周佛海对我笑了笑，与我握握手，端详我一下，表示认识了，但没有个别接触谈过话。与周佛海接触较多是在陈公博接任伪国民政府代主席，周佛海接任上海伪市长之后。

1944 年 11 月，周佛海任伪行政院副院长兼上海伪市长。真是一朝天子一朝臣，上海市伪政府、伪保安司令部的所有陈公博的干部，几天之内绝大多数都调离上海，各机关差不多都换上了周佛海的人。陈公博把吕琪任命为苏北扬州地区专员，内定调我任司法行政部次长。我向陈公博提出要求调到太湖地区任专员，这是《申报》主编陈彬龢给我出的主意：当个司法行政部次长，名义上官不小，但任何实权都没有。找个有条件的地方抓实力，特别是搞一点自己的武装力量，作后一步的打算，将来时局不管怎么变都进退有余。我觉得有理，就向陈公博表明了态度。陈公博也正想派亲信夯实自己在各地的根基桩脚，答应考虑。

1940 年，汪伪国民政府成立时，周佛海在伪国民政府门前。

正在这时，周佛海向陈公博提出意见，“不能把人都调走”，并指名留我，也许是官场的假话，但他点了名，我就走不成了。陈公博对我说：“一则去外省当专员，要同外省商量，须等待时机；二则周佛海留你，我也不好意思一定马上就调，只好等等再说吧。如果你还一定要走，我再另作安排。”所以，周佛海任上海伪市长时，我就蝉联职务，仍任上海市伪警察局司法处长，一直到日本投降，国民党接收时。

我第一次去他家，印象是他家吵吵闹闹的，一进门就听到里面有人正在拉京胡，才知道他喜欢京剧，有时还把名角请到家里唱堂会，还会唱两嗓子，但我没听他唱过。

到客厅坐在他面前，看出他抽大烟很多，比陈公博还厉害，脸色黑黑的，很暗，没一点血色。眼睛也无神，像是刚刚睡醒的样子，说起话来有气无力，有些大病未愈的劲儿。他对我很客气，说早就对我有很深的印象，知道我工作有魄力、有水平、肯负责，业绩不凡，所以特地把我留下，今后要我给他多帮忙，有时间多上他这儿来坐坐谈谈。

我一一从容应对，但我心里很紧张，很怕被他看出破绽。我还想到北平、上海日本宪兵队找我麻烦，周佛海是不是知道，这次留我是不是有这方面的考虑。每次见他说什么、怎么说，他可能问什么、怎么问，我怎么答、答什么，都仔仔细细反反复复考虑过，与我见汪精卫、陈公博时感觉完全不同。因为我认为，他在蒋介石手下就搞特工军统起家，汪伪政权成立他还是搞特工，原来“七十六号”特工总部、伪税警团都是他抓的。无论他对我态度多么和蔼，我总觉得他有很阴险的一面，随时随地在算计人，像个职业刽子手，看人总是先看脖子，看怎么下刀砍起来方便。

这时，德意败局已定，日本也快垮了。从后来发表的《周佛海日记》看，他也是惶惶然如丧家之犬，特别是对希特勒、墨索里尼等法西斯头子的可悲下场同情惋惜，但当时表面上一点也看不出来。我亲眼看到，他谈起时局来充满信心，隐隐约约给人一种感觉，他早已与重庆当局勾结好，将来一切都已安排好。

这期间，除有重要会议或外事活动，周佛海一般每天必到的是伪行政院财政部和伪中央储备银行。伪警察局他不常来，但他抓得也很紧，各处长必须经常主动向他汇报，如果白天太忙安排不开，那就晚上去他家；如果要他找你，他脸色就不好看了。无论什么案子，他只要过问，就要弄出个结果。我那时经办的几个案子，他都详细听了汇报并作出指示，所以，我常到周佛海的公馆送批文件和汇报工作。

以前所知国民党反动派与汉奸周佛海有秘密勾结，这次得到了进一步的了解和证实。很久以前我亲眼看见，为周佛海所豢养的重庆军统特务程克祥、彭寿等，由周佛海安排了住房、办公室，还设立了与重庆联系的专用电话，大摇大摆公开出入周佛海的公馆和汪伪政府各部门。这次我有机会直接接触程克祥、彭寿等，在工作之余海阔天空的闲谈中，他们不止一次向我吹嘘，曾带周佛海的亲笔信去重庆面交戴笠、蒋介石，也曾把戴笠、蒋介石的重要训令、口头指示转达给周佛海，显示他们与周佛海的关系是特殊的，他们在重庆方面的地位也非常高。他们还说，他们有周佛海这棵大树罩着，在上海南京任谁也不怕。我也听说，他们同重庆联系的专用电台就安在周佛海家。

周佛海这时绝对揽权。他主持伪行政院，亲自抓伪财政部、伪中央储备银行、伪经济委员会。当上海伪市长兼伪保安司令，直接控制着伪税警团、伪警察、伪军第十二军及浙江保安队等武装力量。对伪军其他军头，他也有很大影响，比陈公博影响大，因为他掌握伪财政部和伪中央储备银行，管发饷，发多发少，先发后发，分几次发或一次发，都有名堂可搞。他多次公开讲话：如果重庆方面的军队来，要进行必要的有限自卫，但绝不主动出击和反攻。主要任务是坚决反共，是对付新四军、游击队等中共领导的武装力量，不能有丝毫的疏忽懈怠，谁出了问题就追查谁，严格按照军法从事。

周佛海用南方人，他没有公开说，实际他是用这些行动表明与蒋介石保持联系。前面说的程克祥、彭寿、彭盛木（台湾人，属军统，让李士群抓了，周佛海出面要出来，当了他的日语翻译）；吴开先（CC 的）、吴绍澍（重庆国民党中央执行委员，也都是被“七十六号”抓了，由周保出来安全送出），这些人都是南方人，都有重庆背景。显然，周佛海把这些当作向蒋介石邀功的筹码，想稳住局面，把上海、南京完整地交给蒋介石，立上一功。

后来几次见周佛海，谈过工作后，周佛海讲，他搞“和平运动”，跟汪精卫干是得到陈布雷同意的，言外之意蒋介石也是默许的，最低限度也是跟蒋介石有默契的，因为陈布雷是蒋介石的亲信秘书。他特别强调，他与戴笠关系不一般，早有秘密管道不断沟通。他说特别感激戴笠对母亲的照顾，甚至替他披麻戴孝行孝子礼，真是恩重如山，难以回报。他在静安寺给他母亲做几“七”，举动很大，汪伪党政军、上海各界名流等都到了。我去了，就听他讲到感谢戴笠。许多迹象表明，我们以前所得的情报说，蒋介石的特务组织与汉奸周佛海秘密勾结，是千真万确的。我把这些情况归纳整理后迅速上报。

周佛海还讲，他在“和运”初期跟日本人的谈判，是根据汪精卫的意图，但他又没完全照汪精卫的指示办，有自己的想法，据理力争，能争的就极力争，才争取到还都、建国的一些条件，常常是汪精卫已经泄气了，他还在力争。他还说，汪精卫用他，但用得还不够，如果全照他说的办，“和平运动”可能发挥的缓冲作用更大一些，能更减少中日冲突，减少给中国造成的损失。

周佛海干过抓中国劳工运到日本的事，就是从各处抓到上海监狱的犯人中选壮丁，集中到浦东先训练一下，实际是挑选身体好没病的，然后交给日本人，运到日本当苦工。我在码头看到一次，是晚上，大队苦工排着队，把手捆在背后，被押着上日本轮船，人数至少说是几百,一共送几次、总数多少不清楚。解放后，我一直注意各种书和刊物上写这几个汉奸巨头的材料，但周佛海这件事没人说，应该好好查一查。

周佛海自诩是个勇于任事、能干大事的人，他说，以往国民党在京沪没干什么好事，吏治不好，社会秩序不好，作风不好，不得民心。他在沦陷区就要做好事，让老百姓比一比，还是周某搞得好。

其实他这全是自吹自擂。如他最关注的最下力气的抓财政，所做最大的事是成立伪中央储备银行，强行发行中储卷，限期法币 2 元兑换 1 元中储卷。老百姓没有钱，开始不愿意换，但过期限后，汪伪就不准法币流通，再用法币就是犯法，就要抓、罚、关甚至杀，弄到黑市 5 元法币才换 1 元中储券，把东南一带老百姓坑坏了，到处都怨声载道骂声连天。以后国民党来了又搞法币兑换中储券两百比一，就是 200 块中储券兑换 1 块法币，把汪伪统治的华中华南老百姓的骨髓都榨尽了。这个事情对汪伪官员们影响不大，因为大家早就对这台闹剧有准备，绝大多数早把钞票通过各种渠道换成了金子及美钞等外币硬通货，像周佛海老婆杨淑慧，在周佛海被判死刑时，一次就拿出了几十根金条交军统去活动。

周佛海好谈自己的部下，谁好、谁不好，为什么说谁好，说谁不好。他经常夸奖的，是时任伪上海市政府秘书长兼伪上海警察局局长的罗君强，说他脾气躁一点，但他对事业忠心耿耿，干工作主动积极，有魄力，有办法，到哪儿都能打开局面，干什么事都有始有终，意思是让所有的人都像罗君强那样对他绝对忠诚。罗君强也曾参加过共青团，后跟随周佛海，能说会讲，能力很强，办事果断干脆。但性子很躁，依仗周佛海信任倚重，在汪伪圈里眼睛朝天，锋芒毕露，谁也不放在眼里。

与陈公博不同，周佛海很愿意谈共产主义、共产党。他多次对我说，共产主义不适合中国国情，共产主义很可怕，共产党有国际组织更可怕，对中国是最大的危险。他说他是中共创始人之一，一大后陈独秀在广东当教育厅长，他在上海主持过一段共产党的全盘工作，还写了不少介绍马克思主义的文章，与毛泽东、周恩来等共产党领导人很熟。但他看到中共的各层组织、指导纲领、中心思想，越看越觉得中共与苏俄差不多，不适合中国国情。他说，他脱离中共是主动的，早就表示了。周恩来还劝过他，他不听，还是脱离了。

周佛海这一套逻辑根本上与陈公博完全相同，就是把共产党抹得黑上加黑，从而证明他叛变革命是弃暗投明，其实这恰恰暴露了他政治上反复无常的政治流氓本性。

周佛海生活很腐化，特别好色。他到外地视察“清乡”，有时晚上还坐轿车赶回上海找高级妓女逍遥。周佛海老婆杨淑慧以前对他有恩。原来周佛海年轻时在湖南原籍曾结婚并有子女，但他在上海同出身名门富家的杨淑慧一见倾心热恋，准备结婚之际，上海有记者把他的这些老底在报上捅了出去，杨父坚决不同意这门婚事并把女儿关了起来，一时周佛海非常被动。杨淑慧却不屈服，在丫头的帮助下把门撬开跑出家门与周佛海结婚，后又陪他东渡日本读书，过清苦日子，周佛海因此对老婆畏惧三分。杨淑慧会讲能干敢闹，对周佛海管得很严，但管不住他。周佛海是一被抓住，就指天画地发誓赌咒坚决改正，但实际根本不改，一有机会老毛病就大犯特犯，汪伪圈里常有他的花边新闻。

周佛海与杨淑慧生的儿子叫周幼海，他与周佛海的矛盾先由家庭引起，就是周幼海站在母亲一边，反对周佛海在外边乱搞，逐渐扩大到政治上。周幼海在周佛海被押到重庆软禁时也被迫去四川，获得自由后，回到南京就进入我们的根据地，把母亲给他的金条元宝首饰全部交给党组织，参加了革命，加入了中共地下党，受中共华中局张执一领导，与周佛海彻底分道扬镳。听说后来也被潘汉年案牵连，“四人帮”垮台后平反。

周佛海很爱写日记，他对我说过，他每天再忙也要写日记。实在太忙不能写，以后也要补上。以后他死了，可从日记了解他的真实情况。他说他对得起任何人，此心可鉴天日。

第二十六章　准备武装解放上海

我结束日本考察回上海后，静云和杨宁告诉我，张友恒接到我们的报告，知道静云被捕的情况，已转报许建国。许建国来信指示：要我们暂时停止活动，躲避风头，等待时机，东山再起。我们便遵照党组织的指示，做好杨宁撤出上海的一切事宜，把他安全送回北方；我和静云则偃旗息鼓，静观休整，准备抓住战机，再接再厉。

1944 年 9 月间，于毅夫由苏北来上海，住在我家。静云说："毅夫，你好大的胆子，不知道我被捕了吗？怎么还敢来？！"

于毅夫笑着说："当然知道，知道你没有问题才来的，若是有问题，我怎么能来呢！"

他又说："听说你被捕表现很好，真是我们党的好儿女，真不愧为巾帼英雄！"

我们把前前后后的一切情况，向于毅夫详细谈了。大家认为，敌人已经放松了对我们的监视，不应该再停止活动，况且秘密工作就是在敌人眼皮底下干的，怎么可能等待万全才动呢！

我们要求接上和华中党的关系，因为距离近，领导方便，我们递送情报也会及时些。于毅夫说："我自己是完全同意的，但要向党组织汇报，好把你们的党组织关系转来。"从那时起，我们在于毅夫领导下，又开始了工作，把搜集到的敌伪情报向他汇报。

1945 年初，于毅夫又来上海，他告诉我们，华北党组织已回电，同意我们把党组织关系转华中，电文是：李时雨，孙静云俩同志是中共正式党员，可接关系继续工作。从此我和静云就正式受华中局情报部的领导。于毅夫当时是华中局情报部负责人之一，兼管新四军情报工作，他经常往来上海、苏北之间，到上海总是住在我家。

于毅夫，原名于成泽，生于 1903 年，黑龙江省肇东县人，毕业于燕京大学，1932 年参加革命，1936 年加入中国共产党。我们在北京上大学时就认识，九一八事变后都从事抗日救亡工作，互相多有帮助，成为好

于毅夫（1903—1982）和夫人杜贵绂（1911—1979）

朋友。他是东北救亡总会负责人之一，黑龙江抗日青年多愿与他联系。抗日战争爆发后，我们在天津聚会后，他就去山东、南京、武汉、重庆等地，负责领导东北救亡总会。

1942 年奉党组织之命由重庆撤到香港，转上海进入新四军。我们在上海会晤，以后他来上海就住在我家，我们更成为患难与共的战友。1944 年 9 月我们与于毅夫接上党的组织关系，他就成为我地下情报工作的直接领导。他那兢兢业业忠心耿耿为党工作的艰苦卓绝的奋斗精神，深深地感染着我们。抗战胜利后他去了东北，在东北解放战争中，他历任嫩江省、黑嫩省和龙江省政府主席；1955 年调任中共中央统战部副部长；1960 年调任中共吉林省委副书记。“文化大革命”中受到冲击，1968 年被加以“特务”和“东北帮”的罪名，被戴上手铐关进监狱达七年之久。

1977 年秋，于毅夫来北京住在国务院第一招待所，我和静云去看他，一见面，于毅夫热泪盈眶，紧紧握住我们的手说：“我们还能活着见面，真算幸运哪！”

他对当年同生共死的隐蔽战线的战友们特别关心。当我们谈到何松亭，因为在天津曾交给孟述先一份情报，而他们单位误认为是把情报交给国民党特务了，揪住不放，何松亭的平反问题因此很长时间没有解决，于毅夫说：“孟述先是共产党员，是我介绍入党的。让他们来向我调查，我可以证明，说清楚这个问题。”我们立即把他的话转告何松亭及其爱人周励，通知他们单位向于毅夫了解。由于于毅夫写了证明，何松亭迅速得到平反。

于毅夫后来得到彻底平反，担任全国政协常委和吉林省政协副主席，1982年6月11日逝世，遗嘱丧事从简，不开追悼会、不留骨灰、不接待外地同志及至亲好友吊唁。噩耗传来，我们难过万分，发去唁电表示哀悼。他的革命精神和高风亮节永远鼓舞我们前进。

于毅夫不是常住上海，来的时间也不一定，因此我们研究并向他提出，最好是由一位在上海的华中情报部同志来与我们联系，取情报资料。经党组织批准，刘人寿来了。其实，刘人寿1942年就在先导杂志社任助理编辑作为掩护职业，但我们那时没有组织关系。1945年春，经于毅夫介绍，我们建立了正式组织关系，开始直接密切全面合作。他少年英俊，老成干练而细致周到，通讯技术高超，我们合作非常默契。这时潘汉年已赴延安，组织决定刘长胜代管华中情报部工作，于毅夫是华中情报部的实际负责人。这都是刘人寿后来告诉我的。

刘人寿17岁赴延安参加革命，同年加入中国共产党，后加入隐蔽战线，一直在潘汉年领导下工作。李白，就是电影《永不消失的电波》的主人翁，在上海第一次被捕，就是刘人寿最早获知并参与救援的，而那时刘人寿与李白并不是一个系统。解放后刘人寿任上海市委统战部副部长，受潘汉年案牵连，自1955年至1975年两次被捕审查，前后在秦城监狱坐牢18年。1980年，我们在北京久别重逢，感慨万端，真有诉不尽的辛酸！

刘人寿（1920—2009）

刘人寿告诉我，在坐牢期间，曾多次被审问，要他提供潘汉年的罪证材料，他坚持实事求是地提供真实材料，不实之词一句不讲。“文化大革命”中看到红卫兵印的毛泽东同志《论十大关系》一文，说潘汉年是CC，有该杀之罪，受到前所未有的震撼。他一连几夜不能安眠，十多年的隐蔽斗争场面像电影一样在脑海一一闪过、滤过，结果是他认定：一、潘领导的上海乃至华东、香港的党组织和情报系统十多年来，从未受过破坏；二、他由上海抄报潘汉年的电报、经潘转上级的不少情报都是国民党的核心机密文件，包括如淮海战役期间敌军部署的军事绝密文件等从未出过差错；三、潘汉年对自己对其他同志一向是积极引导大家忠于党献身革命，他还言行一致，处处堪为同志们的榜样。他的夫人董慧是富甲连城的大家闺秀，把一切都献给了革命，大家都很熟悉。他深深感到：这个案子肯定是弄错了！

1975年邓小平主持中央工作，各条战线开始整顿，“四人帮”的气焰一时有所收敛，刘人寿便毅然写出题为《对潘汉年全案的看法》的长篇思想汇报。他记得自己所写的结束语是：根据十多年的密切接触考察，潘汉年受了冤枉，他绝不会是特务！但思想汇报交上去如石沉大海，毫无回音。

刘人寿后来来信告诉我，直到1982年8月中共中央根据中纪委的复查结果，发出了《关于为潘汉年同志平反昭雪、恢复名誉的通知》。他与另外三位同志受组织委托，在当地有关同志引导下，在长沙南郊金盆岭的半山腰里，找到潘汉年夫妇骨灰小坛重新装盒，由专车送往北京，在北京站由专人郑重地用党旗覆盖好，再用专车送八宝山革命公墓安葬。刘人寿信中说，我抱着老首长的骨灰盒，热泪长流，我在心里说：潘汉年同志，我们党是伟大的，历史是公正的，历史终于为您作出了公正的结论，您安息吧！

刘人寿说，他自己的问题同潘汉年的问题密切相关。粉碎“四人帮”后，同他一起赴延安的爱人黄景荷（黄承珍）多次去北京向中组部、公安部为刘人寿申诉，并同时把材料通过她在延安中央党校的同学于若木转呈陈云，1979年3月获平反，1979年底任上海市委统战部顾问。但还留一个尾巴，说他“也有一定的错误”，实际是指潘汉年问题的牵连。1982年潘汉年平反，才为他彻底平反。

令人佩服的是，刘人寿历经如此磨难，仍十分坚强、乐观，谈到那些曲折总是强调：“过去了，都过去了，要向前看。个人受点委屈事小，党、国家、民族从此走上正道是根本！”他的身体相当健康，除了患耳重听，稍见苍老外，还是精神充沛，英气勃勃，好像还有青年时代那股冲劲。1985年上半年来信告我，他已退二线，不再担任上海市委统战部顾问，还保留上海市政协常委职务，未办离休手续，还在努力发挥余热。

1945年初，我党我军已经开始做收复上海、南京的准备工作，组织上责成我们着重搜集上海、南京敌伪军警的实力配备，上海、南京政治、经济、社会动态及帮会组织等方面情况。我们就加紧工作，于毅夫仍是往来上海、苏北，他每次来都带去我们搜集的大量情报资料。

有一次，于毅夫急于带走较多的情报资料，我们三人分头赶写一夜，由静云负责把整块肥皂挖开，将写好的材料叠好压实塞在中间，再修补完整，包装成与没有动过的新肥皂一样。于毅夫扮作“跑单帮”的商贩，把有材料的与许多块没有装材料的肥皂掺在一起捆好，由他带到苏北新四军军部去。后来，于毅夫说，那一次过检查口，日本兵用手拉住他的衣领子，枪口对准他的胸口，把那些肥皂打翻散落一地，用刺刀翻检折腾一阵，他想：这下可糟啦，查出来我们都完了！他说，幸亏静云的技术高，掩饰得很好，敌人没有发现什么破绽，受了一场虚惊，总算安全度过。

随着形势的发展和敌情的变化，以及我们工作关系网点大大扩展，日伪宁沪当局的一举一动，我们已经能够了如指掌。在这种形势下，我们的工作得以顺利地进行，收获是显著的。在这大风暴即将来临之前夕，敌人要做垂死挣扎，斗争就又趋于复杂而艰巨了。

1945年7月26日，中、美、英三国发表波茨坦公告，促令日本无条件投降。8月6日和9日，美国原子弹先后投到日本广岛、长崎；8日，苏联政府对日宣战；14日上午，日本天皇裕仁在其皇宫防空室中召开御前会议，最后决定：接受波茨坦公告，无条件投降，拟就《终战诏书》。15日中午，日本天皇通过无线电广播电台，向全国军民宣读了《终战诏书》，宣告日本政府无条件投降。

在日本天皇正式宣布无条件投降的《终战诏书》的前夜，汪伪圈里还传说日本华中驻屯军总司令冈村宁次态度极为顽固，妄想凭几十万日伪军的实力搞成一个局面，坚决拒降对抗到底。日本军警宪特头目根据这个精神，在8月14日傍晚，把上海市伪市政府及伪军警高级官员都召集在亚尔培路一个“俱乐部”里，好菜名酒，水果香烟，应有尽有，名曰晚宴。饭后让与会人员打台球或玩麻将牌，听戏唱曲，怎么都行，就是不许离开“俱乐部”一步。门外岗哨密布，实际是把这些人看管起来，至15日凌晨才放走。

后来得知，当时他们对于本国是降是战，尚未获准确消息。他们的打算是：如果他们上级决定打，就把这些伪军警官员扣起来，以防中国人里应外合；如果他们上级决定投降，就把这些中国人放了。当时我身历其境，看到丁默邨、万里浪、熊剑东等伪官们表面上兴高采烈频频举杯干杯，实际上都是心里七上八下，不知日本人能干出什么。我心想不管怎样，日军注定是完蛋了，所以非常兴奋，但还不能过于喜形于色，只有暗自高兴不露声色。8月15日清晨，日本头目宣布大家可以各自回家时，日本人多如丧家之犬，垂头丧气；中国人则如出笼之鸟一样，感到暂时解脱，迅速离开了那个地方。

当天下午，我到伪警察局时，见伪司法处日方副处长管贤二郎头上扎着湿毛巾，眼睛布满红丝很粗很浓，显然是刚痛哭之后的样子。那些平时穷凶极恶的日本警员，怕中国人对付他们，多半躲藏起来不敢露面。伪警察局的中国警员多数喜形于色；但也有平素依仗日本人欺压中国人的坏蛋们，现出惶恐不安灰心丧气惊慌失措的样子。

“八一五”这一天，阳光灿烂，大地生辉。上海全市人民无不欢欣鼓舞，不时听到鞭炮声，也有不少人在街头高呼口号：“日本投降了！”

抗日战争胜利了！

自九一八事变，经西安事变，七七卢沟桥事变，到“八一五”日本投降，整整14个年头。这乃是中华民族从最危险的时候，经过最艰苦的斗争历程，终于重见光明，算是山河光复了。全国人民无不欢欣鼓舞，尤其居住东北的人民和流亡在关内的东北人民，长期以来过着那亡国奴不如丧家犬的生活，过着那流离失所极端悲惨的日子，一旦重见天日，有如死里逃生，其欢喜的心情，诚非言语所能形容！

我是九一八事变后，就一直在党的领导下从事抗日救亡工作，后来逐步深入敌营，跟踪侦察敌情，直至日伪的末日到来。“八一五”这一天，对于深入龙潭虎穴、腰里挟着脑袋、在虎口里过日子的地下情报人员来说，那更是多么不容易盼望到的胜利，真是漫漫长夜，忽然雄鸡唱晓！至今想来，尤觉心潮澎湃！

但是，黎明前夕的战斗，是相当复杂、极为激烈的。

以侵华日军总司令身份驻南京的冈村宁次到8月17日还下令不得缴械，只能“停战交涉”，只“服从蒋委员长”，对于“不法攻击”，“决采自卫行动”，实际是下了只向国民党蒋介石投降，坚决反抗中国共产党领导的八路军、新四军的死命令。这时，在中国的日军共有100多万，其中相当大的一部分共几十万在华中，特别是还有海军4万多人，主要集中在上海。他们是想用反共的实际行动，向蒋介石讲价钱，然后全师退回本国。

周佛海与蒋介石勾结已不再藏藏掖掖，完全公开化。蒋介石8月12日下达命令：任命周佛海为军事委员会上海行动总队总指挥；罗君强为副总指挥，指挥伪中央税警团、伪上海市保安队与警察、第十二军所属两个师，以及浙江保安队等所有伪军，负责维持上海市及沪杭一带治安。蒋介石还直接给拥有实力的伪军将领加官封赏委以重任，任命任援道为先遣军总司令，负责宁沪一带治安；叶蓬为第七路军总司令，负责维持武汉一带治安。同时蒋介石分别任命华北伪军将领庞炳勋、孙殿英、孙良诚、吴化文、张岚峰、门致中等为国民党军一至六路先遣军总司令，令他们负责维持治安。这些任命充分表明：蒋介石重视的是实力派，特别是掌握军队的军事实力派。

周佛海于8月16日开始分别召见上海伪市政府各局和伪保安司令部的高级官员，责令各守原职照常工作；有些人被委派兼任其上海行动队司令部职务。8月19日正式宣布上海行动总队司令部成立，我被他指派兼任军法处副处长。

周佛海发表谈话声明:（一）本司令部所辖区域内部队，未得委员长之核准，不得擅自移动及受任何方面之收编;（二）治安有关之策会等行动，未经本司令部核准，不得举行;（三）对已停战之日军及日侨，不得侮辱或伤害;（四）人民纳税之义务，仍当履行，不得借词拒纳;（五）工厂设备一切公家重要物资不得毁损、买卖或赠与;（六）友军及中央派遣部队，希至本司令部联络。显然，周佛海这些部署围绕一个中心，就是坚决反对汪伪军向共产党、新四军投降，等蒋来接收，稳住东南中国这块富庶之区，把它完整地献给老蒋。

周佛海为蒋介石效命，维持京沪秩序，等候国民党政府接收，是出了力的。但是，全国人民强烈要求惩办大汉奸的呼声一浪高过一浪，蒋介石不得不命戴笠于9月30日用飞机把周佛海及其亲信丁默邨、罗君强、杨惺华等人送重庆，名为移地关押，实际是保护起来。之后，又迫于舆论谴责，不得不于1945年10月10日将周佛海、罗君强、丁默邨等人逮捕，于1946年3月底由重庆押解至南京老虎桥监狱。经法院起诉审理，依法判处周佛海死刑。后经周妻杨淑慧活动，得蒋介石的特赦，改判为无期徒刑。1948年2月，周佛海因心脏病死于南京老虎桥监狱。

日本投降前夕，中共中央华中局召开高级干部会议传达中央电报指示精神，在苏联对日宣战，日本将很快投降的形势下，鉴于蒋介石主力远在西南，我党决定新四军准备进攻占领上海、南京等大城市。华中局决定立即派干部进入上海发动群众，并策动伪军警武装起义，里应外合配合新四军解放上海。华中局与新四军军部任命刘长胜（华中局情报部负责人）为上海特别市市长，张执一为上海特别市副市长；张执一以中共中央华中局和新四军代表名义，首先化装潜入上海，负责组织上海人民武装起义，接应新四军解放上海。

张执一接到命令立即昼夜兼程赶到上海与地下党取得联系。刘长胜、刘少文和张执一商定：华中情报部领导的对武装起义夺取上海能起一定作用的同志和工作关系，统统归刘长胜、张执一领导。由于我当时的掩护职业有条件能对上海伪军警进行策反，因此党组织决定将我和孙静云对武装起义方面的工作交给张执一直接领导，华中情报部刘人寿仍继续与我们联系收集情报，这样形成了我们受张执一和刘人寿的双重单线领导的状况。

张执一（中）和李时雨（左）等合影

张执一与我接关系是在上海市伪警察局司法处我的办公室。那时正值8月中旬，上海天气很热，他身穿短袖汗衫，短裤长袜，头戴白布小帽，化装成“上海小开”的样子，只身闯入伪警察局，从容不迫地以会客的方式与我接头。我们接上关系，他当即要我给他搞一张证明卡，以应对检查，我立刻就叫防犯科给他一张“防犯协会”的通行证，使他在上海通行无阻。我们决定次日晚间在我家详谈。

张执一到我家就向我和静云说明当前的任务，主要是策动伪军起义，以达到里应外合夺取上海之目的。他说，要放开手脚，大胆争取一切可以争取的力量，人员、武器、物资，能争取的都要最大限度地争取拿到手。我便把平时已有的工作基础、能够策反的伪军保安团刘铁城团和其他团的各大队情况，向他作了汇报，他让我立即着手进行策反工作。张执一还说："根据华中局决定，起义成功后，即宣布成立上海人民解放军司令部，以陈伟达为总司令，我为总政治委员。"他要我把伪军警发动起来，组成一个师，由我担任师政治委员。

我接受任务后，就找伪保安队第一团团长刘铁城、原伪教导团政训室主任李国章和上海市复兴银行总经理孙耀东一起研究计划。我讲明希望他们起义投我新四军，参加上海武装暴动，配合我新四军主力里应外合夺取上海。他们都表示愿意跟着我走，投向我军，在中国共产党的领导下，为人民立功。我们还以旧的结盟方式，订盟发誓：一定要保守秘密，患难与共，永不背信弃义。

随后，由我以加强上海治安为名，向周佛海建议把刘铁城的第一团全部官兵由外县调到上海近郊董家渡一带设防。我计划以保安团第一团为主力，加上能策反过来的其他团的几个大队，改编为一个师，拟定由刘铁城任师长，我担任师政委，李国章任政治部主任，孙耀东负责筹办军需。我把这个计划向张执一汇报了，他表示同意，还亲自同我到该部队秘密视察了解情况，并指示准备改编和听候调遣。

后来，因形势变化，主要是日伪迅速倒向蒋介石，国民党主力坐着美军飞机军舰迅速开到，我军要攻打上海、南京等大城市已无可能。党中央做出向南防御、向北发展、全力争取东北的决策，发出了停止上海南京起义的电令，党组织重新布置工作，我们仍在张执一、刘人寿的领导下，担任侦察敌情搜集情报的工作。

国民党开始接收上海后，刘铁城部接受国民党的新式武装，被编为伪交警队，并调离上海，开往常州一带。我得到这个确切消息，立即将他们开拔和到达的时间地点，向党组织送出情报。因此，该部队刚开拔到目的地，还没等站住脚，便被我军全部击溃。熊剑东率伪税警总团开往瓜洲时，我及时提供情报，被我军一举歼灭。

这两场战斗之所以非常顺利，主要原因是我新四军和游击队是正义之师，早就憋足了劲，要消灭日伪军。而这些伪军队从来就没有真正的战斗力，自抗战胜利后更是人心惶惶毫无斗志，上上下下都在各想自己的出路。国民党来接收以后丑态毕露，大官小官比着搞“五子登科”，他们都看在眼里，官兵都不愿意给国民党卖命。再加上我们进行了不少工作，一些人和我们有联系，同新四军一交火就带头四散逃命或缴枪投降。

我还从伪军中搞到十多支崭新的头号左轮手枪和数百发子弹，交给张执一。他颇有胆识，机智勇敢，乘我的汽车亲自送至外摆渡桥边，用小船运出上海。

第二十七章　营救杨靖宇将军的弟弟杨树田

在此期间，我还把杨靖宇将军的弟弟杨树田营救出狱。那是日本投降不几天，上海正处相当混乱之际。一天下午，我们党另一系统地下工作者，我的老同学范纪曼，到卢家湾上海行动总队司令部军法处找我，他说，来不及逐层请示了，再拖就可能办不成事了，所以直接来找我。事情就是有两个同志被关押在提篮桥监狱，要趁局面混乱之际把他们营救出来。

我们当时商议好，由范纪曼假装国民党"天上飞下来的"少将军官，由我陪同他去提篮桥监狱，与我早些时认识的典狱长沈冠三交涉，我们二人唱双簧诈称范纪曼是重庆军令部的高级参议。我们计划到提篮桥监狱见沈典狱长，由我把范纪曼的身份及其来意向沈冠三介绍之后，沈冠三必然慑于我们两人那种"天上飞下来"和"地上钻出来"的威力，很有可能把我们要的人放出来。我们还研究，到那里看情况，要采取软硬兼施的办法，在他们措手不及的情况下，千方百计地把我们的人冒领出来。我那时有一股热劲儿，听说在押的是共产党案子的人，就是营救我们的同志脱险，便毫不犹豫，并充满信心地立即行动起来。

我们二人都身着整齐军装，佩戴少将肩章，一同乘我的汽车驶往提篮桥监狱。我们到提篮桥监狱直接会见典狱长沈冠三，由我介绍范纪曼是中央军令部的高参，刚从重庆来上海的，他是专为接在押人李一鸣、杨树田来的。我对沈典狱长说："这件事是要我们行动总队司令部军法处会同办理的，我特意随同范高参前来，请老兄照办。"沈典狱长听说是重庆来的大员，便诚惶诚恐地答应，立即命令监狱人员核查一下。

不多时监狱人员报告说："这案子是上海日军司令部办的苏联谍报案子，李一鸣已经在前几天被日本人要出去，只有杨树田一个人了。"我们说："那就接他一个人吧。"沈典狱长叫人把杨树田带来。

片刻，见看守带着一个夹着被子的人来到台阶下边，我们都出了办公室。范纪曼抢先一步走近杨树田用俄语说："若是他们问，你就说是我的部下。"

范纪曼回过头来对我说："老李，人来了，我们带走吧。"

我说："好。"

沈典狱长说："长官，你们领走在押犯人，要写提人收据。"

范纪曼随机应变，立即装出国民党军官那种以上压下蛮横无理的凶相，用高高在上训斥的口吻说："日本投降了，日本人抓了我们的人，你还要写他妈的什么收条？！你们这些狗汉奸，你还想帮日本人吗？真是混蛋！你自己在找死！你不要错过机会打错主意。"沈冠三害怕了，便惊惶恐惧地说："是，好，我遵命！可是，没有提人的手续，我们是不好交代的呀！请长官原谅，在提人收条上签个字就行了！"

此时，我急欲把杨树田领出监狱，看事情若是弄僵可不好办，便打圆场地说："提人收据由我来写吧。"我用钢笔在他们的纸上签了字，沈典狱长和几个监狱人员像送客人那样送我们出了监狱大门。我们上了汽车离开提篮桥监狱向静安寺路驶去，转到亚尔培路，把杨树田送到范纪曼家。

过了几天，杨树田到卢家湾我的办公室，向我表示谢意。我们还谈了工作，我说打算把投诚的伪军警编一个师，问他愿不愿意参加，他说愿意参加。我嘱咐他听候通知，后来由于我们党改变了武装夺取上海的计划，伪军警起义一事也没有实现，我就没有找杨树田，也没有空去看范纪曼。

此后，我曾向张执一汇报过，他说："营救同志，事情是应该做的，但有点冒险。"事后，我自己也曾想，如果国民党政府接收监狱后追究此事，应该怎么应对？国民党接收上海后，下令对上海监狱凡属共产党抗日案件的在押人员一概不放，我不觉心中有点打鼓。我觉得从虎口里把同志营救出来，使之脱险，是应该做的事，我为此而高兴，但我那时处在潜伏状态，还在上海敌营工作，假如国民党政府追究起来，是很麻烦的，肯定对我当时的工作会有不利影响。有一段时间，我确为此事而担心，一年多后没有人过问，我才放心了。

解放后，我长期没有和范纪曼、杨树田联系，仅“文化大革命”中从外调人员谈话中得知范纪曼在上海，杨树田在哈尔滨，他们都因去过苏联在接受审查。当我写革命回忆录写到这一段事情时，觉得有必要把这两位同志的政治面貌和情况搞清楚，才能把这一段史料写得准确明晰些。我让仁超趁到上海教学出差的机会托刘人寿帮助了解，刘人寿带仁超拜访了范纪曼，经与范纪曼通信联系，逐渐对于范纪曼和杨树田的革命经历和不幸遭遇，进一步了解清楚了。

范纪曼（1906—1990）

范纪曼同志，四川梁山人，1925 年在武昌加入共青团，1926 年转入中国共产党。大革命失败后，他即开始做地下工作，直到 1949 年上海解放。1930 年至 1933 年，在北平同时上国立北平大学法学院俄文经济系和艺术学院戏剧系；九一八事变后，参加北平学生南下示威运动；1933 年 7 月，曾去莫斯科参加斯大林国际第四届戏剧节；自 1936 年起在刘逸樵同志领导下做地下工作，先后在上海开设艺术用品店、花边店、外文书店等做掩护，从事革命活动。1944 年 4 月，遭受日本宪兵队逮捕，后托人保出。1949 年 3 月 1 日被国民党特务逮捕，4 月 21 日黎明越狱逃出。上海解放后，在上海戏剧学院任教。1955 年 7 月 26 日肃反时被捕，又因“潘、杨冤案”株连，直到 1975 年 12 月 25 日出狱；1980 年 8 月 20 日平反，宣告无罪；1985 年元月恢复党籍。他来信说：“我们多年不见，在有生之前，还尚能通音信，而且大家又了解了真面目，确实应引以为庆幸了！至于我的一生，都是为党做工作，但自 1955 年肃反时被捕，整整关了二十年零六个月。由于长期受折磨致残，不但不能用脑，而且手也不能提笔，此信是由我老伴彭雅萝代我写的。”我读罢来信，真是感慨万端，不禁老泪横流！很快又得知范纪曼已恢复党籍，定为局级待遇，得到党组织的关怀照顾，已进入较好的医院，经几个月的治疗，他的病情好转多了。我闻此喜讯十分高兴，这也是不幸中之万幸啊！

杨佐青（1911—1970）

关于杨树田的情况，范纪曼来信说他是从刘鹤孔来信中得知的。杨树田原名杨佐青，是东北抗日联军第一路军总司令兼政委杨靖宇将军的弟弟。杨树田是个老同志，九一八事变前后，他在少共满洲省委工作，后调到东北抗日义勇军、东北抗日联军工作，以后去苏联学习。大约于30年代后期到上海做地下工作，后被日本宪兵队逮捕入狱，日本投降之后，经我们营救脱险。1945年冬由上海到苏北解放区，又转东北解放区工作。20世纪60年代他在哈尔滨市人民政府任秘书长。杨树田因为在敌区被捕过，在“文化大革命”中自然也逃脱不了厄运，他被关进哈尔滨市监狱，受尽折磨而死。粉碎“四人帮”后，中共黑龙江省委为他彻底平反昭雪，召开了隆重的追悼会，悼词写得很好。杨树田的革命事迹，我虽然知之不详，但从他的简要经历来看，也是走过不少艰险曲折的道路。最令人痛心的是，经过枪林弹雨生死考验，经我们冒着巨大危险，从敌人魔爪中抢救出来的好同志，竟在那十年浩劫中，遭受残酷迫害，含冤而死！似这等“千古奇冤”只能在我们党重新确立了马克思主义路线的今天，才能拨乱反正，实事求是地予以平反昭雪。

有些研究东北抗联史的同志质疑说：杨靖宇是独子，说与杨树田是兄弟是否有误？经仁超了解，杨树田原名杨奠坤，杨靖宇原名马尚德，当时化名张贯一。当年，杨树田是中共在磐石地区组建的第一批抗日武装力量的负责人，因为在一次战斗中负了重伤，被秘密护送回哈尔滨治疗，因此，组织委派马尚德（当时化名张贯一）来领导这支抗日武装，为了能让马

杨佐青与夫人

尚德在磐石地区迅速开展工作，组织上同意杨树田的建议，决定让当时化名张贯一的马尚德，化名杨靖宇，以杨树田哥哥的身份出现，他们虽然没有血缘关系，但不是亲人，胜似亲人，这也是革命战友情深的一段佳话。

再入虎穴

第二十八章　打 入 军 统

日本投降后，我们的工作进入了一个新的历史转折，开创了一个新局面。我在党的正确领导下，随机应变，不避艰险，顶着风浪前进，主要任务是奉命乘机打进蒋特魔窟，展开了又一番生死搏斗。

8 月 15 日之后的几天，于毅夫从苏北来上海住在我家。他说党组织已经决定派他去东北工作，并要他吸收一些青年带去参加工作。我就把过去与我有联系的青年介绍给他，由他审定吸收，从上海带到苏北，由苏北转山东，乘船去东北。后来，我们输送的这些青年，都成为骨干，参加了东北解放战争。

此时，我以前认识的律师余祥琴由浙江淳安回到上海。他来我家，对我说，他是国民党在上海做地下工作的，是属于军统领导的沪郊指挥站的负责人。他劝我不要离开上海，如能把伪警察局的人员拉一些给他工作，他就可以帮助我混进去。

我说："怎么能混进去呢？"

他说："有办法，我原来在上海做地下工作时，沪郊指挥站曾报了些吃空饷的假名字，可以给你顶一个，就说是你的化名。"

"倘若漏了，那可太危险啦，而且也会连累你。"

"不要紧，军统拉汪伪组织人员使用，叫作'运用人员'，不是正式参加军统组织，不会认真查对的。"

他还一再表示，他一定保守这一秘密；如果漏了，他自己也吃不消。我向他表示，让我考虑考虑再说。

我把余祥琴同我谈的情形经过和他提出的问题，向刘人寿、张执一汇报了，请党组织研究决定。过了几天，刘人寿、张执一先后通知我，他们说，党组织已经研究决定，让我将计就计，打入军统去开展工作。

过了两天，余祥琴又来找我，我就向他表示，如他能保证不出乱子，我可以留在上海，跟着他工作，希望他一定要够朋友。他百般许诺，保证不会出任何差错。我们当即就研究如何编造假履历，以蒙骗军统。

我对余祥琴说："我参加汪伪组织时，是由国际问题研究所朱晶华的关系派来的，后来虽然该所结束了，但它是国民党政府的机关，我可不可以提出来，用以说明我原来就是国民党机关派进汪伪组织的地下工作人员，以后又和你接上了关系？"

余祥琴说："那就更好了，就这么说，先是国际问题研究所派遣的，1943 年又与我建立关系。"

我们研究之后，他就如此上报了。以后为了蒙骗军统，制造假象，对人便一直这样说：我早就跟余祥琴工作，并不是现在才开始的。这就像《智取威虎山》戏剧中，杨子荣答座山雕一样，座山雕问："你是什么时候跟的许旅长？"杨子荣答："是在他当警察署长的时候。"我和余祥琴一个口径，说早就跟随他干地下工作。于是，假话就在我们的熟人圈里传开，逐渐使人信以为真。就是这样，我打进了军统特务的魔窟，逐步展开工作。

余祥琴 8 月 26 日回到上海。此后，军统特务陆续来上海、南京，成为国民党政府先遣部队最先到上海的前哨。在国民党政府还没有正式接收之前，这帮特务还是在伪组织军警维持治安的保护伞下活动。军统在上海成立一个办事处，设在杜美路 70 号上海大亨杜月笙的公馆里。以戴笠为首的军统大特务龚仙舫、李崇诗、王新衡、杜维翰、廖化平等相继到达上海。戴笠刚到上海时，经常住在金神父路 11 号唐生明家中，后来军统上海办事处给戴笠置备了四五处公馆，包括戴常去的电影明星胡蝶的家，可是戴不住胡蝶家，与胡蝶幽会之后，总是去金神父路唐生明家住宿。

蒋介石与戴笠

戴笠，这个军统特务首脑，是蒋介石一条最忠实、最凶狠的走狗。他阴险狡诈，残暴成性，成为蒋介石手中一把犀利的匕首；他杀人不眨眼，是人民最凶恶的敌人。但他究竟是一副什么凶相，我还是想亲眼看看。

9月中旬，上海军统在杜美路召集特务开会，那些“天上飞下来的”（指由大后方派遣坐飞机来的）、“地下钻出来的”（指重庆方面的地下工作者公开身份的），还有“江河漂过来的”（指在敌后坚持抗日斗争的国民党人员来上海的）都被召集来了。余祥琴把他的“沪郊指挥部”骨干都通知来参加，我接余祥琴的电话也前往参加了那个会。

那是军统上海办事处成立后首次以“纪念周”的形式举行的会议，由戴笠主持。读完“总统遗嘱”之后，戴笠讲话，大吹大擂军统在八年抗战中的“战功”之外，主要是告诫大小特务们：要肃清“奸党”，以确保他们的接收，也就是要他们竭尽全力阻挠我党我军接收，让国民党独吞胜利果实。戴笠三句话不离本行，他把共产党叫作“异党”，称八路军、新四军为“匪军”。我当时一方面听他那一套谰言，以了解他们的动向和部署；一方面注意戴笠这家伙面孔长相举止谈吐，以摸清他的习性。

戴笠果然是名不虚传。他时而露出凶神恶煞的本相，时而装出“道貌岸然”的假象，变化多端，反复无常，给人强烈的不可捉摸之感。余祥琴对我说过：“有机会领你见戴笠先生谈谈。”我当时的心情：既想见见他，进一步了解这个大特务头子，到底有什么本领和特点；又不想见他，因为与他直接接触，稍有不慎，就会被他识破我的真面目。

一天，余祥琴约我去见杜月笙。我们同杜月笙谈不多时，戴笠来了。余祥琴当即向戴笠介绍我，戴笠头一句话就说：“我知道你，听余祥琴同志说过，你能干，在东北组织过抗日义勇军，打进南京伪组织后为党国做了不少工作。”

我说：“那是委员长、戴先生领导得好！”

他接着说：“你在陈公博旁边做工作，没有被李士群的七十六号发现，能混下来，就算有办法，不容易啊！”

我说：“那是组织领导得好，托戴先生的福！”

我想不便再多谈下去，随即说：“戴先生、杜先生，你们公事忙，不打扰了，以后再请戴先生和杜先生多指教，我告辞了。”

我直接与戴笠接谈只此一次，虽然匆促之间，一面之谈，由于我特别注意，抓住了他的特点。他突出的是面孔上各器官摆得不正，特别是眼睛摆得不是地方，而且眼神浮露，虽然故意隐藏其阴险狡诈，但不可能掩盖。有人说他的面孔既像马，又像驴，说他是马驴交配的杂种，比较恰当。有人说，戴笠迷信麻衣相，自称“人的面孔若像动物是主大贵之相。”他常以蒋介石的马自居，愿为蒋介石终身效犬马之劳。依我看，最恰当的评语还是：戴笠他是蒋介石的一条咬人的恶狗。至于他的习性，既有狼的狠毒，又有狐狸的狡诈。戴笠善于窥伺主子的意图，能够博得蒋介石的欢心和信任，那是由于他能为蒋介石排除异己，帮蒋介石实行独裁、法西斯专制，反共反人民。他组织大批特务，渗透各个角落，犯下了滔天罪行。他也曾经使人畏之若虎，虽然切齿痛恨，却欲除之而不能。当然，我们既不可以以貌取人，又不能以传说来定评，主要因为他政治上反动透顶，作恶多端，才成为人民最凶恶的敌人。

军统上海办事处，开始主要负责人是龚仙舫，后来是李崇诗。龚仙舫原来是戴笠的秘书，在上海办事处主要管人事和机要；李崇诗原是戴笠的参谋，原在中美合作所管行动，来上海后主管收编交警队。沈维翰是军统局的军法处长，来上海还是管审讯工作，当时逮捕审讯汉奸就由他主持。王新衡（中共叛徒）是搞情报的，来上海管筹备军统上海区、站工作。毛人凤在南京主持军统局日常工作，也时常来上海办事处。余祥琴原在上海执业律师，并非军统局的人，抗战期间经杜月笙介绍给戴笠的。余祥琴是杜月笙的徒弟，杜月笙在上海是青帮头目和金融界大亨，杜月笙与戴笠互相利用，交称莫逆。因此戴笠对余祥琴相当器重，但军统那些大特务，并不把余祥琴当作嫡系，而是另眼看待。

余祥琴当时化名林基，他给我顶的化名先为“李渊”，后来又叫我“赵如锋”。我打进军统之后，开始时以余祥琴的“沪郊指挥部”为掩护，随余祥琴参加他们的逮捕、审讯汉奸工作。我有机会与大特务们接触，利用各种机会了解到军统的人事组织和特务活动，以及国民党接收上海市的各种情况。后来，军统上海区改组，王新衡任区长，刘方雄任副区长，全区下设三个组，第一组是政治组，专搞我们党的情报；第二组是社会组，专搞上海社会动态，即每日发生的重大事情；第三组是经济组，专搜集了解上海经济界的情况。黄特（中共叛徒）担任第一组组长；田和卿担任第三组组长；余祥琴推荐我担任第二组组长，军衔少将。

我此后便逐步深入魔窟，利用本职工作之便，能够经常直接看到军统所属区、站的指令、通报及通知等重要文件，从而及时了解到他们如何注意我党的活动（他们叫作“奸匪”活动），以及他们将怎样追踪、侦察、监视某人某事等等，有时我就干脆直接把文件拿出来交给上级领导看。

这期间，军统表面上大张旗鼓地逮捕、审讯汉奸，其实只是临时抓一下，做做姿态。他们主要忙于重新建立上海特区和各省市的军统组织，忙于改编伪军组织建立交警队，抓到武装力量，直接控制主要铁路、公路交通线。实际是以中国共产党为敌人，集中力量对付我党我军，抢夺抗战胜利果实，进而破坏和谈，准备发动内战。

同时，他们更是不遗余力地大搞“劫收”。日军投降后，大约有一个多月的时间，国民党主力部队一时未能运到，到达京沪的军统和中统的特务人数毕竟太少，全靠汪伪军警维持上海的治安。到10月初，不少接收大员才由重庆坐飞机陆续来京沪，国民党正规军一部也由美国飞机运到上海，这样才有大批接收大员涌入日伪占领地区。他们各显神通，明目张胆地大抢特抢洋房、汽车、金条、美钞和汉奸的小老婆，即人们所传“房子、车子、条子、票子、女子”的“五子登科”。他们吃喝嫖赌，花天酒地，敲诈勒索，巧取豪夺，无所不为，把一个本就腐败不堪的上海，弄得更加乌烟瘴气，比沦陷时还糟糕！

老百姓说：“什么接收，简直是劫收，是抢劫加没收。”

再加上美国兵坐着吉普车在大街上横冲直撞，不时发生撞伤人、压死人的事件。那些美国兵不但追逐街头的妓女，称为“吉普女郎”，对行路的良家妇女也肆意调戏，不久北平发生北大女生沈崇被美国水兵强暴的事件，人民愤懑。大战后经济凋敝，加上美国货大量对华倾销，给中国民族工商业造成严重危机。上海及各地很快呈现出粮食缺乏的紧张局面，争购、抢购普遍发生，通货膨胀，物价飞涨，民不聊生，怨声载道。

老百姓叫苦说：“想中央，盼中央，中央来了更遭殃！”

于是抗暴运动、反内战和反饥饿、反压迫斗争接二连三风起云涌。全国人民对蒋介石的幻想，日益消减乃至绝望，对国民党政府的反动本质，认识更加清楚了。美帝国主义对我国的经济侵略和国民党政府的卖国行为，逐渐暴露无遗。广大人民群众，更加认识到，蒋介石依靠美帝国主义，出卖国家民族利益，以维护他们四大家族封建法西斯的反动统治，人民完全不可能得到和平、民主、自由和国家民族的独立、自主。

人们都在说："前门驱出一只狼（指小日本），后门进来一只虎（指老美），笑面虎比白眼狼更疯狂，都是吃人的野兽！"那就是说，日帝、美帝它们都是侵略者，同样是压在中国人民头上的大山，是中国人民的死敌。

那时地下党组织给我的主要任务是收集敌特的人事组织和工作计划，侦悉他们如何布置工作破坏和危害我党我军、民主党派知名进步人士和革命群众的阴谋诡计。我主要是搞情报，但遇紧急情况时，也坚决行动，以保卫我党我军和进步群众的安全，防范敌人破坏，避免或减少革命事业的损失。

一次，一个部下向我报告了我地下党召开秘密会议时间地点的情报，说：当晚10点，在上海路一小巷52号，中共地下党要开一个秘密会议，请求派人抓捕。那人声称：这份情报绝对准确可靠，让我一定批准他也参加行动，立上一功。我表面上没动声色，立即下达命令：现在4点，你们先去吃饭，做好准备，8点准时在办公室集合，参加行动。

他们走后，我立即驱车回家，让静云火速通知有关同志取消这次会议。当晚8点，我下令全组人员秘密包围了52号开会地址，等到10点，无一来开会人员的踪影。埋伏人员冲进去一看，只是空荡荡一个屋子。举报人十分沮丧，我安慰他，并对全组成员提出：此次行动失利，大家对外就不要讲了，出现这种情况不是一次了，不要灰心，还要继续努力工作，当然要力争把情况搞得准一点。小特务唯唯而退，他绝想不到，我这个少将组长就是共产党。

第二十九章　被 捕 入 狱

1946年2月间，我被任命军统上海区第二组组长后，余祥琴为我安排一所房子办公（忘记地点名称），我不常在那里，隔几天去看看文件。余祥琴派原伪警察局老闸分局的富三才为办事员，经常在组里收发文件和整理编写材料。我把原伪警察局各分局及司法处人员拉了十多人，要他们把每天社会上发生的重大事件报上来。按这个社会组的原定任务来说，我原以为这样做满可以应付得过去，但这并不能满足区里的要求。比如某日某区发生聚众抢米事件，只把事情发生的情况呈报还不行，必须说明事件的起因和背景，查出什么人、什么组织在背后策动的，怎么策动的，这个事件同前后左右发生的事件有没有联系；对相关的事件、人物、组织已经进行了什么处置，效果如何，有何不足；下一步准备采取什么措施，对上级及其他相关机构有什么要求，特别是要重点查有无共产党的幕后活动等等。

这就麻烦了。因为如前所述，这期间上海社会各界反对内战要求和平，反对美军暴行，反对倾销美货，要求解决失业、失学、灾民救济等的请愿示威、罢课罢工，穷人哄抢米店等社会事件频发，可谓此起彼伏，接二连三，到处起火。其原因主要是国民党只图靠老美打内战、“劫收”人心丧尽、美货倾销、民族工业日趋破产、人民生活水深火热等客观因素作用，所谓官逼民反。但是不少事件背后确实有我们党乃至民盟的人在起领导作用，如后来北大女生沈崇被强暴引起的抗暴运动，就是我们党领导搞起来的。这一点，有点政治头脑的人一看就清清楚楚，我当然心里更有数，可我怎么能去抓呢？

余祥琴对我明确表示不满：“老李，我们是至交、老朋友，就实话直说。你是有魄力、有能力、有办法的人，在上海滩政法界谁不知道你‘快刀子李’啊。可这一段，你的工作成绩比起其他各组，明显不突出。好多事件，明明是有共产党在后面捣鬼，你怎么一个也没搞出来；你交的报告也都蜻蜓点水、浮光掠影，讲的都是浮面现象，毫不涉及共党等根本问题。上面对你的工作不满意，这不仅对你的前程大有影响，弄得我也很难堪，甚至都不好替你说话。”

我辩解说：“过去我就跟你说过，我是学法律、搞司法的，习惯按司法程序办事。这种顺蔓摸瓜捋线索，一查到底抓后台，基本是情报工作、侦察业务，这一套我实在是外行。有的事我还有自己的看法，如最近的抢米案，就是那些奸商囤积居奇，哄抬米价，故意制造粮荒，谋取巨额利润，百姓有钱买不到米，或干脆没钱买米，饿极了不得已才抢。我们要查，应该先查这些奸商，才是治本之策；如果只查、只抓抢粮的穷百姓，恐怕只能见效一时，最终只能是扬汤止沸。”

余祥琴没客气，唱起了高调：“我们是党国的高级干部，要看到大局，现在我们的最重要务是对付共产党，是全力准备最后一举消灭他们。我们不能前面还没开仗，后院却已起火。所有这些社会问题，总根子就是共产党，我们对此不能有一点动摇和含糊，不然，要我们军统干什么！”

然后，他又提醒我：“你要深查敢抓，有点线索，有点证据，抓起来再说，审出口供就可以定案，报上去就是成绩。不能三个组，别的组成绩赫赫，上级频频表扬，你的组总是零蛋。你要大胆放手干，没人去查你报的成绩虚实。”

我知道，余祥琴这是在教我谎报军功。当时军统圈里通行的，今天破获“共匪”大案若干，明天又抓到“共党”若干，其实真破没破获、抓没抓到，除了大案要案、重要人物，没人去问。

我回答：“谎报军情，冒功领赏，从来没想过，看来我实在不称职，辜负了您一片期望。我想我应退后一步，让出位置，请老兄另请高明。”

余祥琴劝解：“我说这些都是为了你好。你抓紧工作，有情况及时与我通气。”

果然几天后，军统上海区几次会议上点名指责第二组工作没有成绩，所报材料不符合要求。

我感到真有些压力。回顾以往，我虽然潜入敌占区从事情报工作多年，但掩护职业是上层的政府公职，容易把本职工作完成，并且便于利用公职，创造机会，去做我们要做的事，收集我们所需要的情报资料。

现在不是那样了，这个本职，是要求给敌人提供情报资料，那就发生困难了。我向地下党领导汇报后，组织上曾提到，是不是编造些假的，或过时的，或者似是而非的东西去应付他们呢？我说：不能那样做，那只能烧香引鬼，那些家伙都是情报工作的老手，骗不过他们，只会引起更多怀疑。

我的想法是：宁可让他们认为我这个组长无知、无能，也不能让他们抓住什么把柄。我就一再对余祥琴说，我自己在这情报、侦察方面，既没有线索，又没有经验。我拉来的原伪警察局人员都是搞刑事案件的，对这项工作也都是外行，出现这种状况不可避免。我犹如在虎口里拔门牙，从强盗身边偷宝剑，处境之难，前所未有，非不为也，是不能也。

虽然余祥琴说过，军统对拉进汪伪组织人员是利用，不会认真审查，可是对我这样不积极干他们的工作，不能不产生怀疑。我对余祥琴，因为是老朋友，经过请客、送礼，总算能够周旋得过去，其他的不灵。督察处的廖化平，我不认识，听说他是个中共叛徒，我不想与他多接触。军法处的沈维翰，从余祥琴那里知道他俩矛盾很深，我也不便与他拉近关系。在这种情况下，军统的督察处和军法处对我进行秘密审查，主要是沈维翰在特别下狠手积极进行，我只得硬着头皮顶着干，斗争相当复杂而激烈。

在此期间，军统对我进行审查准备逮捕，我也在设法脱身撤出上海。我早就察觉军统对我怀疑，在对我搞侦查，但不晓得是如何起疑和怎样进行的。事后知道，沈维翰与余祥琴在抓捕、审讯汉奸，追查汉奸财产时，因争权夺利发生了尖锐矛盾。我是余祥琴拉过来的人，沈维翰当然要在我身上找岔子，寻找缺口以对付余祥琴。

他们在侦查中，了解到我的弟弟李春芳和夫人孙静云先后被捕，都是因共产党抗日嫌疑。还有，余祥琴平时忽而叫我“李渊”，忽而叫我“赵如锋”，也是引起他们怀疑的原因之一。沈维翰捕风捉影地找到我的一些蛛丝马迹后，便搜集材料，拣鸡毛凑掸子做文章。他趁戴笠去北平部署工作之际，拍电报给戴笠，简陈案由，要求批准扣押我。他的算盘是不分青红皂白地把我抓起来先审，拿到有用口供再说，但他的诡计没有得逞。以后，律师蔡企文查看抄录法院卷宗，得知军统《戴笠局长复电》的全文是："仙舫、维翰两兄，函悉。李时雨参加本局工作成绩如何？希函局详查再核，目前不可遂行逮捕也。戴笠。"

戴笠为何有这样的复电？以后才知道，他在北平接到沈维翰的报告后，顺便问在北平警备司令部稽查处任督察长的李国章，打听我是怎样一个人。李国章是我们地下党的同志，他当然替我说了一番好话，加上戴笠见过我，对我没有什么不好的印象，所以没有批准立即逮捕我，回电叫他们详查再核。他们自然不死心，继续进行侦查，我也提高警惕坚持工作。

1946 年 3 月上旬，戴笠去东北、华北与文强、马汉三等策划发展特务组织，并接收一批有反共经验的汉奸特务。3 月 17 日由天津乘专机回上海，临近上海时，正值雷电密布大雨滂沱，机场不同意降落，转飞南京仍然是雷雨交加，飞机与地面联络很困难，越过机场飞到江宁县。在大雨中飞机飞得很低，撞在一棵大树上，冲向一座不到 200 米高的戴山，机毁人亡。戴笠坠机摔死之后，军统特务内部相互倾轧更加严重，那些嫡系特务对余祥琴开始公开找麻烦，对我更一再指责工作没有成绩，并暗中侦查。

我早就有所察觉。张执一也从另一方面得到情报，知道军统特务在秘密侦查并要逮捕我。所以，当我提出要撤离上海时，张执一便立即同意，并很快就派往返苏北的交通员姓何的同志（解放后任上海市公安局黄浦区公安分局局长，听说现在安徽省工作）负责随时送我们全家去苏北。此时，只是刘人寿那方面的领导上，开始有些不同意，觉得我这个地位搞情报方便，不应轻易放弃，因此犹豫了相当长的时间。潘汉年还为此冒雨亲自来我家，晚间与我谈了多时。潘汉年说："你能在军统站住脚，很不容易，当然不能轻易放弃阵地。但是要密切注意敌人动态，随时做好应对突然事变迅速撤退的准备，一定要注意保存实力，善于保存自己，就是有效打击敌人。根据情况，可以随时撤退。"从张执一和潘汉年两位领导身上，我感到了党组织的巨大关心，感到很温暖。

后来刘人寿与我通信时谈论此事，我们总结了这次被捕的经验教训。他说："你终于不免被敌人逮捕一劫，是由于我们对敌人上层，即敌人内部情况知之不深，了解不够所致。"他还说："那样一个有利的岗位，我是有些舍不得的，所以，决心不大，行动迟缓了。""还有对你已是敌伪中上层干部的地位，敌人查起来会更不惜血本，我们估计不足，对余祥琴保驾的能力估计过高，以致有些侥幸心理。"

但从我自己身上检查，主要是我有轻敌思想。我总是想日伪那个大江大海都过来了，军统这个小河沟，怎么能翻了船！俗语说"轻敌必败"，粗心大意往往搞错，我当时未免过于胆大心不细，忘记了"兵贵神速"——撤退必须比进攻还要快。对敌斗争，只顾考虑周密，不抓住战机不行，战机转瞬即逝。关于我是否撤出上海，研究了相当长时间。怎样撤出上海，到什么地方去，又研究了相当长时间。后来，刘人寿、潘汉年同意我撤出上海，张执一是早已同意的，并叫我到东北找陶涛接关系，由他分配工作。开始，我们打算秘密从上海去苏北转东北，唯恐途中被敌人查出不好解释，又改为去北平再转东北，反复研究多时，及至党组织对我撤离上海的意见统一和作出决定后，又考虑全家一齐走，或者是先把家属撤出，而后我再走，又盘算些日子。经过一番考虑，才决定先撤家属，我一个人殿后单独走。当时研究，孙静云带领孩子们离开上海，剩下我一个人就好办了。在静云带孩子们先转移到北平前，为安全起见，给孩子们都改了名字。志平改志超，建平改仁超，永平改勇超。

可是，我一个人怎样走法比较安全呢？同余祥琴说明，我公开撤离？如他不同意，那会打草惊蛇，这一办法行不通，还是得采取秘密撤走。但又有什么办法掩护，才能更安全地撤走呢？想起我的老师王抚州在南京任直接税总局局长，虽然前几个月就知道了，可不到万不得已，我不愿找他想办法。因为听说他与戴笠很要好，他又是中国青年党人，同他拉近了还是不能跳出特务的圈子。此时，为了安全撤走，利用一时，也未尝不可，无妨去南京一趟，试试看。

我去南京，见了王抚州，多年不见，十分亲热。各叙八年抗战阔别之情以后，我提出求他找工作，要护照，都很顺利。王抚州说："你若仍在军统工作，我可以托唐纵照顾你，唐是军统主要负责人之一，戴笠死了，他说话一样有力。你若是愿意去东北工作，我也可以安排你当一个直接税局分局长。”

我说：“我急于回家乡东北工作。”并提出最好是委我为营口分局长，因为我的同乡同学王家善师长在那个地方驻防，会得到他的照应。王抚州答应我的要求，并说：“正好东北直接税局长张维在此地。”当即找到张维与我见面。张维说营口准备设分局，他叫我去沈阳等候，派我接任东北直接税局营口分局长职务。王抚州当即命其直接税总局办公室给我开了护照，交我带回上海。

我从南京回上海后，即委托石玉祥给我买去北平的飞机票，准备从北平转东北。1946 年 9 月 16 日晚间，张执一来我家，我把一切准备就绪，已买到了 9 月 18 日的飞机票，即将启程离沪以及托赵朴初陈邦芝夫妇把我大西路 153 号的这幢三层花园洋房和汽车变卖，所得钱款作为我和静云的党费支持新四军作军费等的情况，向他汇报了。他作了详细的指示，我表示一定要找到陶涛，在我们自己队伍里工作，绝对不再做秘密工作了。我所以提这个问题，是看到全国革命形势发展很快，想在自己的队伍里放开手脚大干一番，总感到在隐蔽战线，时时事事都得谨慎小心，实在太缩手缩脚。张执一看来并不赞成，他明确表明态度说：“接上关系后，还是要听从组织分配。”

事后得知，赵朴初先生及时抢先在军统之前将我的房子及汽车变卖了 27 根金条，由赵夫人陈邦芝（陈为地下党员）将金条交给了张执一。

9 月 17 日上午，余祥琴来电话，叫我立即去他家。我立刻觉得不对头，但不能肯定有坏的变化，又想去看看情况，只得硬着头皮去了。见了余祥琴，只见他家在收拾东西。他的女秘书盛吉小姐直对我使眼色。年轻的陈会计也对我使小动作，都向我示意要出事的样子。余祥琴更是有点不大自然地对我说：“刘方雄副局长请你到市政府调查处去一趟。”

我问：“有什么事呀？”

余祥琴说：“我也不知道什么事，你去一趟吧！”

我想：事到如今也无法脱身了，只得再闯一步吧。我掏出一个金表链送给余祥琴说：“作个纪念吧！”意思是我可能被扣押，请他以后作证助我脱险。

他说："你放心吧，我余某人绝对不会对不起朋友的。"

就这样，我离开了余祥琴的家。一出门遇见了钟子健，我告诉他，我可能被捕，要他立刻躲避，并嘱他转告金若望、高福海等同志。然后我坐自己的三轮车去上海市政府，到市政府门口下车后，我对三轮车夫阿根说："这部三轮车送给你啦，一小时后我若不出来，你就回我家，在我家附近等上三两天，凡是常来我家的客人，你都要告诉他们，就说我被捕了。注意，千万不能让特务抓住把柄。"阿根声音颤抖着答应，含着眼泪与我告别。

我走进上海市政府，见了刘方雄，他说："你来啦，坐下吧！"

没等我说话，他接着说："对不起，请你到南市看守所去！"

我说："为什么呀？"

他说："到那里你就知道了。"又说，"你还有什么要求吗？"

我说："我想请您马上通知刘绍奎来这里，我委托他把我的东西送给我。"他说："好吧！"并马上打电话，把刘绍奎叫来了。

刘绍奎来后，我请他立即到我家，把一个手提箱收起来，存放在他家。并把我的衣服和被子送到南市看守所。我把王抚州给我的证件交给刘绍奎，请他寄给南京直接税总局王抚州，并写信告诉他，我已被军统逮捕，请他设法营救。刘绍奎是原英租界工部局巡捕房的"包打听"头目，当时的职称是探长。他是山东人，性耿直，很讲义气，非常仰慕秦琼、宋江之类的人物。我任上海伪警察局司法处长时，他任审讯科长。在平日工作中，我发现他与日本人办事时能站在中国人一边，所以，我们两人感情相当好。我坐牢时，他多方照应，还曾设法营救。我出狱后，又知道他与我党地下工作者有了联系。田云樵交代我领导他一段时间，我撤出上海前，又把他交给田云樵，以后再无联系。

我在上海市政府调查处与刘绍奎告别后，几个军统特务就拥上来将我的手铐了起来，用小吉普车把我送到南市车站路军统看守所。那个地方我很熟悉，它就是原伪上海地方法院和原伪上海保安司令部看守所的旧址。那里羁押的人，大都是军统的人和我们的人，军统的程克祥、阮清源和彭寿，都先我而至。过几天，余祥琴也被捕，也关押在那里，不过是分别监禁在各监房里。阮清源和余祥琴，约数十日就被释放了，程克祥和彭寿，是在我被送到法院后，才被释放的。他们都是由于戴笠死后，军统内部争权夺利，分赃不均而被关起来的，很快就妥协解决了。

我被关押在军统看守所三天后，才开始审讯。首先问我过去参加过什么政治组织，我说我从来也没有参加过任何政治组织；其次，问我的弟弟和我的太太因为什么案子被捕的，我答都是因为抗日嫌疑；又问我都认识哪些共产党人，我答一个都不认识。

后来，他们说知道我就是共产党，逼我承认，他们严刑拷问了两宿，我矢口否认。他们写的记录，我不看，也不按手印，防止他们捣鬼给加上什么。因此，他们又毒打我，“压杠子”，灌凉水，十八般武艺全来。我痛骂他们：“八年来你们躲到重庆，不打日本鬼子，今天来迫害我这同敌人艰苦斗争的地下工作人员，真是丧尽天良！”他们对我无可奈何，只得另打主意。过了几天，他们又提我审问，问我是怎么打进汪伪组织当伪官的，我这就把已经编造好的那一套履历陈述一遍，使他们又抓不到任何把柄，枉费了心机。

军统特务组织，对共产党人，他们是宁肯错杀一千，也不能放走一个，我在军统看守所里，进一步了解到，这些军统特务最恨的是所谓“异党分子”混进他们的组织里边，一经查实，必定处死。我想，不能坐等，必须设法活动，使他们早日把我送法院，即使按担任伪职判罪，也不会处以死刑，何况我有许多证据和理由，说明我是国民党政府派进汪伪组织的，可以摆脱“汉奸”的罪责。于是，我就与外边暗暗通信，请刘绍奎转信给王抚州，再转托唐纵向军统说情释放，如不能释放，就及早送法院。

军统看守所是比一般法院监所严一些，但也不是铁板一块。在旧社会是有钱能使鬼推磨，他们那里也有跑“封包”的，就是在押人事先把写好的信用纸包好，写明地址收信人，放风时或送饭时，交给熟识的看守。有的看守先讲价收钱再送信。有的不讲价，送到信，带回信或带回东西，双方再讲价付钱。总之是多花钱讨方便，看守们是看钱办事的。据说，他们也有时跑空，或者遇到苦主儿捞不到什么油水。但是，多数会有报酬，要是碰到大主顾，一笔钱就够他们花几年的。在这跑“封包”方面，军统看守所的看守不如提篮桥监狱的看守收入多。我开始没有敢使用他们往外边送信，后来摸清看守们的情况，我也试试。我写信给公安局的刘绍奎，而且开始写信是要衣服并不谈案情，只是报个平安。打通了之后，我才把我到看守所以后的详细情况写明，并请他按照我的计划进行营救。我那时主要是希望早日解送法院，脱出军统的魔掌。

在此期间，军统军法处多次对我逼供落空，我没有承认他们所需要的一句口供，他们抓不到任何证据，无法定案。军统督察处与军法处不甘心失败，两家配合派了一个年轻的小特务，假装犯人关押在我的监房里。这个人自称是共产党嫌疑，一进来就主动跟我拉近乎。他十分幼稚，动作特别，我一眼看出这是来摸底的，真是鲁班门前耍大斧，任凭他怎样使花招套弄，我总是用已经准备妥当的武器来防守。我也以国民党地下工作者的身份，以自豪的口气向他进攻，我说：“我为国家为民族已经做出最大的牺牲，问心无愧，相信不会冤沉海底。”闹哄了几天，他那些刚学会的不甚熟练的诈术使光了，也没有套出什么东西。

最后，他使用特务惯技中最奸诈最狠毒的一招，假惺惺地向我表白，似乎良心发现的样子，偷偷地对我说：“你这个人太好了，他们真冤枉你啦！告诉你吧，我是督察处军法处派来摸你的底的。”我一点也不惊奇，不动声色地听着。他接着说：“我这回没有白来，我认识你这样一个朋友，希望你能把我当作好朋友，以后我愿意跟着你做了，你可别忘了我！你放心吧，我一定替你说好话，让他们早点把你放掉……”最终更露白地问：“你外边有什么事？要找什么人办什么事？你尽管告诉我，我一定能帮你去办。”

我平心静气地笑着对他说：“谢谢你的好心好意，我没什么事找人办，但愿你不昧良心办事。你不必替我多说什么好话，就把你了解到的真实情况，据实报告就行了。”我还说：“老弟，记住，从来做坏事的坏人是不会有好下场的，我这个人从来没有做过见不得人的事，最后结局一定好。我正大光明，快乐永远属于我的。”

提篮桥监狱

军统关押了我三个多月，没有查出“异党”的罪行，加上外边同志和朋友托人疏通，于 1946 年 12 月将我的案件送国民党上海法院，把我转押到上海提篮桥监狱。这所监狱是上海公共租界工部局修建的，因在提篮桥故名为提篮桥监狱。它的建筑面积很大，能容纳数千犯人，设备也相当齐全，几所监房有独身的，有集体的，大部分是杂居的。当时特辟一层楼关押政治犯，叫“凡口”监。

我刚一进去，照例先被送进普通犯人监房，过了两昼夜才转入特别监。不过没有给我剃光头，也没有拿下我的裤腰带，因为那些老看守多数知道我的名字，自动对我有所照顾。关进普通监，同那些盗窃、诈骗犯关在一个监房里，十几个聚在一起，脏得很，气味也很难闻。他们对我这西装革履的“大亨”式犯人，开始是想照老规矩收拾，压一下，要揩点油的样子，有的一下抓我的头发，问：“怎么它还长着？腰带怎么也没拿下来？”

我说：“他们没敢动嘛，这有什么稀奇！”及至他们听到我的名字，知道我原来是市警察局司法处长，不但没有歧视欺侮我，反而对我表示恭敬了。我问：“你们不对当警官的怨恨吗？”

他们齐声说：“不，对您这样的警官一点也不怨恨。我们早就知道您是主张不许用严刑拷打犯人的，从报纸上看到您说犯罪是社会的病态，应该防止犯罪于未然，人们的衣食足，才会减少犯罪，刑罚不过是治病的一种方法等等。您讲的道理很对，我们听得进去，是生活逼得我们干了自己明明知道不应该做的事情……”我在短暂同他们相处、不断交谈中，增加了不少关于犯罪心理学的感性认识，对于立法、司法的理论认识，又有新的提高。

进提篮桥监狱，在普通监房杂居两三天后，我被转到特别监狱，即“凡口”监楼上，分在熟人李西伯房内。这监房住两三个人，没有床，都睡在地铺上。过些日子，又转到有床的监房，四个人住一间，内有卫生抽水恭桶，相当宽敞。这时，楼下有个强盗杀人犯判处死刑的绰号“小崇明”，是原伪上海保安司令部军法处审判的案子，日本投降后转上海高等法院的。他受人鼓动扬言要找我寻衅闹事打架，我同李西伯、刘紫葳等几个朋友研究，不能向他们示弱，以免受欺。遂由李西伯、刘紫葳、周行等保驾，我亲自出面到楼下“摆擂台”讲道理，说服了那个“小崇明”及附和他的混混。

过些日子，又进来一批青少年，说是专跳火车偷盗物资，破坏铁路交通的“小共产党”。我一看，他们多半是苏北口音，十六七岁上下，很乐观，整天说说笑笑，其实是一些没有职业、没有出路的穷孩子，没办法生活才从火车上搞点东西换口饭吃。他们听说我懂法律会写状子，都来求我给写申诉状。我同他们很谈得来，了解他们怎样被捕的情况之后，我替他们写了辩诉状，并告诉他们到法庭上怎样申诉。不久，他们开过两次庭，就被宣告无罪释放出狱了。

提篮桥监狱的生活管理，比南市看守所松一些，特别监里多数是未决犯，也属看守所性质。为了争取每天上下午两次放风，延长时间，并到外院子里散步、晒太阳，我们曾推代表向监所交涉，结果比较圆满。为了争取吃到热饭、热菜汤，我们两次推代表向监所交涉，也比较顺利。只是要求经常开监房门到晚上十点关门，前两年未完全允许，到最后一年才得到允许。中间多次与监所进行斗争，都取得了胜利。最后一任所长姓单，此人年轻不凶恶，常常接受在押犯人的合理要求。

这时提篮桥监所，似乎有了优待政治犯的措施，可从监所来说又有点宽得不太像话了，但只是“有钱能使鬼推磨”。那些有钱的人，像在住大旅馆一样，他们住的是单间房，里边日用品几乎什么都能拿进来，要怎么舒适就可以怎么摆设。这里规定星期一、三、五或二、四、六送东西，吃的、穿的、用的都可以送，只有烟酒报刊不许送，但托看守给买，出比市价高一两倍的钱，就要什么有什么。表面上只允许看历史或文学的以及宗教方面的书籍，而实际各种古今中外小说，应有尽有。当天报纸和新出版的杂志，都能及时由看守给夹带进来，像报童一样送到手里。不少人用罐头盒做煤油炉，分四五六七八个灯芯的大小不等，使起来很方便，所用的煤油也是由看守给带进来的，当然要花高价。后来发展到有些住特别监的人用起电炉来，能把包好的生饺子拿进来煮熟吃。你要叫整桌的席也行，什么酒也能买进来。这里边盐商、棉纱商、银行老板，最有钱，最会享受。那些高级大汉奸、大伪官们次之。再后就是小伪官们，只能当“小链条”把送来的东西来回转送，从中捞点好处，或讨个方便。真正的穷人无钱无势，才不得不受牢狱之苦。

我在提篮桥监狱里过的算是上等的生活。每一个星期有外面送一提篮熟菜和生鸡蛋以及面包蛋糕之类食品。先是四人住在一间，后来花钱住上单人房间，求人做个四灯芯的油炉，也曾使用他们偷电的大电炉烧菜和热吃的东西，有时煮饺子，下馄饨。

但我非常清醒，我是有共产主义理想的共产党人，我要抓紧这个难得机会学习，在外边是绝对没有这样的机会的。我坚持每天早晨学习英文，主要是自学温习过去学的文法和练习会话，不懂的问原伪警察局的姚筠伯。每天报纸我一定要看，《世界知识》等杂志也能搞到看看。我能从国民党控制的新闻中，如什么国军高级将领某某光荣殉国、什么地方“共匪”猖獗等消息中，看出全国形势的发展变化。我还浏览一些历史、文学或宗教方面的书籍扩充自己的知识面。我还买来很多名人字帖，柳公权、赵孟頫等全有，每天临摹碑帖练习书法，一为消遣，二还锻炼身体。我常默念鲁迅先生的名句：“浪费时间无异于图财害命。”我还经常唱歌，唱岳飞的《满江红》，唱“我的家在东北松花江上”。

当然，我一刻也没有忘记，当前我的主要任务是打好这场官司，这比设法撤离上海时的斗争还要复杂艰巨，争取判决无罪，也是相当激烈的生死搏斗。我那时把主要精力和时间投入了那一场战斗。案子转上海法院后，第一次提审是把我从提篮桥监狱押解到楚园（原上海伪警察局副局长卢英的公馆，当时改为法院检测处临时庭），在未开庭前我遇见几位相识的记者，我向他们打招呼，请务必按我的申诉据实报导。

第二天上海报纸大登：李时雨昔日是楚园座上客，今日成为楚园阶下囚。并按我所陈述的那样登载，说我是在抗战时奉国防部国际问题研究所的派遣，打进汪伪南京政府，以伪职为掩护从事谍报工作；以后又转归国防部军统局沪郊指挥站领导，进行地下抗日工作；直至抗日战争胜利后，在军统局上海办事处领导下从事逮捕审讯汉奸工作。还报导我的身体精神都很好，在法庭上侃侃而谈大表“有功”，现在被人陷害，决心申冤，绝不忍气吞声，委曲求全。

这一消息传出，不仅做到先声夺人制造了舆论，最要紧的是把我的案件及其进展情况传给了我们的党组织和有关同志，也使他们知道我的一切情况很好，平安无事。我的部下原伪上海保安司令部少校军法官周光辉以抗战前大学毕业领得的律师证书，与苏州蔡企文律师在上海设立联合律师事务所，由周光辉商议聘请蔡企文律师担任我的辩护人。按法律规定，律师可以调阅和摘抄案卷，从而得知军统沈维翰曾给戴笠打电报，要扣押我，未得批准，以后继续侦查，戴笠死后将我逮捕，以及整个案件的全部内容。我就根据编造的那套假履历也掺上些事实，举出证据，具状申诉，应该判我无罪。

静云秘密来上海，给原国家问题研究所当时的原办事处负责人何世祯送礼，要到了确实是国际问题研究所派我打进汪伪组织任南京政府立法委员的书面证明。又给原国际问题研究所沪港办事处负责人董麟阁不少钱，收买他出庭作证。还把何世祯、李国章在日本投降前，给第三战区顾祝同策反伪军的事，也编造说其中有我一份功劳，并取得证明。

余祥琴出庭作证，他把我们二人编造的那套假履历，坚持说成完全是千真万确的事实。法院审判人员问余祥琴：“李时雨既然是在军统工作，为何军统又以汉奸案解送法院？”

余祥琴极力辩解，故作死人口无对证之词，他说：“只有戴笠知道，别人不知道此事。如果戴笠活着，绝对不会把李时雨当汉奸送法院。”我依据许多事实、证据写了申诉书，并由律师蔡企文出庭辩护。

但法院竟听从军统的指使，不依法办事，对我所提的事实证据和辩护的理由不予理睬。对余祥琴的证明，置若罔闻，未予采取。只承认何世祯出具的国际问题研究所证明，但又断章取义，加以曲解地说这只能算是协助抗日有功，作为减刑的依据。按我们举出的无法否认的事实和极其有力的证据，谁都认为依法一定应作出无罪判决。然而国民党法院竟判处我有期徒刑七年零六个月，还泰然在判决书上写什么是因协助抗日有功减刑的。

我们从各方面了解，知道国民党法院的检察官都是被军统控制的人，检察官、推事等谁也不能不听从军统的指挥。军统沈维翰对我的案子早已向法院示意，不能轻判早放，更绝对不能做无罪判决，所以法院不敢违背。我们派用金条、美钞，贿赂法院检察官和推事，争取对我做到就是不能无罪释放，得到判处两年半或保释在外治病也行。刘绍奎也托人试着为我疏通，但主办人员都说：“这是军统送的案子，而且早已有密示怎么判，我们谁敢不遵办！”后来判决的不依法这就更明白了，国民党法院不能够独立依法裁判，所谓“司法独立”完全是骗人的鬼话。

这就是在敌区搞地下秘密工作，特别是打进魔窟搞情报工作的处境，其曲折、复杂的情况，是难以想象的。在那无形战线上，遇到的对手是军统特务，共产党人如果落到他们的手里，那是不容易脱出的！所以，能够从军统看守所转到国民党法院，我就十分庆幸，对于能不能判决无罪，早日飞出他们的牢笼，当然要努力争取；可我也满不在乎，料定很快就会出狱。

因为我相信解放战争的胜利一定属于我党我军，而且胜利的到来为期不会太远了。我被关押在上海提篮桥监狱后，我就放心大胆地坚持学习锻炼身体，我想：蒋介石，他得罪了人民，失道寡助，必然失败。我只盼望早日出去，再同他们针锋相对地搏斗一番。对他们那个判决，只是等于弹我一个脑崩儿，我想只要活着就有机会同他们斗，我充满信心地养精蓄锐，准备再战。有两句古诗说得好——“倘使他年身便死，一生真伪有谁知？”后来自己鞭策自己，写了四句诗：

熔炉烈火炼金身，几经浩劫更证真。

满腔热血冲霄汉，全心革命党性纯。

已经献给党的生命，自己今后有责任加倍珍惜，延长它充实它，使之为党为人民多作贡献。

我在上海提篮桥监狱时，党组织和同志们以及朋友们，对我特别关怀和照顾。静云由北平来上海住在姚鸿章家三个多月，各处奔走设法营救我，未判决前不许接见，全是由看守送“封包”联络。一次她还花钱买通看守，进监狱后院站在墙角下，看守通知我站在二楼窗口，我们相互看望并说了几句话。她离上海临行前交给姚鸿章等于十两黄金的钱作为给我向监狱送东西的用费；姚鸿章为顶房子又向静云借黄金十两。静云还给刘绍奎留下十两黄金给我使用，刘绍奎为我疏通监狱住单间受“优待”活动用去五两，我出狱后，他又交给了我五两。当时任中共上海局书记的刘晓亲自交给刘人寿一笔钱，由刘人寿交静云转给我。以后我托高福海用这笔钱的一小部分给我做一件半长身的驼绒呢棉袄，以接受党的温暖，并作为纪念。张执一也曾托陈邦织（赵朴初夫人）给我买食品往监狱里送，并托佛教界知名人士借到狱中宣教的机会来看望我。我在狱中读书学习，锻炼身体，生活得相当安适。党组织领导和同志们，以及朋友们对我的照顾，给了我很大的鼓励，我非常感谢。我信心百倍地注视着时局的发展，相信革命胜利就在眼前。

历史在前进，革命在发展，形势一天天有利于人民。我们的解放战争，节节胜利，蒋介石国民党屡屡失败，东北、华北、大江南北的胜利消息不断传来。人民反饥饿、要民主的斗争，风起云涌，暴风骤雨般席卷蒋管区。国民党反动政府财经困窘，囚粮严重不足，迫使他们不得不释放监犯，于 1948 年宣布释放 5 年以下有期徒刑的监犯；1949 年 2 月宣布释放 15 年以下有期徒刑的监犯。我是 1949 年 2 月以合乎释放条件取保释放的。我出狱后的第二天，报上登载了我的名字，报导我出狱的消息。我们党组织看到这个消息后，便派同志找我，我也从过去约定的关系那儿很快就找到了党组织。

第三十章　迎接胜利

我出狱后，立即见到张执一，把被捕和狱中的情况作了详细汇报。他说，对于我在狱中的一切表现，组织上完全了解，认为是很好的。张执一对我今后的工作作了明确的指示：宣传我党的保护工商业的政策，劝阻工商业者撤走资金、撤走机器等物资，特别要利用原有的同工商界、金融界上层的一切关系，防止一切破坏生产力的问题发生；策反国民党党政军警人员向我方投诚，或向他们宣传党的政策，严正要求他们保护好一切公共资产和卷宗档案，等待人民解放军的接管，否则一切后果由其本人负责。我立刻感到，全国革命胜利的时刻就要来到了，这是迎接革命胜利的关键时刻！我立即紧急行动起来。

鉴于这时国民党的死硬派即蒋介石嫡系正在进行垂死挣扎，上海街头不时响起警车狂奔抓人的号叫声。我首先找上海工商界的老朋友黄雨斋。他比我小两岁，从小在浙江余姚农村给地主放牛填补家用，到 15 岁还未上学。因求学心切，经常在教室外偷听老师上课。老师知道后，经常利用课余时间免费教他识字读书，并赠送他书和纸笔。他如饥似渴地学习，把老师给的书本和乡下能找到的书全都读了。后只身闯进上海滩，先在一家营造厂学徒两年，又在一家营造厂当工人，后靠自学考进上海也是全国最大、发行面最广的申报社当记者。由于经常采访金融界认识了不少人，后来干脆在汇中银行入股，从此弃文经商。

黄雨斋绝不是唯利是图的土财主，有很强的民族意识，搞商业也是为实业救国。他的两个儿子名字分别为黄柱中、黄柱国，就是期望他们将来能成为中国的栋梁之材。我到上海后，很快与他结为好友，两家来往也十分密切，黄雨斋叫柱中、柱国两个孩子都拜我为义父。我们经常在一起谈国内外形势和中国前途，我实际是不断向他宣传我们党的理论政策。我被捕之后，他是我最先告知的人之一。他很快给我送去了毛毯等生活用品，并坚持不断给我送食品，这真是患难真情，雪中送炭。

这次我找他明确提出，想办法帮我找一个公开合法的职业和办公地点。他立刻答复我："你就当我汇中企业公司副总经理，就在劝工大楼汇中企业公司总经理办公室办公。"

我说："你们公司的手续还得走一下吧。"

他说："我是董事长兼总经理，我说了就算，其他经理、协理、董事、监事等等都是我的人，不是多年至交，就是很近的亲戚，都绝不会有二话。你就在这放心地处理你的工作事务吧。如有人问，我就说是请你来撑腰的，不管具体业务，但有权过问公司所有事务。"

第二天，我就到劝工大楼"上班"，这栋大楼是栋在当时的上海颇有名气的写字楼，里面有好多公司的办公室。汇中企业公司在二层朝阳的东侧，是相互有门相通的三间房，阳光充足，亮亮堂堂，办公桌、沙发、电话、文件柜一应俱全，套间里桌椅、茶几、沙发也全都齐备，还有一张沙发床。黄雨斋领我各个房间看了一遍，说："门口一间，总务用，负责迎接来客、接收邮件、外买午餐等杂务；办公室、里间全归你用，偶尔我来处理一些业务，你就到里间，咱们把门一关，各干各的。"他把一套钥匙交给我，同时把外间的总务叫进来，指着我说："这位是新来的李副总经理，你要好好伺候。"

从此，我有了一个联络据点。张执一完全同意我的工作计划，让我有事直接找他，他也常来我处谈谈，同时约定田云樵经常来与我联系。我过去领导和联系的高福海、石玉祥、张维光、钟楚翘、姚鸿章、曹仪简等也很快先后和我取得联系，愿意继续跟随我为党做工作，我就给他们布置任务，分别联系国民党军警宪特和工商界、银行界等各界人士，宣传我党的方针政策，推动他们或起义投诚，或守护资产，或保护档案文件，总之，以积极态度迎接新中国的诞生。

田云樵与夫人方寺 1946 年在上海

这个期间，我的工作面大大拓展，接触的事越来越多，这几位同志对我帮助很大，在此，把他们

高福海（1919—1966）

的简况分别介绍一下。

高福海，江苏人，工人，从1941年秋就给我开车，以后兼任我的警卫员，主要在我家帮助我接待同志和其他客人，我们地下党的于毅夫、张执一、刘人寿等负责同志都与他有接触，对他的印象很好。日本投降后，我向刘人寿提出，高福海同志经过多年考验，可以正式吸收参加地下工作，并把他作为入党的培养对象。刘人寿批准了我的建议，就把高福海交给金若望联系，同时仍在我那里工作。我被捕入狱后，我给党组织的信件，都是送交高福海转交党组织的。我出狱后他就与我直接联系，我撤出上海后交由田云樵领导。上海解放后，高福海于1950年入党，先在上海公安局工作，后调中华大厦任保卫科长，最后在上海附近一个农场工作。一直对革命工作勤勤恳恳认真负责，对我一直视同家人。20世纪50年代两次来京看望我，他总是说不能与我一起工作，引为遗憾，临别依依深情。后来听到他逝世的噩耗，我和静云十分悲痛，至今犹深切怀念他。高福海曾谈到当年一件细节，那是1949年他送我乘飞机去香港，飞机起飞后。他正准备转身离开时，突然有一只手搭在他肩上说："老兄很讲义气呀，还来送你的主公！"回头一看是军统局里的一名小特工，正在一脸奸笑着。高福海心中一惊！他们果然在监视，还是沉着的笑笑回答道：是啊，在外面混要义字当先嘛，我在局里吃这碗饭是李先生赏的。做人要有良心，再说，像李先生这样的"大好佬"是搞不倒的，前一阵不是放出来了吗？说不定过几天人家又飞回来了。我们还要在他手下讨生活呢！小特务听罢，一脸谄笑着说：那是，那是，将来还望老兄在先生面前多美言几句。福海大度的说：好说，好说。两人便分手了，福海回去后静观几天见没有动静，估计那小特务知道国民党大势已去，树倒猢狲散，都在另找门路，已顾不上认真汇报了。不过从这件事也可看出军统确实在监视我，张执一令我急速撤离上海是完全必要的。

石玉祥，辽宁人，会日语，原在英租界警务处工作。1943年汪伪“接收”英租界后他在伪警察局司法处审讯科，以后任防范科副科长及分局司法股主任。1944 年随我去日本担任翻译及联络工作。实际一直密切配合我做地下工作，几年来一直没出任何差错，证明他是很可靠的。我出狱后，他主动要求我分配他工作，我向上级领导汇报，正式吸收他参加地下党工作。我撤离上海前，将他交给田云樵领导。这期间，国民党特务垂死挣扎，疯狂地进行暗杀活动，他们特别仇恨曾经隐藏在他们内部的共产党地下工作者，这样的人在上海解放后成为他们暗杀的重点对象。1949 年 6 月 25 日上午，张维光、钟楚翘、姚鸿章、曹仪简等同志先后来亚尔培路石玉祥住的一个公寓学习。9 点多时，突然闯进来两个 30 多岁的特务举枪高喊：“不许动！找你们多少天了！”石玉祥站起来说：“不要这样，有话慢慢说。”同时摸手枪，但那两个人抢先开枪，石玉祥当场牺牲。

我们的那几个人都没带武器，便四散跑出，有的冲到楼下打电话给军管会公安局报警，有的躲进里间。两个家伙很快就逃窜了。这类事件当时上海一连出了多起，军管会、公安局决定组织全市大搜捕打击敌特。田云樵时任上海公安局处长，在一线亲自带领指挥公安干警，张维光、钟楚翘、姚鸿章、曹仪简都参加行动。一天夜里，全市就逮捕国民党潜伏特务 460 多人。但是，没抓到杀害石玉祥的那两个凶手。后来，曹仪简告诉我，1952 年至 1953 年间那两个凶手，一个在北京某师范学校，一个在北京军区部队，先后被逮捕归案，各判 20 年有期徒刑。

张维光，现名张蕴实，哈尔滨人，会日语，因为积极参加抗联斗争，被日军特务追捕，东北待不下去，1942 年到上海，我安排他在上海伪保安司令部工作，后在上海伪警察局任分局司法股主任。他一直帮助我做地下工作，日本投降后，我委托他护送静云撤出上海，他一再表示愿意随我去东北。1942 年，我经组织批准，正式介绍他参加了革命工作。上海解放后，党组织安排他在一个中学当校长并加入了中国共产党，现已离休，仍担任离休干部党支部书记。

钟楚翘，原名钟子健，黑龙江省绥化人，曾留学日本，日语非常精通。1942 年经同乡友人介绍来上海，由我介绍后在上海伪保安司令部工作，任上海伪警察分局司法股主任。我曾多次请他帮助我做地下工作，考察结果是非常可靠。日本投降后，由我向刘人寿请示，提出吸收他参加革命工作，获组织正式批准。组织决定，他与高福海一起交金若望联系，同时配合我应对国民党军统的事务。我被捕后，他被牵连，不得不暂去台湾躲避。我出狱后，他回来继续随我工作。我撤出上海后，他归田云樵同志领导。上海解放后，他提出要求入华东军政大学学习，毕业后一直在南京军事学院任教。“文化大革命”前入党，“文化大革命”后转业。现已离休，被四川大学聘为兼职日语教师。

姚鸿章，现名姚皓，河北省抚宁县人，静云的外甥。1943 年他在辅仁大学毕业后来上海，由我介绍在上海市伪警察分局工作，实际一直帮助我和静云做地下工作。日本投降后，他在长丰仓库工作，帮我们搞过一些物资。我入狱后，他帮助送东西传材料，作了一些工作。1949 年 2 月，由我介绍他正式参加了革命。上海解放后，他由田云樵安排做了中学校长，并加入了中国共产党，现已离休。

曹仪简，北京人，中国大作家、文学名著《红楼梦》作者曹雪芹的嫡系子孙。1944 年上海伪警察局从北平招考会日语的警察，他是被录取者之一。在上海伪警察教练所参加培训时，我给他上过课，所以他总是叫我老师。他被分配在分局工作，我们工作中经常见面。经过多次交谈，我对他有很好的印象，觉得这个年轻人有爱国思想，正派上进，我常让他帮我做一些事情，总是利利索索，从无差错。其实他是知道我是干抗日工作的，但他从不多说话，也不问。我出狱后，他经姚鸿章介绍参加了革命工作。上海解放后，他要求入华东军政大学学习，毕业后分配在部队工作，后来转业，现在北京从事民间艺术工作。

当时我们工作的重点，是联系工商界、军警界的老关系，并努力发展新关系，按照党的工商业政策，劝阻搬走机器物资、转移抽调资金，策反国民党军警机关人员，阻止蒋介石把军力撤往台湾。工作非常细致具体，要一个一个地谈，一封信一封信地写并安全送到。这个时候，国民党的特务已经是疯狗一群，垂死挣扎，最后一搏。所以，我们虽然已经胜利在望，但还是稍有疏漏就要出事。我们的外送情报，虽然都是密写，一般警察看不出来，但受过专业训练的特务一眼就能看出破绽。所以，我是靠了这些同志冒着生命危险大力协助，才在上海解放前那两个多月，迅速打开了局面，取得了可观的成绩，光我一个人，无论如何是不行的。当然，我这些活动也引起了国民党警察特务的注意，上海市公安局长、军统特务毛森就派人盯我的梢，我几次都是费了很大的劲才摆脱开。凭我在上海地下工作多年，我感到这几个跟踪我的人都是有两把刷子的老手。

李时雨（右一）与张执一等合影

我立即向张执一汇报了这些情况。他果断地说："我们还从别的关系得到了这个消息，国民党军统已经准备很快对你下手了，你再不能有丝毫拖延，立即撤出上海，先去香港，然后转北平，你准备一下，立刻出发。"

第二天，张执一就派陈邦织来我家送来去香港接关系的信件和路费，当晚，我就搭乘前往香港的班机离开上海。到港后，我与我党驻香港办事处的万景光接上关系，由他安排我住了下来。在等候开往天津的轮船的几天里，万景光还要我找几位同志在住处整理了几天情报资料。离港前，万景光把一本线装书郑重交给我，说："时雨同志，这份情报到北京直接交给罗迈（即李维汉，当时任中共中央统战部部长）同志。"

我说：“请党组织放心，保证完成任务。”

解放后，万景光任中共中央统战部工商处处长及中央统战部副秘书长，我们不断有往来。“文化大革命”中我们又同在湖北一个“五七干校”劳动改造。因为整天没黑没白地干田间农活或其他杂活，我常穿一身旧劳动服，下班也不换，显得有些邋遢。万景光看到我就说：“老李，甭穿那破衣裳，咱们要振作！他们越是批判，越是狠整，咱们越要精精神神，穿得漂漂亮亮，看谁笑在最后。我就不信这个邪，我就不信老革命倒革出毛病来了！”我这才注意到，他总是穿得挺整齐，胡子刮得干干净净。他的这一番话和行动给我很大鼓舞，以后我下班就努力穿得整整齐齐，心情也开朗许多。

这时，正处于中国革命历史大转变的关键时刻。4 月 21 日，我军百万雄师横渡长江，一举突破敌人所谓长江天险；23 日，我军占领南京，蒋家王朝从此覆亡。就在这战鼓咚咚凯歌喧腾的黎明到来之际，我回到了解放了的北平，见到了久别的亲人。那种喜悦的心情，真是难以笔墨形容！

我赶到中南海，受到童小鹏的接见，我把那本线装书亲手交给了他，胜利完成了解放前的最后一次送交情报的任务。

李时雨穿军装照片

李时雨晚年照片

这时，张执一已先我而至，又奉命转去武汉。他离上海临行前，对静云说，已把我和静云的党组织关系交到中南海中央管人事的梁华处。我和静云在北平相聚后一起去见梁华接上关系。据梁华说：中央原定张执一任上海副市长，后改定为武汉副市长；上海副市长由潘汉年担任。梁华通知我，让我准备去徐州随军南下，解放后就在上海工作。不久，潘汉年来北平，又有变化。梁华与我谈到工作问题时说，潘汉年不甚同意我去上海，因为我当时在上海警察局时的社会影响较大，老百姓可能会问，怎么陈公博的亲信又回来了，还要另做一番解释工作。有关方面又向周恩来请示，决定我归队，到中央社会部工作。

新的战斗开始了。

附 录 一

李时雨生平：

李时雨，男，1908 年生于黑龙江省巴彦县兴隆镇。

1927 年春入学北平法政大学。

1931 年 9 月加入中国共产主义青年团；同年 12 月成为中国共产党党员。

1931 年 12 月 14 日在南京被各地学生推举为向国民党政府请愿示威总指挥。

1932 年 4 月间被派回黑龙江巴彦家乡组织抗日义勇军。

1934 年，打入东北军，后又潜入西安“剿总”第四处，任中尉办事员，亲历西安事变。

1937 年潜入天津，后在中共北方分局社会部领导下，以天津高等法院检察官的身份从事地下活动。

1939 年按照地下党组织的安排冒充国民党北方代表去上海参加了汪伪国民党第六次全国代表大会，为中共搜集了许多汪精卫卖国求荣的第一手情报。

1940 年 3 月，汪伪政府在南京成立后，被任命为立法委员。在取得陈公博的“信任”和“重用”后，为中共获取了许多敌伪方面的重要战略情报。在陈公博兼任伪上海市长的 1941 年至 1944 年期间，李时雨兼任过伪上海保安司令部秘书处处长和军法处处长、伪“清乡”委员会上海分会办公厅第四处处长、伪上海警察局司法处处长等职。

日本投降后，李时雨又打入军统内部，任军统上海区第二站第二组组长（少将军衔），就在特务头子戴笠的眼皮底下搜集情报。军统开始怀疑李时雨有共产党的嫌疑，却一直苦于找不到确凿的证据。

1946 年 9 月，军统以“汉奸”的罪名逮捕李时雨，严刑拷打仍然抓不到任何李时雨是共产党的证据，又不甘心放人，就以汉奸罪判处李时雨有期徒刑 7 年零 6 个月。经党组织多方营救，1949 年 2 月被取保释放后，在上海爱国企业家黄雨斋的帮助下以汇中企业公司副总经理的名义从事地下工作。

同年 4 月，按照党组织的指示，李时雨由上海到达香港后，带着一部用线装书伪装的情报，取道天津来到北平，将情报交给了童小鹏，同时也穿上了中国人民解放军的军装，公开了自己共产党员的身份，被分配到中央社会部工作。

新中国成立后，李时雨先后在中央党政军机关及统战部门工作过。后任河南省政协秘书长，国务院宗教事务局顾问、党组成员兼中国佛学院副院长。

1982 年离休。

1987 年 7 月，李时雨夫妇将自己一生大部分积蓄 15500 元捐给家乡黑龙江省巴彦，成立了李时雨奖学基金会，旨在鼓励孩子们励精图治报效国家，连续发放了 5 届高考头 3 名学子奖学金，在家乡引起轰动，后因资金不足暂停发放。

1999 年 12 月 28 日病逝于北京，只差 3 天，没能跨入 21 世纪。

附　录　二

孙静云生平：

孙静云生于1915年8月，系河北省抚宁县人。1936年11月参加革命。土地革命战争时期，她在西安、蚌埠等地从事党的地下情报工作。抗日战争和解放战争时期，她在天津、北京、南京、上海等地从事地下党组织的机要交通工作。中华人民共和国成立后，她曾任北京市公安局科员、北京市检察院助理检察员、中央政法五机关联合办公厅人事处秘书、政务院政法委员会董必武机要秘书、全国人大常委会法律室秘书、河南省检察院检察员、中国佛学院办公室副主任等职。1966年调国务院宗教事务局工作，同年9月离职休养。1990年12月7日3时，因病医治无效，在北京逝世，终年76岁。

孙静云经历了土地革命战争、抗日战争和解放战争时期的严峻考验。她在青年学生时代追求进步，积极参加中国共产党领导的学生反帝爱国运动，她参加革命工作后，忠于党、忠于革命事业。她在敌人白色恐怖统治下，做地下党的情报、交通工作，不畏艰险、不辞辛劳，冒着生命危险，往返于平津沪间传递情报，偷越敌人的封锁线，到革命根据地向领导汇报工作，设法完成党交付的秘密战线上的任务。她在上海被日本宪兵逮捕后，在敌人的严刑拷打下，坚强不屈，展现了共产党人应有的气节，后经党组织营救脱险。

孙静云长期从事地下党的情报、交通等工作，战斗在敌人要害部门之中，斡旋于敌人之间，历经艰险，从容镇定，在困难面前不低头，对生死置之度外，为实现共产主义而顽强战斗，对革命事业作出了贡献。

全国解放后，孙静云努力学习马列主义、毛泽东思想，服从工作需要，听从党的安排，她为实现自己的理想，工作认真负责，从不计较个人得失和名誉地位。她坚决贯彻执行党的路线、方针、政策，坚持实事求是的优良作风，发扬艰苦奋斗的革命精神，廉洁奉公，勤俭办事，敢于坚持真理，同不良倾向作斗争，严格要求子女，坚持四项基本原则。她为人正直，作风正派，对同志热情诚恳，平易近人。

孙静云在“文化大革命”中，对“四人帮”的倒行逆施深恶痛绝。粉碎“四人帮”后，她坚决拥护党的十一届三中全会以来的路线方针政策。她对于1989年春夏之交北京地区发生的动乱和反革命暴乱以及国际风云变幻中出现的问题，能用马列主义的立场、观点和方法进行正确的分析和对待，立场坚定，爱憎分明，表现了一位老共产党员、老革命干部的高尚品德和坚定的共产主义信念。孙静云的一生，是忠心耿耿为人民革命事业战斗的一生，是光辉的一生。她的逝世，使我们党失去了一名优秀的共产党员，她的革命精神将永远留在我们的记忆中。

后　记

关于隐蔽工作的几点体会

回顾隐蔽战线 15 年多的战斗生活，我最深的体会是：

一、隐蔽战线的情报工作是中国革命的一个不可缺少、无可替代的重要方面。关键时刻、关键问题上的一个情报，可以决定某些党组织、武装斗争、统一战线等革命重要组成部分、重要发展环节的存亡成败。聂帅称赞：我们的情报组织抵得上十万兵马！绝非虚言夸大，而是历史的结论。当然，相对于革命根据地、军队武装斗争，隐蔽战线的情报工作是从属、配合部分。没有前者，就没有后者；但没有后者，前者也不会迅速发展直至胜利。

二、我党隐蔽战线的不断发展，不断胜利，根本、关键是党中央指导思想、方针政策正确，也就是党的领导正确，这是决定一切的因素。我亲身经历了党的隐蔽战线从受“左”的冒险主义干扰、领导，严重危害革命，到形成正确方针政策，一个胜利走向一个胜利的大部分过程。许建国、潘汉年等，是创造性地贯彻执行这一正确指导思想、方针政策的典范。

三、隐蔽战线是一支由各种社会成分构成的特殊军队，可谓五光十色，星光灿烂，无所不有。但据我观察，其主要组成部分是革命知识分子，他们中间出过极少数变节分子、堕落变质分子，但绝大多数忠于人民忠于革命忠于党，勇敢、机智、沉稳、坚忍，革命信念坚定，革命意志坚强，既经得起对敌斗争的生死考验，也经得起革命队伍内部复杂矛盾斗争的磨炼。新中国成立后，这支队伍是“左”的错误指导思想的重灾区，沉痛教训我们应该永远记取。

四、做一个隐蔽战线的革命战士，必须对革命无限忠诚，对党无限忠诚，对人民无限忠诚，随时准备为革命为党为人民献出一切、牺牲一切，这是根本、关键。同时，任何情况下都要冷静、清醒，实事求是，根据实际情况，采取适当对策，不能急躁冲动、盲目冒险。因为我们面对的敌人，非常狡猾、阴险、毒辣，我们的任何一点疏漏，他们都会抓住不放。在这方面，我们付出的代价太大了。但我们终于胜利，因为我们代表人民，处处有人民群众的支持与帮助。

李时雨

整理者后记

1995年春，经国内著名中共党史学者、哈尔滨师范大学教授唐纯良先生引见，我结识了李时雨同志。1997年至1998年间，我两次利用暑假期间，赴北京，与李老深入交谈20多次，内容主要是他的革命经历，特别是他抗战时期地下斗争的见闻，如他了解的汪精卫、陈公博、周佛海三巨奸的情况等。

李老这时已经是86周岁高龄，头发花白，外出走路需一根竹手杖保险，但身体非常健康，腰不弯，背不驼，精神矍铄，头脑清楚。他讲起家乡、童年、少年、学生时代，讲起九一八事变后南下示威，在北平参加护送李大钊灵柩，全面抗战爆发后打入汪伪集团与陈公博交往，解放战争时期进入军统等等情景，前因后果，主要情节，经验教训，都有板有眼，一些重要数字，也都清清楚楚。特别是讲到林枫、许建国、张友恒、刘人寿等老领导，讲到夫人兼革命助手孙静云，讲到不同时期的老战友，总是目光凝重，饱含深情。使我感到，李老讲的，绝不只是他一个人的经历，而是对中国革命隐蔽战线艰险辉煌战斗历程一个重要侧面的翔实回顾，是对这些复杂曲折斗争的正反两方面丰富经验教训的一次认真总结。

每次谈话，至少两个多小时。我边听边记，同时不断提出一些问题，李老都反应迅速，当即予以回答或解释。我怕老人家累了，就提出，最多一次谈一个小时。李老说：没关系，我心脏、血压都没任何问题。李老语言生动活泼，文白俗雅相映成趣，既常引古诗词名句，又有不少俗话俚语。我真感到每次访谈都既是一次革命征程的严肃回顾，是一次精神世界的净化，更是一次对党的隐蔽战线斗争理论、方针、政策的深入学习和研究。

李老还把他写的《烽火历程》和发表在上海党史刊物上的回忆录以及回忆林枫等战友的文章交我，为整理这个系统回忆录奠定了重要基础。

为了进一步搞清楚一些问题，我经李老介绍，我电话采访了时在北京的中共中央统战部副部长张执一、正从事民间艺术工作的曹仪简等李老当年的老领导、老战友，他们都热情回答了我提出的一些问题，并介绍了一些有关情况。张执一接受我电话采访时正住院治病，我在听他讲话时，话筒里就几次传来“别说了，别说了。你是来治病的”的声音，张执一不理，还是讲下去，我真是十分感动。

我还拜访了国内研究汪伪巨奸问题的权威学者、北京师范大学教授蔡德金先生。他对这项工作极为支持，说：“李时雨同志是我们党能真正近距离地了解陈公博这样高层汉奸头子叛国活动的中共一个地下工作者，如果能把他丰富曲折的革命经历，特别是他了解到的陈公博等汉奸头子的活动情况，真实地记录下来，形成一部回忆录，将是很有政治意义和史学价值的。你同他谈的比较深入全面，最好在这方面认真地下一番功夫。这要比写一部一般的学术著作重要得多。”1999 年，北京大学纪念五四运动 80 周年国际学术研讨会期间，我曾在会下就如何进行口述史学问题请教美籍华裔学者唐德刚先生，他明确指出：“口述史学与其他史学研究一样，是实证科学，其生命、灵魂、价值在于真实。一定要注重严谨扎实的考证，绝不是口述者说什么，你就记什么甚至发表什么。如果那样，有个录音机就够了，还要史学家干什么。”

在整理这篇回忆录过程中，我（在李老生前留下的手稿基础上）参考借鉴了孙岩著《战斗在龙潭虎穴——李时雨传》（黑龙江人民出版社 1994 年版）、李武魁著《李时雨传奇》（新华出版社 2000 年版）等有关著作。南海出版公司的责任编辑张媛、刘一民、李凤君在本书编辑过程中，做了大量工作，特别是一些修改准确适度，给本书增色不少。李老的儿子李仁超和孙女李红宇不仅做了大量的出版联系工作，还为本书撰写了《李时雨生平》《孙静云生平》，提供了珍贵的照片资料，对书稿的人名乃至错别字等进行了详细的订正。整理者在此一并表示诚挚的谢意。

今天，由于我的水平所限和工作疏漏，本书可能还存在某些不足和问题，理所当然应由我这个整理者负责，衷心期待欢迎了解情况的革命前辈、专家学者、热心读者予以指正。

张德旺

2011.10.12 于哈工大